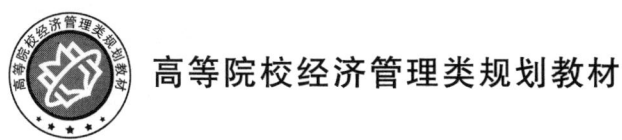

高等院校经济管理类规划教材

组织行为学

陈文晶　主编

北京邮电大学出版社
www.buptpress.com

图书在版编目（CIP）数据

组织行为学 / 陈文晶主编． -- 北京：北京邮电大学出版社，2024.2
ISBN 978-7-5635-7091-1

Ⅰ．①组… Ⅱ．①陈… Ⅲ．①组织行为学—教材 Ⅳ．①C936

中国国家版本馆CIP数据核字(2023)第245947号

策划编辑：彭　楠　　责任编辑：彭　楠　米文秋　　责任校对：张会良　　封面设计：七星博纳

出版发行：	北京邮电大学出版社
社　　址：	北京市海淀区西土城路10号
邮政编码：	100876
发 行 部：	电话：010-62282185　传真：010-62283578
E-mail：	publish@bupt.edu.cn
经　　销：	各地新华书店
印　　刷：	保定市中画美凯印刷有限公司
开　　本：	787 mm×1 092 mm　1/16
印　　张：	10.75
字　　数：	272千字
版　　次：	2024年2月第1版
印　　次：	2024年2月第1次印刷

ISBN 978-7-5635-7091-1　　　　　　　　　　　　　定价：36.00元

・如有印装质量问题，请与北京邮电大学出版社发行部联系・

前　言

组织行为学是一门多学科交叉的综合性、边缘性学科,该学科综合应用心理学、社会学、人类学、政治学、生物学、伦理学等学科知识于组织管理实践之中,采用系统分析的方法,研究一定组织中的人的心理和行为及其规律,从而提高各级领导者和管理者描述、解释、预测、控制员工行为的能力,充分发挥和调动员工的积极性、主动性、创造性,以便更有效地达成组织目标。

组织行为学在人才培养过程中具有重要的地位,是工商管理类、管理科学与工程类、公共管理类等专业的基础课程,是一门牵涉面广、整体性强的学科。随着科技的高速发展、人工智能的逐渐实现,主要研究智能机器所表现出的行为的机器行为学诞生了,在人工智能的时代背景下,以人为主的组织行为学如何应对这一挑战,也引发了新的讨论。人工智能时代的教育教学改革不仅要求教学模式改革,更要求教学内容彻底更新。而教材作为教学内容最基本的要素,不仅要贴近经济社会发展实际,还要突出时代和技术前沿。

本书是为工商管理类、管理科学与工程类、公共管理类本科生,以及非管理类无相关基础的读者提供的一本普适性教材,结合读者对象的特点,本书试图以简明流畅的编撰体例、深入浅出的写作风格、生动鲜活的案例故事,让读者能对组织行为学的理论、方法有所掌握,启发读者能够更好地描述、解释、预测和控制组织中人的行为。本书框架清晰、体系完整,力求科学而通俗地阐述有关组织行为的基本理论和知识。本书从个体行为、群体行为和组织行为三个方面探讨组织管理中的心理和行为规律,系统性地阐述组织行为学经典原理,以便读者构建起组织行为学的知识体系。同时,作者在本书编写过程中按照突出理论基础知识及应用性的特点,辅以翔实的案例使读者对理论知识进行理解和分析,增加了读者学习的趣味性和可读性。

总体来说,本书的创新体现在如下方面。

第一,本书在编写过程中坚持理论联系实际的科学精神,吸收国际上新的有益的学术思想。在马工程教材内容的编写基础上,本书紧贴时代脉搏,结合整个时代的特点研究组织行为,融入组织行为学领域的前沿研究成果,体现社会主义核心价值观。

第二，人工智能作为第四次工业革命的标志，极大地促进了经济社会的发展，对人类社会产生了深远影响。本书跟踪国内外组织行为学的研究成果，结合中国实际，加入人工智能对组织行为各领域的影响以及人工智能技术的未来应用等方面的内容，为读者提供参考。

第三，本书在各章最后辅以相应案例与思考题，以加强读者的实践能力，增强读者对组织行为学的运用能力，将组织行为学理论与实践案例进行有机的结合，丰富了教学和学习形式，更能满足读者当前的学习需求。

在本书的编撰过程中，作者参考了诸多媒体的公开资料，借鉴、吸收了国内外许多学者的研究成果，虽然作者试图列出全部对完成本书有突出贡献的文献，但难免有遗漏之处。在此，谨向相关学者致以诚挚的谢意！同时，也感谢我的研究生王甜同学协助我完成了书稿资料收集的相关工作。

组织行为学的理论与实践仍在不断地总结、发展，许多问题尚处于探索阶段，书中如有不当之处，敬请广大读者批评指正，以便进一步修改和完善本书。

作　者

目 录

第1章 组织行为学概论 ··· 1

1.1 组织行为学的定义、研究内容及研究意义 ··· 1
- 1.1.1 组织行为学的定义 ··· 1
- 1.1.2 组织行为学的研究内容 ··· 1
- 1.1.3 组织行为学的研究意义 ··· 2

1.2 组织行为学常用的研究方法 ··· 2
- 1.2.1 观察法 ··· 2
- 1.2.2 调查法 ··· 2
- 1.2.3 实验法 ··· 3
- 1.2.4 个案研究法 ··· 3
- 1.2.5 数量统计方法 ··· 3

1.3 组织行为学的发展历史 ··· 4
- 1.3.1 古典管理理论 ··· 4
- 1.3.2 早期的工业心理学派 ··· 6
- 1.3.3 权变学派 ··· 9
- 1.3.4 系统学派 ··· 10

思考题 ··· 12

第2章 个体心理与个体行为 ··· 13

2.1 知觉 ··· 13
- 2.1.1 感觉与知觉 ··· 13
- 2.1.2 错觉 ··· 18
- 2.1.3 社会知觉 ··· 20
- 2.1.4 归因 ··· 24

2.2 能力 ··· 27
- 2.2.1 能力的内涵 ··· 27
- 2.2.2 个体能力差异 ··· 29

        2.2.3 工作中的能力因素 …………………………………………… 30
        2.2.4 胜任力 …………………………………………………………… 32
    2.3 情绪 …………………………………………………………………… 34
        2.3.1 情绪的内涵、维度和类型 ……………………………………… 34
        2.3.2 情绪在组织行为中的作用 ……………………………………… 36
        2.3.3 情绪管理 ………………………………………………………… 41
        2.3.4 人工智能与情绪识别 …………………………………………… 42
    2.4 价值观与行为 ………………………………………………………… 43
        2.4.1 价值观的内涵 …………………………………………………… 43
        2.4.2 价值观的分类 …………………………………………………… 43
        2.4.3 工作价值观 ……………………………………………………… 45
    2.5 人格 …………………………………………………………………… 46
        2.5.1 人格的概念 ……………………………………………………… 46
        2.5.2 人格的特点 ……………………………………………………… 46
        2.5.3 人格的结构 ……………………………………………………… 47
    思考题 ……………………………………………………………………… 56

第3章 动机与激励 ………………………………………………………… 57

    3.1 需要、动机与行为 …………………………………………………… 57
        3.1.1 需要 ……………………………………………………………… 57
        3.1.2 动机 ……………………………………………………………… 57
        3.1.3 动机与行为的关系 ……………………………………………… 58
    3.2 激励 …………………………………………………………………… 58
    3.3 内容型激励理论 ……………………………………………………… 60
        3.3.1 马斯洛的需求层次理论 ………………………………………… 60
        3.3.2 赫兹伯格的双因素理论 ………………………………………… 63
        3.3.3 成就动机理论 …………………………………………………… 64
    3.4 过程型激励理论 ……………………………………………………… 65
        3.4.1 期望理论 ………………………………………………………… 65
        3.4.2 公平理论 ………………………………………………………… 66
        3.4.3 目标设置理论 …………………………………………………… 68
        3.4.4 强化理论 ………………………………………………………… 69
    3.5 当代动机理论 ………………………………………………………… 71
        3.5.1 自我决定理论 …………………………………………………… 71
        3.5.2 工作特征理论 …………………………………………………… 72

  3.5.3 当代动机理论的整合 …………………………………………………… 74
 3.6 人工智能与激励 …………………………………………………………………… 75
 思考题 …………………………………………………………………………………… 77

第4章 群体心理与行为 …………………………………………………………………… 78
 4.1 群体 ………………………………………………………………………………… 78
  4.1.1 群体的概念 ……………………………………………………………… 78
  4.1.2 群体类型 ………………………………………………………………… 78
  4.1.3 群体发展的阶段 ………………………………………………………… 79
 4.2 群体特征 …………………………………………………………………………… 81
 4.3 团队与领导 ………………………………………………………………………… 87
  4.3.1 团队概述 ………………………………………………………………… 87
  4.3.2 领导概述 ………………………………………………………………… 91
 4.4 人工智能背景下的虚拟组织 ……………………………………………………… 103
 思考题 …………………………………………………………………………………… 105

第5章 沟通 ………………………………………………………………………………… 106
 5.1 沟通概述 …………………………………………………………………………… 106
 5.2 沟通的过程 ………………………………………………………………………… 108
 5.3 沟通的类型 ………………………………………………………………………… 111
 5.4 有效沟通 …………………………………………………………………………… 117
 5.5 人工智能与恐怖谷效应 …………………………………………………………… 119
 思考题 …………………………………………………………………………………… 121

第6章 组织设计与组织结构 ……………………………………………………………… 122
 6.1 组织设计的概念和意义 …………………………………………………………… 122
 6.2 组织设计的程序 …………………………………………………………………… 122
 6.3 组织设计的基本原则 ……………………………………………………………… 123
 6.4 组织结构演变 ……………………………………………………………………… 123
 6.5 人工智能对组织设计与组织结构的影响 ………………………………………… 128
 思考题 …………………………………………………………………………………… 130

第7章 组织文化 …………………………………………………………………………… 131
 7.1 组织文化的内涵 …………………………………………………………………… 131
 7.2 组织文化的作用 …………………………………………………………………… 133

7.3 组织文化的影响因素 ·· 135
7.4 人工智能对组织文化的影响 ··· 136
思考题 ·· 138

第8章 组织变革 ··· 139

8.1 组织变革的含义与内容 ·· 139
    8.1.1 组织变革的含义 ·· 139
    8.1.2 组织变革的内容 ·· 139
8.2 组织变革的计划与措施 ·· 141
    8.2.1 组织变革的计划 ·· 141
    8.2.2 组织变革的要求与措施 ·· 142
8.3 组织变革的阻力 ·· 145
8.4 组织变革的过程与趋势 ·· 149
    8.4.1 组织变革的过程 ·· 149
    8.4.2 组织变革的趋势 ·· 151
8.5 塑造组织人格 ·· 155
8.6 人工智能对组织变革的影响 ··· 157
思考题 ·· 160

参考文献 ·· 161

第1章 组织行为学概论

1.1 组织行为学的定义、研究内容及研究意义

1.1.1 组织行为学的定义

组织行为学是一门采取系统分析方法,对一定组织中成员的心理和行为的发展规律进行研究的学科[1]。组织行为学是一门交叉学科,它作为一门相对独立的学科始于20世纪50年代的美国。在这之前,虽然各国学者早已对人的心理和行为有所研究,但尚未出现一种系统的理论,即有关个体心理和行为、群体心理和行为、领导心理和行为、组织心理和行为、人的个性与行为之间的关系、组织变革与组织发展的理论。管理科学、行为科学、心理学和社会学,特别是组织管理学和人事管理学的建立,为组织行为学的创立奠定了坚实的理论基础。

可以将组织行为学定义为:组织行为学是系统地研究组织环境中所有成员的行为(包括组织成员个人、群体、整个组织在与外部环境相互作用和调适过程中的行为)规律的科学。

个人和组织的关系从源头上看,组织有许多工作需要人来完成,而个人为了追求物质利益和精神利益需要一个发展事业的平台,为此个人和组织联系在一起。但是,组织的追求和个人的追求不是完全一致的,这就容易产生矛盾和冲突,如何化解这些矛盾和冲突以及这些矛盾和冲突背后的逻辑和深层原因是什么,需要我们很好地理解和把握,最终找到解决办法,为人力资源管理、营销实践提供指导。

1.1.2 组织行为学的研究内容

组织行为学主要研究以下三个层面的问题:

一是个体层面,包括个人的能力、性格的差异性及态度和价值观的差异性规律、个人的行为动力与激励措施等问题;

二是群体层面,包括群体活动的规律和团队建设、群体内的沟通、群体的冲突与解决;

三是组织层面,包括领导、组织设计、组织变革和发展、组织文化等。

这三个层面相互联系、相互区别,最终为组织目标的实现服务。其实,这三个层面也可以倒过来分析,这样我们就更容易发现这三个层面之间的关系。组织为了实现特定的目标,需要完成一系列任务。

1.1.3　组织行为学的研究意义

国内外的实践证明,特别是最近几年我国的改革开放实践证明,加强组织行为学的研究和应用,对于改进管理工作和提高管理水平,培养和选拔各级管理人才,改进领导作风和提高领导水平,提高工作绩效,改进干群关系,调动广大职工群众的积极性、主动性和创造性,增强企业、事业单位的活力和提高社会生产力,都具有重要的意义[2]:

(1) 有助于加强以人为中心的管理,充分调动人的积极性、主动性和创造性;
(2) 有助于知人善任,合理地使用人才;
(3) 有助于改善人际关系,增强群体的凝聚力和向心力。

1.2　组织行为学常用的研究方法

组织行为学的研究方法与其他科学一样,都必然遵循研究程序的公开性、收集资料的客观性、观察与实验条件的可控性、分析方法的系统性、所得结论的再现性、对未来的预见性等原则。组织行为学的研究方法主要有观察法、调查法、实验法、个案研究法、数量统计方法等。

1.2.1　观察法

观察法是指主试利用人的感官和相应的仪器对研究对象的行为进行有目的、有计划的系统观察的方法。作为收集数据的主要手段,观察法可以分为参与性观察法和非参与性观察法(旁观性观察法)两种类型。参与性观察法是指主试主动进入他所观察的情景中,并参与相关活动的一种观察法。由于参与性观察法的主试既作为观察者又作为参与者,所以通常被观察对象的行为表现较为自然,收集到的信息更真实可靠。旁观性观察法是指主试完全不介入观测情景,以旁观者的身份进行观测的一种观察法。旁观性观察法的观察内容较为广泛,并可以连续地进行观察。

1.2.2　调查法

一般来说,调查研究就是深入实践、摸清情况,可以通过谈话、座谈、问卷、测验、开展活动、分析、研究等步骤,先明确调查目的,然后决定调查对象、内容、方法、步骤,调查后必须综合、提炼、分析、研究,提出解决问题的意见、建议和方案。调查研究方法比观察、测验、心理测试等方法要更进一步,它不是仅靠对人的行为现象的直接观察和了解,而是通过广泛地收集有关资料,直接或间接(主要是间接)地了解被试的心理活动和有关行为,以寻求内在的实质因素。调查法主要分为问卷调查法和访谈法。

1. 问卷调查法

问卷调查法也称问卷法,是社会科学和行为科学研究中最常见的研究方法之一。问卷调查法以书面提出问题的方式收集资料。研究者将所要研究的问题编制成问题表格,让被调查者以邮寄、当面作答[3]、在线调查、电话调查等方式填答,从而了解被调查者对某一现象或问题的看法和意见。问卷调查法的问题可以分为开放式问题和封闭式问题两大类。开放式问题是指对问题的回答不提供任何具体答案,而由被调查者自由填写。封闭式问题是指将问题的几种主要答案,甚至一切可能的答案全部列出,然后由被调查者从中选取一种或几种答案作为自己的回答,而不能做这些答案之外的回答。

2. 访谈法

与问卷调查法相似,访谈法也是通过提问和回答的方式收集研究数据和资料的方法。一般访谈法采用开放式问题,用于探究深层次的原因或对新问题做探索性的研究。例如,通过员工离职访谈,主管可以或多或少地了解到他们离去的想法及离职的原因。另外,访谈法可以作为其他数据资料收集方法的补充。例如,选择问卷调查法后,调查者可以和被调查者谈话,了解他为什么要选择那些答案,这样就可以获得更深一层的信息。访谈法可以分为深度访谈、小组访谈等。

1.2.3 实验法

实验法是在有目的地严格控制或创设一定条件的环境中引起某种现象,以进行研究的方法。它的主要优点在于研究者可以积极干预被试的活动,而不是被动地等待某种现象的出现。研究者通过控制和改变条件,可以知道这些条件对被试状态的影响。

实验可以分为实验室实验和现场实验。其中,实验室实验必须在实验室条件下,按照周密的实验设计创造一种环境进行实验,研究人员控制一切可能会干扰实验结果的因素并进行观察,以便弄清自变量和因变量的相互影响,实验过程和结果可以重复,说服力强。但这种方法脱离了实际,有可能增添人为因素,故对其结论的推广要谨慎,注意实际应用条件。而现场实验是在实际工作场地进行的,按照周密的实验设计使现场条件尽量单一化,有意识、有目的地控制某些外界条件,使所获得的结果更有说服力。人际关系理论的代表之一霍桑实验就是经典的现场实验。

1.2.4 个案研究法

个案研究法是指对某一个体、某一群体或某一组织在较长时间内连续进行调查,从而研究其行为发展变化的全过程的方法[4]。个案研究法适用于对某个复杂问题或新现象进行深入和全面的考察。它作为一种实证研究,在不脱离现实环境的情况下研究当前正在发生的事件或现象,而且这些事件或现象在当时还未被大家完全认识。换言之,采用个案研究法的一个重要原因是研究者相信所关注的事件或现象的前后联系与研究对象之间存在高度关联,特意要把事件或现象的前后联系纳入研究范围之内。个案研究的最终目的不是对研究中所涉及的个案进行描述和分析,而是归纳出能够普遍化的结论,案例只是得出结论的手段。

个案研究需要通过多种渠道收集资料,并把所有资料汇合在一起进行交叉分析,从这个意义上讲,个案研究既不是资料收集技术,也不仅限于设计研究方案本身,而是一种全面的、综合性的研究思路。

1.2.5 数量统计方法

近年来,组织行为学的研究趋于定量化,数量统计方法的应用日益广泛。这种趋势是组织行为学研究走向深入、追求精确的重要标志。

数量统计方法以现实世界的空间形式和数量关系作为研究对象，而空间形式和数量关系是现实世界的任何现象形态、运动方式都具有的。因此，数量统计方法对于任何学科的研究都是不可缺少的。

一门学科应用数量统计方法的程度，取决于人们对这门学科的研究对象的认识水平。只有经过一定的深入研究，抽象到空间形式和数量关系这一认识层次时，才会有应用数量统计方法作为分析工具的要求。同时，数量统计方法精确的表述语言、抽象的思维模式、快捷的计算工具和方法则会使人们的认识更为准确、一般、可靠。因此，马克思认为，一门学科只有在应用数量统计方法的时候，才能算一门成熟的科学。

近代科学发展的历史本身就是通过数量统计方法的逐步应用使人类对客观世界的认识日臻深入、准确的过程。第二次世界大战以后，学科之间的相互渗透、交叉和电子计算机的出现，对数量统计方法广泛应用在社会科学中起了重要的推动作用。现在定量研究已成为社会科学发展的趋势之一。作为一门新兴的学科，组织行为学在研究中应用数量统计方法，也是人们对组织行为规律认识深入化的需要。

统计方法是社会科学数量研究的最一般、最基本的方法，其他数量研究方法都与统计方法有密切的、不可分割的联系，例如：在调查法和观察法中，方案的设计、对象和情境的选取、过程的进行都离不开统计方法；在实验法中，实验的设计、实验对象的随机选取、非实验因素的控制也离不开统计方法。

不仅如此，通过调查法、观察法、实验法等得到的经验材料要经过统计处理，以发现其统计规律性，并通过统计方法进行显著性检验，上升为理性认识，从而指导人们的行动。例如，通过相关分析、因子分析证实两种变量之间的关系，通过时间序列分析某一现象的发展趋势等。

组织行为作为符合一定规范的个体活动的合成效果，是典型的随机现象，符合统计规律。组织行为由人的活动构成，而人的活动具有随机性：人们对外界的作用可以在基本相同的条件下重复进行，在基本相同的条件下人的行为可以有多种事先难以确定的表现形式，这些形式发生的可能性通过观察、调查、实验，又是可以认识的。所以人的活动是随机现象，符合统计规律。因此，数量统计方法在组织行为学研究中得到了广泛应用。

1.3 组织行为学的发展历史

1.3.1 古典管理理论

弗雷德里克·泰勒(Frederick W. Taylor)发现工人并没有受到公司计件工资的激励，产出只达到了最大可能的1/3。泰勒认为工人在磨洋工，并将其分为本性磨洋工和系统磨洋工两种类型。本性磨洋工来自一种自然的本能和人们倾向于放松的趋势；系统磨洋工则来自工人们更加复杂的二次思考以及对人际关系的权衡。对于本性磨洋工，可以通过管理者的激励或者强制，使工人们达到工作要求。而系统磨洋工则是另一回事，其背后假设是：世界上的工作量是有限的，今天干的活儿多就意味着明天没有那么多活儿可干，也就是说，如果你干得太快的话,就可能导致其他工人或者自己失业。按天或按小时计算的工资制度滋长了磨洋工行为,因为报酬取决于出勤情况和职位,而不是努力程度。努力工作得不到任何奖励,所以,这种制度实际上是在助长工人的磨洋工行为。计件工资为何常常失败?原因在于其标准设定不合理,当工人获得的报酬过高时,雇主就会降低单件价格,所以,工人为了保护自己,往往不会在工作中努力提高效率,以防被管理者发现。当工人获得超过一定金额的工资时,管理者都会压低工资。有了多次这样的经历后,工人们在干多少活儿、挣多少钱方面达成了一致,不仅要保护自己的利益,同时也要避免被人嘲笑能力不足。工人们意识到,管理者预设了一个工资总额的最大值,如果报酬超过了这个数字就会引起单件报酬的降低。泰勒认为这不是工人的错,他认为责任在于工资体系,而不是工人。

工时研究是泰勒制的基础;将每项工作都拆分成尽量多的简单基本动作,消除其中无用的动作,通过观察技术最好的工人,找出完成每个基本动作最快和最好的方法,然后记录动作的过程和时间。考虑工作中会有耽误和中断,即工人对工作的适应与熟悉时间以及休息时间,因此,在此基础上可增加一定比例的时间。泰勒最著名的成就是编写了《科学管理原理》(*The Principles of Scientific Management*)一书。科学管理原理可以归纳为:第一,应当用科学方法代替经验;第二,科学地选拔和培训员工;第三,团结合作优于单打独斗;第四,管理者和员工的合理分工。

泰勒的一位助手亨利·甘特(Henry L. Gantt)提出了工作进度原理,设计了用来掌握生产进度的甘特图——采用直角坐标系,用 X 轴表示计划的工作任务及其完成情况,用 Y 轴表示所花费的时间。这种图至今仍在工业部门中使用。

泰勒之后,法国的亨利·法约尔(Henri Fayol)提出了一般管理理论。法约尔曾是大公司的经理,在职业生涯后期,他四处讲学,著书立说,在 1925 年出版了《工业管理和一般管理》一书。他提出了企业的六大活动和管理的五大职能。目前常见的管理定义就出自此:管理就是计划、组织、指挥、协调和控制。目前组织设计中常见的一些内容也来自法约尔提出的管理 14 条原则:

(1) 劳动分工原则;

(2) 权力与责任原则;

(3) 纪律原则;

(4) 统一指挥原则;

(5) 统一领导原则;

(6) 个人利益服从整体利益的原则;

(7) 人员的报酬原则;

(8) 集中的原则;

(9) 等级制度原则;

(10) 秩序原则;

(11) 公平原则;

(12) 人员的稳定原则;

(13) 首创精神;

(14) 团队精神。

与泰勒相比,法约尔跳出了基层管理的范围,第一次系统论述了管理的职能和原则,使管理具有一般的科学性。

德国的马克斯·韦伯(Max Weber)大约在相同时期提出了行政组织理论,他认为等级严密的官僚组织是商业、政府、宗教、大学乃至军队的最佳组织形式。因为它能保证少数人严格而有效地行使管理和控制职能,员工们只需要根据纪律的约束执行任务。

泰勒、法约尔和韦伯的理论统称为古典管理理论。古典管理理论为促进生产效率的提高作出了巨大贡献。但随着劳动模式的日渐复杂,该管理模式渐渐衰落。总体来看,古典管理理论将人看作机器的附属物,认为人是被动的工具,忽略了人的情感和社会性。相比之下,心理学家的理论显得更完整、更人性化,也更具现代意义。

1.3.2 早期的工业心理学派

组织行为学的产生与发展起源于心理学在管理实践或工业界的应用。20世纪初,工业心理学的萌芽与发展为组织行为学乃至整个行为科学学派的产生与发展奠定了基础。

在1900年以前,该研究领域还没有一个确切的学科名称。1897年,心理学家Bryan发表了一篇关于专业电报员如何提升发送和接收摩斯电报电码技能的文章。但Bryan的本意并不是提倡研究工业领域的问题,他在1904年的文章中本想提倡大家更多地关注个体(individual)心理学,但误打误撞地写成了工业(industrial)心理学,这样"工业心理学"一词就最早出现在了Bryan的文章中。

雨果·闵斯特伯格(Hugo Munsterberg)是一位接受过正统学术训练的德国心理学家。著名心理学家威廉·詹姆斯(William James)邀请他来到哈佛大学,他们用实验心理学的方法研究知觉和注意力方面的问题。闵斯特伯格采用传统心理学的方法研究工业中的实际问题,他出版了《心理学与工业效率》一书。该书主要包括挑选工人、设计工作以及在销售中运用心理学知识三个部分。闵斯特伯格的一个著名的研究是探讨安全驾驶无轨电车的司机应该具备的特征。他系统地研究了这项工作的各个方面,并且设计了模拟电车的实验室实验,结果发现一名好的司机应该能够在驾驶过程中同时注意所有影响电车行驶的因素。20世纪许多杰出的工业与组织心理学家都站在闵斯特伯格的肩膀之上进行研究,他被称为"工业心理学之父"。

莉莲·吉尔布雷斯(Lillian M. Gilbreth)是对工业与组织心理学发展有突出贡献的女性心理学家,她是美国第一位获得心理学博士学位的女性。吉尔布雷斯是最早注意到工作压力和工作疲劳的心理学家之一。在1908年的产业工程师会议上,她是会议中唯一的女性,所以被要求说说她的想法。吉尔布雷斯说:"人类理所当然地是工业领域中最重要的因素,而这个最重要的因素却没有受到其应有的重视。"工程师所接受的科学培训都是处理没有生命的物体。心理学家能够提供许多被工程师们忽略的知识。她的即兴演讲使科学管理领域的学者开始关注工程设计项目中能够应用心理学的地方。她更多地从人性的角度关注时间管理,她的丈夫弗兰克·吉尔布雷斯(Frank Gilbreth)侧重于从技术角度提升工作效率。在泰勒和甘特的影响下,弗兰克·吉尔布雷斯在体力劳动的操作方法研究方面有很高的造诣,被称为"动作研究之父"。吉尔布雷斯有12个孩子,她兼顾家庭和事业,被出版商称为"生活艺术的天才"。她的两个孩子写了关于她生平的一本书《儿女一箩筐》(*Cheaper by the Dozen*),1950年此书被拍成了电影,2003年又进行了翻拍。

工业心理学早期的研究以个体为研究对象,研究成果主要是对工作中个体差异的测量,以及改进工作方法、建立最佳工作条件等,还未能注意到工作的社会环境、人际关系、领导与被领导的关系,以及组织本身所具有的社会性。

在古典管理理论的指导下,许多管理工作者认为在物质工作环境、工人的健康和劳动生产率之间存在着一种明确的因果关系。如果有良好的通风、温度、照明及其他物质工作条件,工人就处在理想的工作环境中去从事经过科学测定的作业任务,这时再采用刺激性工资制度进行激励,就能产生提高生产率的效果。

1924年,美国国家科学院的全国科学研究委员会决定在西方电气公司的霍桑工厂进行照明条件与工作效率精确关系的研究。研究一开始指定了两组女工,她们分别来自两个照明度相同的车间,并且都从事装配电话继电器的工作。其中一组为控制组,在实验期间照明度、工作环境保持不变;另一组为实验组,由六名工人组成,实验组的照明度有各种变化,由此来判断照明对工作效率的影响。经过仔细设计,研究人员对房间的温度、湿度和照明度都做了精细考虑与控制。研究人员对小组进行观察并做出精确的生产记录。

随着研究工作的进展,产生的结果越来越令研究人员感到不可思议:当实验组照明度增强时,实验组和控制组都增产;当实验组照明度减弱时,两组依然都增产,甚至当实验组的照明度减至0.06烛光时,其产量亦无明显下降;直至照明度减至如月光一般、工人实在看不清时,产量才急剧降下来。研究人员感到迷惑不解,无法解释这个现象。按照经济人假设,人是由外在环境因素所驱使的,工作环境条件优劣不同,生产率应当有所区别。由于没人能够解释其中的原因,大家都认为这种实验没什么用处而准备放弃了。

哈佛大学从事工业研究的教授乔治·埃尔顿·梅奥(George Elton Mayo)于1927年年末至1928年年初在纽约的哈佛俱乐部给一批人事经理做报告。西方电气公司的检验主管乔治·潘诺克(George Pennock)也是听众中的一员。潘诺克告诉梅奥有关霍桑工厂实验的情况,并邀请梅奥作为研究顾问参与研究。梅奥对研究结果很感兴趣,很快就带着哈佛研究小组来到了工厂。梅奥敏锐地指出,解释霍桑实验的关键因素是工人小组中精神状态的巨大改变。他们继续进行实验,终于揭开了社会人假设。

霍桑实验系列中有几个著名的实验,其分别揭示了工作环境及人际作用下人的重要心理品质。

(1) 照明度实验。研究者在厂里选出一些绕线圈的工人,分为两个小组:一组在不同的照明度下工作,称为实验组;另一组仍然在不变的照明条件下工作,称为控制组。实验发现:虽然只增加实验组的照明度,但两个小组的产量都增加了;而且当随即减弱照明度时,两组的产量仍然继续上升。研究者得出的结论是:工作场所的照明条件对两个小组的生产率的影响很小,甚至没有什么影响。梅奥则认为,实验室中的工人组成了一个社会单位,对于受到研究者越来越多的关心而感到很高兴,并培养出一种积极参与实验计划的感觉。正是这种心理上的变化促成了产量的提高。

(2) 福利实验。该实验是第二阶段的研究,历时一年半。梅奥选出五名有经验的女工组成工作小组,让她们在一个单独的房间里从事继电器装配工作。实验开始时,梅奥通过各种渠道同女工们沟通感情,鼓励她们通力合作。在实验的早期阶段,研究者为工人们逐步增加了一些福利措施,如缩短工作日、延长工间休息时间、免费供应茶点、实行计件工资制等,并对工作条件(如车间温度、工间茶点等)做了改善,结果产量得到了提高。按照传统的管理理论,可以顺理成章地把产量的提高归因于福利措施的改善。但是,在继续进行的实验中,研究者取消了各种福利措施，换言之，各产量动因被排除。按照传统认识，这种变化必定使产量下降，但是结果与设想相反，产量仍然上升。显然，传统的管理理论无法解释其中隐藏着的更为复杂的动因。研究者得出的结论是：导致产量增加的因素并非福利条件和工资制度，而是士气、监督和人际关系，尤其重要的是工人的社会需要——在实验期间，女工们感到自己是被特别选出的一群人，产生了一种被重视的自豪感，由此形成了积极参与的责任感，这些促使她们不断努力提高产量，而福利措施、工作条件等便退居较次要的地位。

（3）访谈实验。经过上述两个阶段的实验，研究者得出结论：工作的物质条件与生产率之间并没有必然的联系。因此他们提出，工作环境中的人的因素显然比工作的技术和物质条件对生产率具有更为重要的影响。于是，研究者在工厂中开始了访谈计划，请工人对管理当局的规划和政策、工头的态度、工作条件等问题做出回答。但这种规定好内容的访谈计划一开始，研究者就发现：工人总想就规定提纲以外的事情进行交谈。工人认为重要的事情并不是公司或研究者认为意义重大的那些事。于是，研究者及时把访谈计划变成以不规定内容的方式进行，让工人任意发表意见，研究者的任务就是听工人讲话，每次访谈的平均时间也从30分钟延长到了一个小时至一个半小时。研究者多听少说，在他们同工人的个人接触中避免任何道德说教、劝告或情绪，详细记录工人的不满和意见。访谈计划持续了两年多，得到了意想不到的效果：工厂的产量大幅度提高了。据分析，这是由于工人们长期以来对工厂的各项管理制度和方法存在许多不满，无处发泄，访谈计划的实行恰恰为他们提供了发泄的机会，发泄过后他们感到心情舒畅，提高了士气，从而提高了产量。

（4）群体实验。该实验是为证明访谈实验得出的结果而进行的。实验选择出14名男工在隔离的观察室中进行中央交换机接线器的装配工作，具体的工作有三种：①在接线柱上绕线；②焊接头；③检验前两项工作的质量。实行集体计件工资制：以小组的总产量为依据对每个工人进行付酬，并强调必须进行互相协作。研究者起初设想这种付酬方式可以使工作效率高的职工迫使工作效率低的职工提高工作效率，因为他们都想取得最大的经济利益。但观察发现，产量只维持在中等水平。工人们对什么是"公平的日工作量"有明确的理解，而这个工作量低于管理当局所规定的产量。更令人惊异的是：工厂部门中的社会群体能对各个成员的生产行为进行强有力的控制。调查发现，产量之所以维持在中等水平是因为工人估计到，如果产量超过了约定俗成的非正式标准，工资率将会降低，或者计件工资的计件基准（即管理当局规定的产量标准）将会提高。所以工人面对两种危险：一是产量过高，导致降低工资率或提高产量标准；二是产量过低，引起监工的不满。每个工人的共同感觉是：不要超过非正式的标准而成为"生产的冒尖者"，也不要低于约定俗成的标准而成为"生产的落后者"，使同伴遭受损失。这些工人为了维护班组的群体利益，自发地形成了一些内部规范，使每个人的产量在那个非正式标准的上下波动。为了使这些内部规范得以实行，群体成员采用了一些内部惩罚措施，如嘲笑、讽刺、"给上两拳"等。这些内部规范还规定不许向管理当局告密。这个群体中的工人把相互间的感情看得很重要，为此他们宁可拒绝物质利益的引诱，维系感情实际上成了群体内部的一种激励因素。工人们甚至采取各种秘密措施来维护自己在群体中的资格。如果一个工人产量过高，他会隐瞒多余的产量，只报告符合群体规范的数量，并放慢速度，以隐瞒的产量补充不足。总的来说，该调查的发现可概括为：①群体有意地限定产量而不顾管理当局有关产量的规定；②群体使工人产量报告平均化；③群体有一套办法使脱轨的成员就范。

正是根据这些发现,梅奥提出了"非正式群体"的概念,认为在正式的组织内存在着自发形成的非正式群体,这种群体有自己的特殊规范,对其成员的行为起着调节和控制作用。

霍桑实验从 1924 年至 1932 年持续了将近八年。1933 年,梅奥在《工业文明的社会问题》一书中总结了霍桑实验的结果。梅奥认为人是社会人(social man),社会心理因素是影响生产率的头等重要因素。由于工业革命及工作合理化的结果,许多工作本身原来的意义不再存在,应寻找工作的社会关系意义。在正式组织中存在着非正式群体。非正式群体有特定的规范,对其成员的行为有较大的影响。管理者不能只重视正式组织而忽视非正式群体。群体中的社会力量对工人的影响,比监督和控制的影响更大。在社会人假设的基础上,梅奥提出了人际关系理论。人际关系理论的要点是管理者不应只注意工作、完成生产任务,而应把注意力更多地放在关心人、满足人的社会需要上。管理者不应只注意计划、组织和控制,更应重视职工间人际关系、归属感的培养。从霍桑实验开始,管理理论从过去的"以人适应物"转向"以人为中心",在管理中从层层控制式转向注重调动工人参与决策的积极性。

1958 年,斯坦福大学的哈罗德·莱维特(Harold J. Leavitt)正式开始用管理心理学代替原来的工业心理学,管理心理学成为一门独立的学科。1964 年,莱维特等人在美国心理学年鉴上发表了综述文章《组织心理学》。在这一时期,研究者对影响组织行为的社会因素非常关注,"组织变革"和"组织发展"这样的术语经常出现在文献中。1973 年,工业心理学正式更名为工业与组织心理学。在 20 世纪 50 到 60 年代,美国民权运动爆发,少数群体的公平问题受到广泛关注。在美国 1964 年通过的《民权法案》中,第七条明确阐明政府应监督和修正就业歧视的问题。1978 年,美国政府起草了《就业指导意见》,规定雇主必须证明他们所使用的雇佣测验没有歧视任何群体。这部法案的出台对工业与组织心理学家具有重要意义,工业与组织心理学学科必须承担两项责无旁贷的工作:第一是进行科学研究,向公众提供服务;第二是接受政府的监察和评估。工业与组织心理学家要为他们的工作承担法律责任和义务。从 20 世纪 60 年代开始,随着学科从个体到群体再到组织研究的演变,研究机构开始从心理学系转入管理学系,学科名称也由原来的管理心理学(或工业心理学、组织心理学)逐渐演变成组织行为学。

1.3.3 权变学派

在西方管理思想史上,对人进行管理的思想是一直发展的。但是从科学管理到 X 理论与 Y 理论,都受着 19 世纪哲学中决定论思想的支配,其出发点都是认为处理管理问题可以有一个普遍适用的最佳方案。在人力资源学派成长的过程中,权变理论逐渐进入管理领域,认为管理的对象和情境变化多端,简单化的、普遍适用的方案并不存在,必须按照对象和情境的具体情况,选择具体对策。组织行为学就是在这一思想的基础上建立起来的。组织行为学认为,遵循权变理论,并不等于没有理论,而是告诉人们怎样从错综复杂的情境中寻找关键性变量,然后找出变量与变量之间的因果关系,从而针对一定的情境,使用一定的对策。因此,目前组织行为学的理论和方法虽然倾向于人力资源学派,但是对其他学派也兼收并蓄,形成了一个综合性的知识体系,把关于人的管理思想推进到了一个新的阶段。近十余年来对领导行为、激励方式、组织设计、工作再设计等的研究,都在权变思想的指导下进行。麻省理工学院教授埃德加·沙因(Edgar H. Schein)对人性假设的分析就是一个例子。他把科学管理的人性观称为"理性-经济人"(rational-economic man),把人群关系学派的人性观称为"社会人",把人力资源学派的人性观称为"自我实现人"(self actualizing man)。然后他得出结论,认为人的心理状态是复杂的,不仅人与人之间有差异,同一个人在不同环境、不同时期也会有差别。因此,人不能是单纯的"理性-经济人""社会人"或者"自我实现人",管理者不能把所有的人等同视之,用一个固定的模式进行管理,而是要洞察他们的特点,对症下药,这样才能取得好的成效。

1.3.4 系统学派

系统学派是指将组织作为一个有机整体,把各项管理业务看成相互联系的网络的一种管理学派。该学派重视对组织结构和模式的分析,应用系统理论的范畴、原理,全面分析并研究企业与其他组织的管理活动和管理过程,并建立起系统模型以便于分析。系统管理学派是弗莱蒙特·卡斯特(Fremont E. Kast)、詹姆斯·罗森茨维克(James E. Rosenzweig)等美国管理学家在一般系统论的基础上建立起来的。其主要观点如下。

(1) 企业是由人、物资、机器和其他资源在一定的目标下组成的一体化系统,它的成长和发展同时受到这些组成要素的影响。在这些要素的相互关系中,人是主体,具有主动性,其他要素则是被动的客体。

(2) 组织是由许多子系统组成的,各子系统既相互独立又相互作用,不可分割,从而构成一个整体。这些子系统还可以继续分为更小的子系统,同时企业是社会大系统中的子系统。

(3) 从系统的观点来考察管理的基本职能,可以把企业看成一个投入-产出系统,投入的是物资、劳动力和各种信息,产出的是各种产品(或服务)。从系统的角度分析,组织行为也是一个子系统,这个行为子系统与其他子系统相互作用。

案 例

霍 桑 实 验

位于美国芝加哥城外西方电气公司的霍桑工厂,是一家制造电话机的专用工厂,它设备完善,福利优越,具有良好的娱乐设施、医疗制度和养老金制度。但工人仍愤愤不平,生产效率也不理想。为此,1924年美国国家科学院组织了一个包括各方面专家在内的研究小组,通过实验对该厂的照明条件和工作效率的关系进行了全面的考察。这就是著名的霍桑实验。1924—1932年,在将近8年的时间里,霍桑实验前后共经过两个回合。第一个回合是从1924年11月至1927年4月,它主要是在美国国家科学委员会的赞助下进行的。第二个回合是1927—1932年,主要由美国哈佛大学教授梅奥主持并进行研究。整个实验前后共分为以下四个部分。

一、照明度实验

时间:1924年11月至1927年4月。

当时关于生产效率的理论占"统治"地位的是劳动医学的观点,其认为也许影响工人生产效率的是疲劳和单调感等,于是当时的实验假设便是"提高照明度有助于减少疲劳,使生产效率提高"。可是经过两年多的实验,研究人员发现,照明度的改变对生产效率并无直接影响。具体实验结果是：当实验组照明度增强时，实验组和控制组都增产；当实验组照明度减弱时，两组依然都增产，甚至当实验组的照明度减至 0.06 烛光时，其产量亦无明显下降；直至照明度减至如月光一般、工人实在看不清时，产量才急剧降下来。研究人员面对此结果感到茫然，失去了信心，从 1927 年 4 月起，以梅奥教授为首的一批哈佛大学心理学工作者将实验工作接管下来，实验继续进行。

二、福利实验

时间：1927 年 4 月至 1929 年 6 月。

实验目的总的来说是验证员工福利待遇的改变与生产效率的关系。但经过两年多的实验研究人员发现，不管福利待遇如何改变（包括工资支付办法的改变、是否免费供应茶点、是否缩短工作时间、是否延长休息时间等），都不影响产量的持续上升，甚至工人自己对生产效率提高的原因也说不清楚。

后经进一步的分析研究人员发现，导致生产效率提高的主要原因如下：

（1）参加实验的光荣感。实验开始时参加实验的女工曾被召进部长办公室谈话，她们认为这是莫大的荣誉。这说明人们被重视的自豪感对人的工作积极性有明显的促进作用。

（2）成员间良好的相互关系。

三、访谈实验

研究者在工厂中进行了大规模访谈，谈话两万多人次。此计划的最初想法是要工人就管理当局的规划和政策、工头的态度、工作条件等问题做出回答，但这种规定好内容的访谈计划在进行过程中却大出意料之外，得到了令人意想不到的效果。工人想就规定提纲以外的事情进行交谈，工人认为重要的事情并不是公司或研究者认为意义重大的那些事。研究者了解到这一点，及时把访谈计划改为事先不规定内容，每次访谈的平均时间从 30 分钟延长到 1~1.5 小时，研究者多听少说，详细记录工人的不满和意见。访谈计划持续了两年多，得到了良好的成效，工厂的产量大幅提高。据分析，这是因为工人们长期以来对工厂的各项管理制度和方法存在许多不满，无处发泄，访谈计划的实行恰恰为他们提供了发泄机会，发泄过后他们感到心情舒畅，提高了士气，从而使产量得到了提高。

四、群体实验

继电器绕线机组的工作室实验。研究者为了系统观察在群体中人们之间的相互影响，在车间里挑选了 14 名男工，其中包括 9 名绕线工、3 名焊接工、2 名检验员，他们在一个专门的单独房间里工作。

实验开始，研究者向工人说明：他们可以尽量卖力工作，报酬实行个人计件工资制。研究者原以为，这套奖励办法会使工人努力工作，提高产量，但结果是产量只保持在中等水平，而且每个工人的日产量差不多。根据"时间-动作"分析的理论，工厂经过计算向他们提出的标准定额是每天完成 7 312 个焊接点，但工人每天只完成 6 000~6 600 个焊接点就不干了，即使离下班还有一段时间，他们也自行停工。研究者经过深入观察，了解到工人自动限制产量的理由是：如果他们过分地努力，就可能造成其他同伴的失业，或者公司会接着制订出更高的生产定额。与此同时，研究者为了了解他们之间的能力差别，还对实验组的每个人做了灵敏测验和智力测验。结果显示 3 名生产最慢的绕线工在灵敏测验上得分都高于 3 名生产最快的绕线工，其中 1 名工人在智力测验上得分排行第一，在灵敏测验上得分排行第三。测验的结果和实际产量之间的这种关系使研究者联想到群体对这些工人的重要性。一名工人可以因为提高他的产量而得到小组"工资基金"总额的较大份额,而且也减少了失业的可能性,然而这些物质上的报酬却会招来群体的为难和惩罚。因此,每天只完成群体认可的工作量,大家就可以相安无事。

研究者通过观察发现,工人们之间有时会相互交换自己的工作,彼此间相互帮忙,虽然这是有违公司规定的事,但是,这种行为却大大增进了他们的友谊,有时却也促进了他们彼此间的怨恨,谁喜欢谁,不喜欢谁,都可以由此表现出来。诸如此类的事情使研究者发现他们中间有着两个派系,即小群体,一个称为A派,一个称为B派。研究者在对他们的观察中得到了以下几点结论。

(1) 他们之间的派系并不是因工作不同而形成的,例如,A派包括3名绕线工,同时还有1名焊接工和1名检验员。

(2) 派系的形成多少受到工作位置的影响,例如,A派的几位工人均在工作室的前端,而B派的几位工人均在工作室的后端。

(3) 实验组的成员中也有人不属于任何派系。例如,其中一名检验员一向受到其他成员的排斥。原因是他曾向检验科抱怨,说工作室的工人们都在偷懒,这件事后来被大家知道了,大家都与他保持一定距离。还有1名绕线工老喜欢在B派中出风头,他虽然想加入B派,B派却因此没有完全接纳他。

(4) 每个派系都认为自己比别的派系好,并有一套他们自己的行为规范。

研究者在观察他们各自履行自己所订立的行为规范时发现,有的规范与限制产量有关,有的则涉及个人的品德,而就其规范对个人的影响来说,主要有以下几点:一是谁也不能干得太多或太少,以免影响大家;二是谁也不准向管理当局告密,做有害于同伴的事;三是任何人都不得远离大家,孤芳自赏;四是不得打官腔,找麻烦;五是任何人不得在群体中自吹自擂或自以为是。

这些规范主要是通过挖苦、嘲笑以及排挤于活动之外等一些社会制裁方法实施的。如果有谁违反这些规范,就会受到群体的制裁。小组中最受欢迎的人就是那些严格遵守群体规范的人;而受厌恶的人则是违背群体规范,私下向工长告密的人。

研究者认为,这种自然形成的非正式群体,其职能对内在于控制其成员的行为,对外则为保护其成员,使之不受来自管理阶层的干预。这种非正式群体一般都存在着自然形成的领袖人物。

霍桑实验的结果后经梅奥整理于1933年正式发表,其书名为《工业文明中人的问题》。在此书中,梅奥首次提出了"人际关系学说",对管理学的发展产生了重大影响。

资料来源:常莉俊,谭波,张晗.组织行为学[M].上海:上海交通大学出版社,2017.

思 考 题

1. 什么是组织?家庭是一个组织吗?
2. 组织行为学研究的问题有哪些?
3. 组织行为学的研究方法有哪些?各有什么特点?
4. 系统学派的主要观点有哪些?
5. 在数字经济与人工智能时代,组织行为学面临哪些挑战?

第2章 个体心理与个体行为

2.1 知 觉

2.1.1 感觉与知觉

一、含义

感觉是直接作用于人们感觉器官的客观事物的个别属性或个别部分在人脑中的反映。在日常生活中,人时刻都在接触外界的许多事物,它们直接作用于人的各种感觉器官,从而在人脑中就产生了各种各样的感觉,如人们看到的颜色、听到的声音、闻到的气味等。同样,身体的运动与姿态、体内器官的状况,也能作用于有关的感觉器官,从而在大脑里产生舒适、疼痛、饥渴等感觉[3]。

知觉是直接作用于感觉器官的客观事物的整体属性或各个部分在人脑中的反映。客观事物的各种属性并不是各自孤立地作用于个人,而是组合成整体,同时或相继作用于人的感官,于是在大脑中就产生了事物的整体映象。例如,当我们拿起苹果品尝时,苹果的颜色、气味、表面光滑度和味道等个别属性,便分别作用于眼、鼻、手、舌等感官,在人脑中产生相应的感觉,这些感觉经过人脑的选择、处理和组织,形成一个有机组合,就构成了完整的苹果映象,这就是对苹果的知觉。

感觉和知觉的共同点在于,二者都是直接作用于感官的当前事物在人脑中的反映,所产生的主观映象都是具体的感性形象。感觉和知觉的区别在于,感觉反映事物的个别属性(如形状、色泽、气味、温度等),知觉则是对事物各种属性、各个部分及其相互关系的综合的、整体的反映过程。感觉和知觉又有联系:感觉是知觉的成分,是知觉的基础;知觉是在感觉之上产生的,它依赖于人脑中储存的一系列感觉信息组合,没有感觉,就不会有知觉。

知觉的基础是社会实践。检验知觉真实性的标准,也只能是社会实践。随着人类社会实践向无限广度和深度的发展,人们知觉的对象更加丰富多彩,人们对如何知觉这些对象的探讨也会更加深入、科学。

知觉是客观事物在人脑中的主观映象,因而知觉受人的各种主观意识特点的影响和制约。例如,一个人的知识水平、兴趣爱好、情绪体验等都直接影响着知觉过程。所以,不同的人对于同一对象的知觉的完整性和准确性往往是不相同或不完全相同的,甚至同一个人在不同时间对于同一对象的知觉也往往是不相同或不完全相同的。

二、知觉的类型

根据知觉反映的客观事物特性的不同,我们可以把知觉分为空间知觉、时间知觉和运动知觉。

空间知觉是对物体的大小、形状、方位、远近等空间特性的知觉。它包括大小知觉、形状知觉、方位知觉和距离知觉等,是多种感受器协同活动的结果。

时间知觉是对客观事物的延续性和顺序性的反映。

运动知觉是个体对物体空间移动以及移动速度的反映。例如,鱼在水里游、鸟在天上飞等。运动知觉让人们可以分辨物体的运动和静止以及运动速度的快、慢。

三、知觉的特性

(一)知觉的整体性

尽管知觉对象由许多个别属性组成,但我们不会把它感知为若干相互独立的部分。相反,我们倾向于将它感知为一个统一的整体。即使有的时候知觉对象在客观上是不完整的,我们也可以自己的过去经验来补充当时获得的感觉信息,使它成为具有一定结构的完整整体。古语有"窥一斑而知全豹"的说法,也就是通过豹子的一个斑点,可以知道这个动物是豹子。这体现的就是从部分推整体的过程,此即知觉的整体性。

(二)知觉的选择性

作用于我们感官的客观事物是纷繁多样的,我们不可能在瞬间全部清楚地感知它们。相反,我们按照自身的某些需要和目的,主动而有意地选择少数事物(或其一部分)作为知觉的对象,或无意识地被某种事物所吸引,以之为知觉对象,对之产生清晰、鲜明的知觉印象,而把其余事物作为知觉的背景,只产生比较模糊的知觉印象。

知觉的选择性既受知觉对象特点的影响,又受知觉者本人主观因素(如兴趣、爱好、态度、情绪、知识经验、能力等)的影响。

(三)知觉的组织性

人体接收到感觉信息后,必须通过组织才能形成一个有意义的知觉。其中最简单的方式就是把感觉信息建构成一个背景和背景之上的图形,即背景-图形组织,这是我们人类的一种天生的能力。组织性对于人类而言是非常重要的,如果没有组织性,我们就无法辨识出物体。知觉的组织性所根据的是完形原则,具体分为以下几个原则。

相似原则:我们习惯于把颜色、形状、大小相似的物体视为一组。

邻近原则:我们习惯于把空间上较为接近的事物视为一组。

闭合原则:我们的知觉会把实际上并不完整的图形视为一个闭合的图形。

连续原则:我们的知觉偏好连续的图形,而不喜欢支离破碎的图形。

同域原则:我们容易将处于同一地带或同一区域的物体视为一组。

对称原则:我们习惯于把对称的图形视为一组。

(四)知觉的理解性

所谓知觉的理解性是指我们根据已有的知识经验对感知到的事物进行解释的过程。换言之,我们在感知一个对象或现象时,不仅会直接反映其整体形象,还会根据自己以往获得的知识经验来解释和判断这一对象或现象,并用语言来描述它,使它具有一定的意义。典型的例子就是"一千个人眼中有一千个哈姆雷特"。正是由于人们的知识经验不同,因此人们对于同样的人物"哈姆雷特"就会有不一样的认识和理解。

(五) 知觉的恒常性

各种形式的视觉信息被我们的视觉器官接收时,常常会发生各种变化,从而使我们的视觉结果有所不同。不过由于知觉的恒常性,即使物体特征发生变化,我们也知道该物体是不变的。知觉的恒常性包括形状恒常性、大小恒常性、颜色恒常性和亮度恒常性等。

形状恒常性:当我们看物体的视角不同时,物体投射到我们眼中的形状也会发生改变。然而我们并不会觉得物体的形状发生了改变,此即形状恒常性。例如,不论坐在教室的哪一个座位上,我们看到的教室房门总是长方形的,而不会因为观看角度不同造成它在视网膜上的影像不同而认为它变成了菱形或梯形。

大小恒常性:在知觉过程中,虽然物体投射到我们视网膜上的大小在变化,但我们的知觉会认为物体的大小没有发生变化。大小恒常性可以帮助我们更好地了解物体变化的意义。设想一个人从你身边慢慢向前走远,你看到这个人的影像会越来越小,但你知道这并不意味着那个人真的变小了,而是因为他越来越远离你。

颜色恒常性:有的时候,虽然视觉结果告诉我们一些熟悉的物体的颜色正在变化,但我们的知觉却仍旧认为其颜色并未变化。例如,除非色盲者,一般人戴上太阳眼镜后,即使外界的物体颜色有所改变,我们也不会因此而对熟知物体的颜色做出错误判断。

亮度恒常性:这是指当物体表面反射到我们眼中的光线数量不同时,我们的眼睛尽管感觉到亮度不同,但是我们的知觉却认为亮度没有发生变化。例如:一支粉笔无论是放在明亮处还是放在昏暗处,我们都知道它是白色的;一张相片中一个人的脸部一半晦暗一半明亮,我们知道那是拍照时角度与明度不同所致,而不会误认为此人是"黑白郎君"或者面部伤残者。

四、影响知觉准确性的因素

在现实中,人的知觉往往不准确、不符合实际情况,甚至产生错觉。"风声鹤唳,草木皆兵"就是典型的例子。知觉的偏差会影响人的认识,导致决策的失误,误导人的行为,给工作造成损失。因此,在组织管理活动中,必须研究影响知觉准确性的因素,减少偏差和失误[5]。

影响知觉准确性的因素可以大致归为三个方面:知觉者的主观因素、知觉对象的特征、知觉的情境因素。

(一) 知觉者的主观因素

知觉者的主观因素不同会导致知觉的个体差异,即对同一事物,不同的人知觉不同。这些因素主要有以下几个。

1. 兴趣和爱好

人在兴趣和爱好方面的个体差异性会影响知觉的选择性。通常人们对自己最感兴趣的事物最容易知觉到,并能把握更多的细节,如"见微知著";对自己不感兴趣的事物往往会排除掉,如"熟视无睹"。例如,一个书法爱好者和一个绘画爱好者一起去字画店,绘画爱好者往往会首先看有没有新画册,而书法爱好者则会在书法集的柜台前流连忘返,对于别人关注的新书,他们则可能根本没有注意。此外,兴趣和爱好相近的人,也往往有相近的知觉,容易沟通,从而形成非正式群体。

2. 需要和动机

人们需要和动机的不同也在很大程度上决定着人们的知觉的选择性。一般来说,凡是能够满足人的某种需要、合乎其动机的事物,都容易成为知觉的对象和注意的中心;反之,则不易被人知觉到。例如,一个干渴难耐的人,会将注意力集中于面前的水和饮料,而对眼前的其他事物视而不见、听而不闻。

3. 知识和经验

个体具有的知识和经验对于知觉的选择性影响也很大。例如,对同一台戏曲节目,外行人和内行人的知觉就有区别,所谓"外行看热闹(故事情节),内行看门道(唱腔、动作)"讲的就是这个道理。

4. 个性特征

个性特征也是影响知觉的选择性的因素。比如,不同气质类型的人在知觉的深度和广度上存在着明显的差异。一般来讲:多血质的人知觉速度快、范围广,但不细致;黏液质的人知觉速度慢、范围窄,但比较深入细致。

此外,个人的价值观、对未来的预期、身体状况、自身条件等因素也会影响知觉的选择性。由主观因素造成的个体知觉差异性,使人的知觉世界各有千秋。虽然知觉反映了客体的本质属性,但在具体的反映形式和结果上,却体现着个人风格,形成了选择性知觉。

(二)知觉对象的特征

知觉对象的特征是影响知觉的重要因素。人们在知觉事物时,会根据对象的特征进行组织、整合,这种整合遵循一定的规则,如下所述。

1. 接近律

在时间、空间上接近的对象,有被知觉为同类的倾向。例如,一个车间的两个工人同时要求辞职,人们很容易觉得他们是串通一气的,其实可能仅仅是巧合。

2. 相似律

具有相似性的对象易被知觉为一组。

3. 闭锁律

人们能够把分散而又有一定联系的知觉对象的反映综合起来,形成一个整体。这是知觉整体对象的形式和能力之一。事实上,一组分散的知觉对象包围一个空间,同样容易被人知觉为一个单元。例如,在火车车厢中,面对面坐的乘客比背靠背坐的乘客更容易被知觉为一个单元。

4. 连续律

在空间、时间上具有连续性的对象,容易被知觉为一个整体。例如,在电影院售票处,人们往往把排队购票者知觉为一个整体,而对其他散乱的人则没有明晰的知觉。又如,弹奏钢琴的声音因其连续性而被人感知为乐曲。

这些规则的意义在于使知觉更为简便有效,使人们通过对知觉对象的组织更迅速地把握它们。因此,这些规则又统称为知觉组织的"简明性规则"。

知觉的简明性组织倾向,往往使人们对在时空或运动特征上有关联而实质毫不相关的对象之间的关系做出因果的判断,产生错觉。比如:某工厂的厂庆期间天气很好,有人便会觉得这是天助人事、吉利,其实只是巧合;一位员工在上班路上偶然碰到厂长,就一同来到厂里,有人马上认为他们关系不一般;公司来了新经理,不久销售绩效显著提高,人们很容易得出结论说新经理领导有方,但也许是因为原来推出的新产品进入成长期,新经理只是个"福将"。

知觉对象的颜色、形状、大小、声音、强度、高低、运动状态、新奇性和重复次数等因素,都会影响知觉的结果。由颜色引起的知觉差异,已经被人们应用于日常衣着和房间格调的布置上。例如,黑、红给人以重的感觉,蓝、绿给人以轻的感觉,浅色使人觉得宽大,深色使人觉得狭小等。由形状引起的知觉差异很大。

在其他因素不变的情况下,强度高、新奇的知觉对象容易被知觉到,如在人群中身材高大的人、穿着奇特的人、熟人一般会先进入眼帘而被知觉到。鞭炮声比掌声更容易被知觉,枪声比鞭炮声更容易被知觉。

一般情况下,动态的事物、重复次数多的事物容易被知觉。例如,晚上在广场上,那些颜色变化、运动的霓虹灯广告牌就比静止的广告牌给人的印象更深刻。而商品广告的多次重复也能起到更好的效果。

(三) 知觉的情境因素

知觉的情境因素通过影响人的感受性而改变知觉的效果。所谓感受性就是人的感觉灵敏度,人对外界刺激物的感觉能力是人的感受性在环境作用下发生的变化,表现为以下几种现象。

1. 适应

由于刺激对感觉器官的持续作用而引起感受性变化的现象称为适应。它可以表现为感受性的提高,也可以表现为感受性的降低。例如:白天人们进入熄灯的电影院,开始觉得一片漆黑,慢慢会辨别出周围物体的轮廓,这是视觉的适应现象;入芝兰之室,久而不闻其香,入鲍鱼之肆,久而不闻其臭,这是嗅觉的适应现象;人们冬泳刚下水时觉得很冷,几分钟后感觉不太冷,这是皮肤对温度的适应现象。

2. 对比

同一感觉器官接受不同的刺激而使感受性发生变化的现象称为对比。例如,吃了糖以后接着吃广柑,觉得广柑很酸,这种情况为先后对比。

同时对比,也称为对象与背景的对比,对感受性和知觉的影响很大。同一事物在不同的背景下,可以使人产生不同的知觉。比如,同一个人穿横条纹的衣服会显得胖些,穿竖条纹的衣服会显得瘦些。事物与其背景的反差越大,事物越容易从背景中区别出来,"万绿丛中一点红"会使人感到格外鲜艳;反之,则难以区分开。

3. 敏感化

在某些因素的影响下,感受性暂时提高的现象称为敏感化。它与适应不同,适应会使感受性提高或降低,而敏感化则都会使感受性提高,由不同于适应的原因引起。例如,感觉的相互作用、人的心理活动的变化、兴奋性药物刺激等都能提高感受性,加深人对某一事物、活动的知觉。

4. 感受性降低

感受性降低与由适应引起的感受性变化不同,它是由其他因素引起的。知觉的相互作用、人的生物因素和心理因素、不良嗜好(如吸烟)的作用以及某些药物的刺激等都会引起感受性降低。例如,"欢娱嫌夜短,寂寞恨更长"就是由于心理因素、情趣不同而产生的时间错觉。

综上所述,人的知觉是知觉者、知觉对象、情境因素相互作用、相互影响的结果,是一个主观反映客观的过程,它一般包括观察感觉、理解选择、组织、解释和反应等环节。任何知觉者自身必然具有这样或那样的局限性,知觉对象的特征也会千奇百怪、参差不齐,情境不断转换,这些因素作用于人的知觉过程,就会使人们的知觉产生偏差,以致形成错觉。在学习、生活和实际工作中人们必须注意这一点,提高认识,努力克服。

2.1.2 错觉

一、错觉的内涵和表现

错觉是人们对客观事物错误的知觉,是知觉对客观刺激的歪曲反映。人类很早就已经发现了错觉现象。例如《列子》记载:

> 孔子东游,见两小儿辩斗,问其故。一儿曰:"我以日始出时去人近,而日中时远也。"一儿曰:"我以日初出远,而日中时近也。"一儿曰:"日初出大如车盖,及日中则如盘盂,此不为远者小而近者大乎?"一儿曰:"日初出沧沧凉凉,及其日中如探汤,此不为近者热而远者凉乎?"孔子不能决也。两小儿笑曰:"孰为汝多知乎?"

这就是我们熟知的两小儿辩日的故事,也是错觉的一个非常典型的例子。心理学文献记载的第一个错觉现象被称为亚里士多德错觉。亚里士多德(Aristotle)发现,将食指和中指交叉,中间加上圆珠,就会有两个圆珠的感觉,这其实是由皮肤错觉所致。不同的感觉都可以发生错觉现象,常见的错觉是视错觉。以下是一些视错觉的例子。

长短错觉:相同长度的东西,因为放置的方向不同或存在一些环境因素,看起来长短不一样。缪勒-莱尔错觉就属于这一类(见图 2-1)。

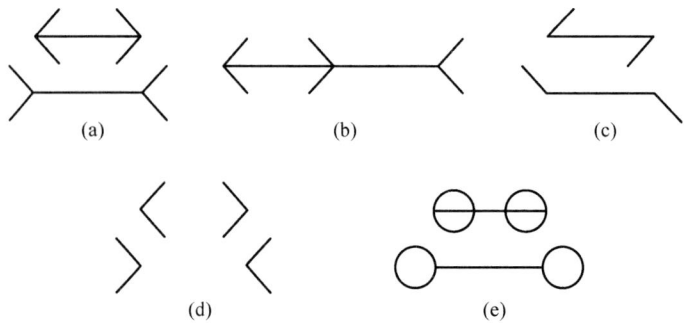

图 2-1 缪勒-莱尔错觉

大小错觉:相同面积或体积的物品,由于放置在不同的环境中,会使一些物品的面积或体积显得更大,使另一些物品的面积或体积显得更小。艾宾豪斯错觉(见图 2-2)、违反透视规律产生的错觉均属此类。

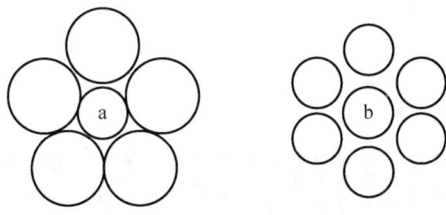

图 2-2　艾宾豪斯错觉

运动错觉：是指在一定条件下人们把客观上静止的物体看作运动的物体的一种错觉。例如，坐在高速行驶的火车内，我们会觉得铁路两边的房屋、树木都在快速移动。有的时候运动错觉可能源自我们内心的感觉。例如，当我们久蹲之后突然站起来时，就会感到房间好像在摇晃。图 2-3 所示为扭曲运动错觉。

图 2-3　扭曲运动错觉

变形错觉：把某些线或图形放在另一些线或图形中，看起来原来的线或图形就会变形，原来的方形不方了、圆形不圆了，原来平行的直线不平行了。佐尔拉错觉（见图 2-4）、厄任斯坦错觉、冯特错觉等都属于这类错觉。

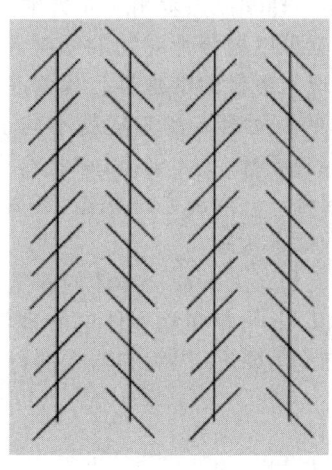

图 2-4　佐尔拉错觉

色彩错觉:把色彩的冷暖、深浅、动静、薄厚、进退等不同心理效应加以对比,或者把不同色相、纯度、明度的色彩分别加以对比,都会产生色彩上的视错觉。图 2-5 所示为颜色深浅错觉,属于一种色彩错觉。此外,把相同宽度的冷色、静色、缩色同暖色、动色、胀色放在一起,冷色、静色、缩色就显得窄,暖色、动色、胀色则显得宽。法国国旗的不同宽度比例就是利用这种视错觉设计的。

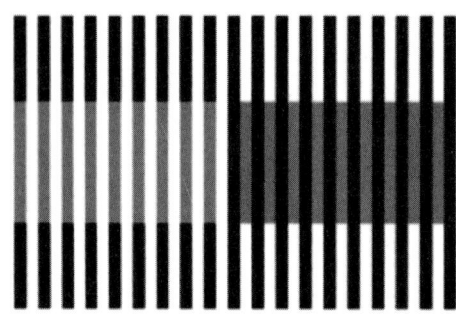

图 2-5　颜色深浅错觉

二、错觉的运用

错觉并非毫无用处,有的时候人们可以通过控制错觉来获得期望的效果。例如,黑、红等深色给人以重、窄的感觉,而绿、蓝等浅色给人以轻、宽、大的感觉。建筑师和室内设计师利用知觉的原理来创造空间中比其自身看起来更大或更小的物体。超市在墙上装一面镜子,可以通过光线折射产生店面宽敞、商品陈列丰满的视觉效果。一个面积较小的房间,如果墙壁涂上浅色涂料,在房间中央(而不是靠墙位置)放置一些较低的椅子、沙发和桌子,房间看起来会变得更宽敞。此外,个体也可以利用错觉选择服饰。例如,身材肥胖的人选择竖条的衣服就会显得苗条,身材瘦小的人选择横条的衣服就会显得丰满。

2.1.3　社会知觉

一、社会知觉的概念

社会知觉这一概念是由美国心理学家杰罗姆·布鲁纳(Jerome S. Bruner)于 1947 年首先提出来的。从知觉对象看,知觉可以划分为对物的知觉和对人的知觉。它们都服从于知觉的一般规律。但是,它们又表现出各自的特殊性。事物是相对静止的,人在感知事物时,人是能动的,知觉的对象是被动的。而对人的知觉就不同了。当人知觉人而不是物时,他(她)并不是停留在被感知者的容貌声音、身体姿态、举止言行等外表上,而要依据这些人的外部特征知觉对象整体的另一部分——内部心理状态,即其态度、动机、观点、个性特点等,这是对人的知觉与对物的知觉的根本区别。

社会知觉就是对人的知觉,就是对人和社会群体的知觉,就是对社会对象的知觉。它是知觉主体的一种特殊的社会意识,影响着知觉主体的心理活动,调节着知觉主体的社会行为。组织行为学特别注重社会知觉的研究,因为它与人的行为密切相关。

二、社会知觉的分类

社会知觉实质上是对人的知觉。而我们在知觉人的过程中,可以从不同的角度和侧面进行,所以就有不同的社会知觉类型,即对人的知觉、人际知觉、自我知觉、角色知觉等。

(一) 对人的知觉

对人的知觉是指通过对他人的外部特征的知觉,了解其动机、感情、意图的认识活动。人的外部特征主要包括容貌、穿戴、仪表、风度、举止、言谈等,这些都是知觉的对象。在人与人的交往接触中,尤其是在初次接触中,这些外部特征总会给人以鲜明的感知,甚至直接影响人们之间交往的深度、交往的质量。当然,其中也有知觉者自我主观知觉因素的作用。例如:有的人知觉别人时首先看重相貌,以貌取人;有的人知觉别人时首先看人品,按人品给人归类;有的人知觉别人时看重穿戴,按穿戴划分人。总之,对人的知觉既受知觉对象外部特征的影响,也受知觉者自我主观因素的影响。

(二) 人际知觉

人际知觉指对人与人之间关系的知觉。它主要以人的交际行为为知觉对象,对人们交往中的动作、表情、态度、言语、礼节等进行感知。这种感知有明显的情感因素在起作用,会使人们相互之间产生友好的、一般的或者对立的情感。

(三) 自我知觉

自我知觉是指一个人通过对自己行为的观察而对自己心理状态的自我感知,是自己对自己的看法。一个思维健全的正常人在社会实践中,不仅要知觉周围的人和事,也要知觉自我,即自悟,两个过程交错进行。自我知觉与知觉别人互相影响、互相作用。

(四) 角色知觉

角色知觉是指对人们所表现的社会角色行为的知觉。每个人在社会中都充当着某些角色。例如:某人是他父母的儿子,又是他儿子的父亲;是他领导的部属,又是他部属的领导;是他学生的老师,又是他老师的学生;等等。这就要求每一个人在社会实践活动中,在每一天的人际交往中,把握各种角色知觉(其实是把握主要的角色知觉),掌握各种角色的行为标准,形成角色意识,使人的行为合乎规范。

三、社会知觉中的若干效应

在社会知觉领域,由于知觉的主体、客体都是人,影响知觉准确性的因素会更多地涉及人的态度、价值观念、道德品质、个性等。主体与客体双方的关系、相对地位、思想方法、社会经验和知觉对象行为的真实程度等,都会影响社会知觉的准确性。这就使社会知觉的问题更为复杂,产生错觉的可能性大大增加。

社会知觉发生偏差或为错觉时,有多种反应效果。这里只就若干典型的效应及其应用加以简述。

(一) 第一印象效应(首因效应)

第一印象效应是指人在对人的知觉过程中留下的第一印象。它能够以同样的性质影响人们再一次发生的知觉。如果在对一个人的知觉过程中,某人给我们留下了比较美好的第一印象,这种印象就将影响到以后我们对他(她)的知觉;反之亦然。即使我们感知的某人表现已经变化了,第一印象形成的影响也将是缓慢地、滞后地改变的。

这种效应告诉我们:一方面,在看待别人时,一定要避免受第一印象的不良影响,看人不能先入为主,要有发展的眼光,以第一印象为先导,连续观察感知,反复深入甄别,防止产生对人的错误判断和得到错误结论;另一方面,凡是领导者、公关人员、供销人员、做群众工作的管理人员等,一定要注意给自己的工作对象留下良好的第一印象,这又确实是今后更好地开展工作的良好基础。

(二) 晕轮效应

所谓晕轮效应是指在知觉过程中,通过获得知觉对象某一行为特征的突出印象,而将其扩大为整体行为特征的认知活动。它好像在刮风天气到来之前,晚间月亮周围出现的月晕(又称晕轮)把月亮光芒扩大了一样。晕轮效应是对别人认知的一种偏差倾向,实质上是"以点代面"的思想方法,只见一点,不及其余。美国社会心理学家所罗门·阿希(Solomon E. Asch)以实验证明了晕轮效应,这种效应往往在对道德品质的知觉中表现得很明显。

晕轮效应对人们的启示在于:首先,对人、对事要防止以点代面、以偏概全,避免晕轮效应的遮掩性和弥散性,如"情人眼里出西施"或者"厌恶和尚,恨及袈裟"等不良效应;其次,要注意防止把自己的主张强加于人,避免以己度人的"投射倾向",要启发别人理解自己的意向,"引而不发"、潜移默化地在知觉别人的过程中感应别人。这些对组织中的领导者尤其重要。

(三) 近因效应

近因效应是指在知觉过程中,最后给人留下的印象最为深刻,对以后对该对象的印象有着强烈的影响。它和首因效应正好相反。一般来说,在知觉熟悉的人时,近因效应起较大的作用;在知觉陌生人时,首因效应起较大的作用。

把首因效应与近因效应结合起来会得到有益的启示。首先,要预防两种效应的消极影响,既不能"先入为主",也不能不究以往、只看现在,而应该以联系发展的态度感知事物,把对人、对事的每一次感知,都当作认知事物过程中的一个阶段,避免形而上学的片面性。其次,要在一定条件下,发挥两种效应的积极作用。讲话、办事、接触人、做具体工作,要善始善终,不能使人感觉"无头无尾""虎头蛇尾""龙头蛇尾"。

(四) 对比效应

对比效应是指在知觉过程中,我们对人的评价不是孤立进行的,而是通过与我们最近接触到的其他人进行比较做出的。如果我们最近接触到的其他人水平较高,对目前的知觉对象评价就低;反之则高。对比效应在面试和比赛中是常见现象,如果前面几位应试者表现平庸,后面的一位应试者就比较幸运,而如果前几位发挥出色,就不利于后一位的评估。所以对一名具体的候选人而言,评估的失真可能是他在应试中的位置导致的结果。所以,选用尽可能客观的指标,在所有的应试者陈述完后再统一评价,在一定程度上可以减小对比效应的负面影响。

(五) 自我实现预言

有的时候知觉者的预期真的可以改变知觉对象的行为。这种因为预期而导致别人真的做出符合预期的行为的现象被称为自我实现预言。自我实现预言一般通过三个步骤形成:首先,知觉者对某个人有一个先入为主的印象(例如主管觉得小王很有能力);其次,知觉者会根据这个预期对当事人采取行动(主管会关心小王的工作情况,鼓励他好好工作并称赞他的工作表现);最后,当事人会对知觉者的行为做出反应,让知觉者感觉这个行为符合其预期

(因而小王在工作上表现优异)。值得注意的是,在上述过程中双方都不知道这个过程正在起作用,知觉者根本没有意识到他有特定的预期,也不知道这个预期会影响知觉对象的行为,他会对别人的行为做内在归因(小王的工作能力真的很强)而非外在归因(他本身的预期)。不过以下三种情况可能会阻碍自我实现预言:(1)知觉者希望其对别人的印象是正确的;(2)当事人察觉到知觉者对他/她的预期很不符合他/她对自己的观点,他/她就会努力去改变知觉者的预期,并且通常都能成功地扭转知觉者的观点;(3)当事人对自己的观点非常有信心,那么他/她就不太可能因为知觉者的看法而改变自己的行为。

(六) 刻板印象

刻板印象是指只因为某人隶属于某个群体,就认为这个人拥有某些特征。最典型的例子之一是,一听到某人是客家人,就觉得他克勤克俭。最普遍存在的刻板印象之一是有关性别的,一般人会觉得男性是勇于冒险的、独立的,而女性则是柔顺的、多愁善感的。在组织中,我们也常常会听到一些以性别、年龄、种族甚至是体重为基础的刻板印象言论,如"男性对照顾孩子不感兴趣""女性不会为了晋升而调动工作""老年人无法学会新技能""亚裔移民勤奋而负责""肥胖者缺乏纪律性"等。

一般来说,生活在同一社会文化情境下或同一地域中的人,在心理、行为方面确实会存在一些相似性;同一年龄段或同一职业的人,他们的观念、社会态度和行为也可能比较接近。人们在认识社会时,会自然地概括某些相近的特征,并把这些特征固定化,这样便产生了刻板印象,我们通常通过两种途径形成刻板印象。一种是我们直接与某些人接触,然后将这些人的特征加以概括和固定化。例如,我们从生活中可以直接获得关于干部、工人、教师、商贩的印象。另一种是通过间接材料而形成刻板印象,比如大众媒介的描述、他人的介绍等。在现代社会中,大众媒介为我们塑造了大量的刻板印象。我们从电视和其他媒体中看到了我们无法实际接触到的各种类型的人,进而对他们形成特定的印象。

为何刻板印象会一直保留着呢?其中一个原因是刻板印象会让我们节省认知资源。另外,当我们对某个群体有偏见时,就会选择性地搜集他们符合我们预期的反应。还有一个可能的原因是自我实现预言,亦即我们对别人的信念会引发他表现出符合我们预期的反应。克服刻板印象的具体方法有两种:一种是深入具体的群体中去,与群体中的成员进行广泛接触,并重点加强与群体中有代表性、典型化的成员的沟通,不断地检查验证原先刻板印象中与现实不符的信息,以获得准确的认识;另一种是要善于用"眼见之实"去核对"偏听之辞",有意识地重新审视和关注与刻板印象不一致的信息。

(七) 投射效应

投射效应是指人们在日常生活中常常假设其他人与自己具有相同的属性、爱好或感受等,认为其他人理所当然地知道自己心中的想法。这就是把自己的特性和想法投射到他人身上的一种认知倾向。比如,一个经常算计别人的人会觉得别人也在算计他,一个心地善良的人会以为其他人都是善良的,喜欢妒忌的人常常将别人行为的动机归结为妒忌。心理学家罗斯曾做过一个实验来研究投射效应。他在 80 名参加实验的大学生中询问意见,问他们是否愿意背着一块大牌子在校园里走动。结果显示,48 名大学生同意背着牌子在校园里走动,并且认为大部分学生都会乐意这么做,而拒绝背着牌子走动的学生则普遍认为,只有少数学生愿意这么做。这些学生都是将自己的态度投射到了其他学生身上。

由于投射效应的存在,我们很多时候可以从一个人对他人的看法中推测这个人自身的心理特征或真正意图。由于人们有一定的共同点,有相似的欲望和要求,所以在很多情况下,我们对别人做出的推测都是比较正确的。但是,"人心不同,各如其面",人与人之间毕竟存在差异,如果不考虑个体之间的差异,简单、胡乱地投射一番,就容易出现错误。

2.1.4 归因

一、归因的概念

归因(attribution)指的是人们针对生活中观察到的自我或他人的行为,解释和推论其发生的原因的这样一个过程。人们通过归因不但可以知道观察到的行为与事件的发生原因,还能借此建构并理解、认识自己所身处的世界[6]。也因此,归因深深地影响着人们与他人、与社会以及与这个世界进行互动的方式。

二、归因的过程

唐·荷尔瑞格(Don Hellriegel)等人提出了一个归因过程的基本模式。该模式认为,人们对自己所观察到的他人行为的发生原因的推断常常在很大程度上决定着他们对这些行为的反应。而这种推断通常会受到以下几方面因素的影响:
(1) 知觉者对人和情况掌握的信息以及该信息如何被知觉者组织;
(2) 知觉者的信念(内隐人格理论、人们在类似情况下作何反应等);
(3) 知觉者的动力(例如做出准确评估对知觉者的重要性)。

知觉者的信息和信念取决于其之前的经历并受知觉者性格的影响。根据信息、信念和动机,知觉者常常会对行为的内因、外因进行区分。换言之,人们做出某件事或产生某个行为是因为迫于具体情境的压力还是出于自己内在的愿望。行为原因的归结(无论是内部的还是外部的)有助于知觉者赋予所发生的事情以意义,对知觉者理解之后产生的结果非常重要。这一归因过程的结果包括知觉者针对他人的行为而产生的行为,对知觉者情绪、情感的影响,以及对知觉者对未来事件或行为的期望的影响。

三、归因理论

(一) 海德的归因理论

弗里茨·海德(Fritz Heider)认为人类存在归因的基本需求。通过归因,人们可以赋予周遭世界以意义,使它们的前因、后果清楚分明、有迹可循。海德将归因分为两种:内部归因(internal attribution,也可以称为个人归因)和外部归因(external attribution,也可以称为情境归因)。在前一种归因中,个体倾向于将观察到的行为归因于当事人的人格、能力、态度等内在的因素;而在后一种归因中,个体则倾向于将某一行为归因于情境状况、社会压力、他人的行动、运气等情境因素。例如,一个员工有一天在单位中心情突然特别好,不时地哼歌、开玩笑,与平时不苟言笑的表现简直判若两人。当你看到这样不寻常的改变时,会如何解释他的行为?你的推论有可能是:该员工突然性情大变(内部归因),或者该员工刚刚得知自己的孩子被名牌大学录取了(外部归因)。

(二) 琼斯和戴维斯的对应推论学说

琼斯 (E. F. Jones) 和戴维斯 (K. Davis) 提出对应推论学说来详细解释人们如何判断一个人的行为是由于个人特点还是由于暂时性的情境影响而产生的。该学说概述了社会知觉者如何利用个体行为出现的背景来推断行为究竟是环境暂时影响的结果还是个人特点影响的结果。

社会知觉者推断他人行为原因的第一个考量因素是社会赞许性。我们可以从社会不赞赏的行为中推断个体的内在性格,而无法从社会赞赏的行为中去做此推断。例如,张明想要应聘一个销售岗位,他知道人际交往能力是这个工作的重点要求,所以在面试的时候他表现出外向的行为。在这种情况下我们就很难判断他是真的很有社交性还是为了增强积极印象而故意为之。但是,如果张明在面试中表现得很内向,那么面试者就有信心推断张明的确有些内向。

第二个考量因素是看个体的行为是自由选择的还是被情境强迫的。如果是出于个人自主性的选择,则行为应该比较能反映行动者内在的性格,而非外在环境的窘迫。

第三个考量因素是看行动者所选择的行动是否超越了一般社会的规范或欲求。一般人都希望选择钱多、事少、离家近的工作,然而张三却在众多不同性质的工作机会中选择了一份钱少、事多、离家远的工作。在这种情况下,我们可以推论张三是一位有理想、执着、能择其所好的员工。

第四个考量因素是看行动的选择是否具有不寻常的效果 (non-common effects)。例如,李四选择了一位其貌不扬、毫无地位与财富的人作为终身伴侣。如果这个对象没有一个不同寻常的特点,我们就很难理解李四的选择。而如果这个对象具有某种独特的能力,我们就比较好解释李四的行为。

(三) 凯利的归因理论

哈罗德·凯利 (Harold H. Kelley) 对海德的归因理论进行了扩充和发展,并对人们的归因过程做了更加细致的逻辑分析和解释。他认为,人们对行为的归因主要涉及三个因素:客观刺激物、行动者、所处的情境。其中客观刺激物和所处的情境相关因素属于外部归因,行动者相关因素属于内部归因。对某一行为做何种归因取决于对以下三种行为信息的判定。

区分性 (distinctiveness):指行动者的行为在特定的情境下才会发生。例如,一个员工只是在特定的任务上表现不佳,在其他任务上则表现很好,那么这件事的区分性就比较高,易做外部归因 (所处的情境)。

一致性 (consistency):指行动者是否在任何时间点和任何情境中都对同一事件或刺激物做出相同的反应。例如,一名员工的工作表现无论何时都是稳定的,即一致性高,那么主管就会将之归因于他认真工作 (内部归因,行动者)。

共同性 (consensus):指其他人面对同一事件或刺激物是否也做出与行为者类似的反应。如果大家面对相同的情境都有类似的反应,就可以说该行为表现的共同性较高。例如,所有走相同路线的员工都迟到了,则迟到行为的共同性就高。

依据三种行为信息的情况可以决定做何种归因。例如,甲很喜欢玩某一款游戏但不喜欢玩其他游戏 (区分性高),而且不管时间、地点、心情如何都很喜欢玩 (一致性高),其他人也很喜欢玩该游戏 (共同性高),则甲玩这款游戏可以归因于该游戏确实很好玩 (客观刺激物)。

(四)韦纳的成功与失败归因理论

伯纳德·韦纳(Bernard Weiner)运用海德的归因理论对成功与失败的归因问题进行了较为深入的研究。他认为个体的成功与失败可以归因于四个方面的因素,即努力、能力、任务难度和运气。这四个方面的因素又可以根据三个维度(内因-外因、稳定-不稳定、可控-不可控)进行归类,如表2-1所示。

表2-1 归因理论的三个维度

三个维度		因素归类
内因与外因	内因	努力、能力
	外因	任务难度、运气
稳定性	稳定	能力、任务难度
	不稳定	努力、运气
可控性	可控	努力
	不可控	任务难度、运气、能力

对成功与失败的原因做出不同的归因判断,会相应地产生不同的结果。就成功事件而言:如果把成功归结于内部因素(能力强、努力足够),则个体很可能会体验到满意和自豪;而把成功归结于外部因素(任务容易、运气好),则个体可能会产生感激、惊讶和侥幸的感受。就失败事件而言:如果把失败归结于内因(能力差、努力不够),个体可能会产生内疚和无助感;而把失败归结于外因(任务困难、运气不好),则个体可能会感到气愤,产生敌意。如果把成功归结于稳定因素(任务容易、能力强),则可以提高个体在今后的工作中成功的信心水平;把成功归结于可控因素(努力足够),则能提高个体继续努力的积极性;而把成功归结于不稳定并且不可控的因素(运气好),则个体可能会产生侥幸心理,对提高其今后工作的积极性作用不大。如果把失败归结于稳定因素(任务困难、能力差),则会降低个体以后工作的积极性;而把失败归结于不稳定因素(运气不好、努力不够),则可以减少失败给个体带来的挫折感,提高其以后工作的积极性。所以综合来看,无论是针对成功事件还是失败事件,做努力归因的结果都是较积极的。

四、归因偏差

归因偏差是指人们在特定情境下总是倾向于做出某类归因的现象。这样的归因做起来速度较快。归因偏差尽管并不必然是错误的,但是与前述几种归因理论所描述的审慎推理过程相比,其做法确实相对比较大而化之。

常见的归因偏差包括以下三种。

(一)基本归因错误

人们在对他人行为发生的原因进行解释时,通常倾向于做内部归因(如性格、态度),而容易忽略外部环境因素的作用,也就是常会认为那只是个人因素造成的,从而低估情境因素的影响。假设你在商场购物,在收银台结账时收银员对你很不礼貌,根据基本归因错误(fundamental attribution error),你很可能会做出内部归因,认为该收银员是个脾气不好或不懂礼貌的人。

研究表明基本归因错误也会受到文化的影响。与其他文化相比，美国和西欧文化影响下的个体更容易对行为做出内部归因。在约翰·米勒（Joan Miller）的一项研究中，研究者请来一些不同年龄的美国人和来自印度的印度教徒对一些常见的事件进行解释。她发现美国人更倾向于做内部归因，而印度人则更多地关注外部环境的影响。例如，一位美国人对于一位剽窃学生观点的教授的看法是："他是个以自我为中心的人，只关心自己。"一位印度教徒在解释一个拿了1 500卢比建筑工程预付款却不动手干活的男人的行为时认为："他失业了，他没有办法还钱。"

（二）行为者-观察者偏差

同样的行为出现时，行为者会倾向于用外部原因来解释自己的行为，而观察者会倾向于用内部因素（如能力、性格、态度等）来解释行为者的行为。例如：你的项目不顺利是因为你能力太差，我的项目不顺利是因为我运气不好；你拒绝担任志愿者是因为你生性自私，而我拒绝担任志愿者是因为实在是时间不允许。

在理查德·尼斯贝特（Richard Nisbett）等人针对行为者-观察者偏差（actor-observer bias）的一项研究中，研究者要求学生写一段话，内容是他们最喜欢与之约会的女性的特点以及为什么选择自己目前的专业，然后从自己好朋友的角度对这些关于自己的问题再次做出回答。结果发现对自己的行为，被试提供了更多的情境因素（如"她很聪明有趣""化学界赚钱很多"），如果以朋友角度作答，被试则更多地提供了特质原因（如"我需要与能使我放松的人在一起""我对化学专业特别感兴趣"）。

导致行为者-观察者偏差的一个原因是不同的视角造成了误差。观察者的视野被行为者的行为占据，从而导致对个体特质的过度归因。行为者不仅关注自身行为，而且关注周围情境环境、他人以及他们的期望等。另一个原因是行为者和观察者接触到的信息不同。行为者了解自己在不同情境下的行为表现的历史信息，所以更倾向于把行为归因于情境因素。

（三）自我服务归因偏差

人们在对自己的行为进行归因时，会倾向于将积极的结果做内部归因，而将消极的结果做外部归因。例如，你在组织行为学期末考试中获得了较佳的成绩，你会归功于运气好，还是归功于自己的认真努力？根据自我服务归因偏差（self-serving attribution bias），你大概会选择后者。再如，有的人打球赢了认为是自己技术好，输了则认为是自己状态不佳。自我服务归因偏差可以保护我们的自尊和自我价值感，并维持我们对生活的掌控感。

自我服务归因偏差可能实际上具有一定的适应性功能。例如，在一项研究中，当失业工人把被解雇归咎于外部因素时，他们会做出更多努力来寻找新工作，并且实际上他们的确更容易找到新工作。而当失业工人把失业原因归于自身特点时，他们付出的寻找新工作的努力要少得多以及找到新工作的可能性要低得多。

2.2 能　　力

2.2.1 能力的内涵

从心理学上说，能力是一种内在的心理品质，是指直接影响活动效率，使活动顺利完成的个性心理特征。首先,能力是看不见、摸不着的,必须借助于外在的活动才能表现出来,所以能力总是和人的学习、工作、劳动等具体活动相联系,从活动的观点来考察。例如,节奏感、乐感是从事音乐活动必备的能力,准确估计空间比例的能力是绘画活动不可缺少的,等等。其次,只有直接影响人的活动效率,使活动顺利完成的个性心理特征才是能力。像急躁、活泼、沉静等特征,尽管与活动的顺利进行有一定的间接关系,但并不是能力。当然能力的发挥也会受到这些因素的影响。

一般来说,可以从两个层次理解能力,即实际的能力和潜在的能力。前者是"所能为者",指对某项任务或活动的现有成就水平,比如说英语、骑车等,是在遗传和后天学习的基础上获得的知识与技能,这种能力也称为成就(achievement)。后者是"可能为者",指将来有机会学习时可能达到的水平、完成某项活动的可能性,就是潜力或者资质(aptitude),是一种能力倾向。例如,一个人具有领导能力,只有他处于领导的位置时才能体现出来,否则就只是潜在的可能性。

能力与知识、技能是不同的。知识是人类社会实践经验的总结概括,技能是在理论或实践活动中经过练习而获得并巩固的某种基本操作或活动方式。知识、技能是社会发展中积累的公共财富,个人通过学习可以掌握其中的部分内容;能力则是个体心理特征,是掌握知识、技能的一种主观条件。能力和知识、技能的性质不同,但它们之间存在相互影响、相互促进的关系。一方面,一个人的能力是在掌握知识、技能的过程中提高的;另一方面,知识、技能的掌握又以一定的能力为前提,能力在一定程度上制约着知识、技能掌握的深度、广度、难度和速度。一般来说,掌握知识、技能较快,而培养某种能力较慢。

能力构成因素的研究是心理学研究的重要问题,称为"能力结构理论",包括许多探索性的观点。通常将能力分为一般能力和特殊能力。一般能力是指在不同种类的活动中都必须具备的共同能力,主要包括:思维能力,指对事物进行分析、综合、抽象和概括的能力,在一般能力中起核心作用;观察能力,指对事物进行全面细致的审视的能力,主要指知觉能力;语言能力,指个体描述客观事物的语言表达能力;想象能力,包括再造想象能力和创造想象能力,它往往可以升华为特殊能力;记忆能力,是个体积累经验、知识、技能,形成个性心理的重要心理条件;操作能力,指通过人的各种器官,主要是手、脚、脑等并用,进行人机协调,完成操作活动的能力。这些一般能力的稳定、有机的综合就是通常所说的智力。智力的核心是抽象概括能力,创造能力是智力的高级表现。特殊能力是指个体从事某种专业活动应具备的能力,如教学能力、管理能力、数学能力、音乐能力等。特殊能力是与特殊专业的内容联系在一起的。

一般能力与特殊能力相互联系,形成辩证统一的有机整体。一方面,个体从事某种职业或专业活动时,一般能力(智力)在特殊方面独特发展,就可成为特殊能力的组成部分。例如,记忆能力属于一般能力范畴,但话务员在业务工作中刻苦训练,能记住 2 000 个电话号码,这种记忆能力就变成了专业技术方面的特殊能力。另一方面,在特殊能力得到发展的同时,一般能力也在不断提高。这种事例不胜枚举,具备特殊能力的数学家、科学家、哲学家和音乐家,他们的一般能力也会较快地发展,而普遍地高于平常人。

个体的能力通常以一两种为主,兼备几种能力。特殊能力越精,一般能力越多,一个人所表现出来的才能就越大。

2.2.2 个体能力差异

不同的人,能力是有差别的,这是不以人的意志为转移的客观存在。认识到这种差异,就能选贤任能,充分利用组织的人力资源,促进事业的发展。刘邦深谙此道,善用人而得天下,项羽不明此理,纵有万丈豪情、盖世武功,也只能众叛亲离、自刎乌江,这是众所周知的道理。但是千百年来,识别人的能力差异是一个极为复杂、困难的问题。"千里马常有,而伯乐不常有"抒发了人们对这一问题无可奈何的感叹,"黄钟毁弃,瓦釜雷鸣"表达了对无能者当道、怀才者不遇的愤懑,"冯唐易老,李广难封"是仁人志士报国无门的千古绝唱。可见,对于能力差异的准确识别有迫切的社会需要。

在社会生活中,人的能力差异是多方面的,主要表现在以下几个方面。

(一) 能力发展水平的差异

不同人的能力发展程度存在明显的差异。这可以从具有一致标准的一般能力方面来衡量。心理学家经过大量研究,基本上得到了一个共同的结论:全人口的智力分布基本上呈正态分布,"两头小",即能力低下者、才能卓著者极少,"中间大",即一般能力者占绝大多数。这就是智力差异的常态曲线分布。

(二) 能力类型的差异

能力类型的差异指能力质的差异,主要表现在以下几个方面。

(1) 能力的知觉差异:反映人们在知觉方面有分析型、综合型和分析综合型的区别。分析型者对事物细节感知清晰,而对整体感知较差;综合型者则正好相反;分析综合型者兼而有之。

(2) 能力的记忆差异:主要指人们在表象和记忆方面有听觉型、视觉型、动觉型和混合型。听觉型者的特点是听觉。

(3) 能力的思维差异:是指在思维方面人们有抽象思维、形象思维、逻辑思维等区别。

(三) 能力发展早晚的差异

人的能力的充分发挥有早有晚。有些人的能力表现较早,年轻时就显露出卓越的才华。这叫"人才早熟",这种情况古今中外都有。在音乐、绘画、艺术领域,这种情况尤为常见。另一种情况叫作"大器晚成"。这是指智力的充分发展在较晚的年龄才表现出来。这些人在年轻时并未显示出出众的能力,到中年才崭露头角,表现出惊人的才智。这种情况在科学和政治生活舞台上屡见不鲜。可见,并不是取得重大成就的人,智力都是早熟的。

对能力水平差异的细致区分可以通过能力测验来进行。为了客观、定量地测定人的能力水平,心理学家研究出了各种各样的测验方法,如速度测验、语言测验、创造力测验、特殊能力测验、智力测验、情绪智力测验等,比较常用的是智力测验。

智力测验也称一般能力测验,是法国心理学家比奈(A. Binet)和西蒙(T. Simon)于1905年首创的,经过心理学界不断修订完善,用以测量人的智力,尤其是儿童的智力。常用的斯丹福-比奈量表采用智力年龄(心理年龄,MA)表示智力达到的年龄水平,它与实际年龄(生理年龄,CA)的比乘以100称为智力商数(简称智商,IQ),代表被试的智力水平:

$$IQ = (MA/CA) \times 100$$

智商为人的普通心智机能提供了一种综合指数,法国心理学家特曼(L. M. Terman)、美国心理学家韦克斯勒(D. Wechsler)等人都通过智商研究了人的智力分布表,说明了智力差异的常态曲线分布。表 2-2 为韦克斯勒智力分布表。

表 2-2 韦克斯勒智力分布表

IQ	类别	比例/%
130 以上	超常	2.2
120~129	优秀	6.7
110~119	中上(聪明)	16.1
90~109	中等	50.0
80~89	中下(迟钝)	16.1
70~79	低能边缘	6.7
69 以下	智力缺陷	2.2

2.2.3 工作中的能力因素

在组织行为学中,研究者关心的主要是那些对个体的工作绩效有着预测作用,影响个体成功地完成组织工作的能力。因此,这里选取与工作有关的能力理论进行介绍,主要有心理能力、体质能力、实践智力和情绪智力。

(一) 心理能力

心理能力(intellectual ability)即从事心理活动所需要的能力。智商测验就用于确定个人总体的心理能力。此外,美国各科研究生入学考试如 GMAT(经企管理研究生入学考试)、LSAT(法学院入学考试)、MCAT(美国医学研究生院入学考试),也属于此类测验。一般认为,心理能力包括七个维度,即算术、言语理解、知觉速度、归纳推理、演绎推理、空间视觉以及记忆力,如表 2-3 所示。

表 2-3 心理能力的维度

维度	描述	工作范例
算术	快速而准确地进行运算的能力	会计:在一系列项目中计算营业税
言语理解	理解读到和听到的内容以及词汇之间关系的能力	工厂管理者:推行企业政策
知觉速度	迅速而准确地辨认视觉上异同的能力	火灾调查员:鉴定纵火责任的证据和线索
归纳推理	鉴定问题逻辑后果、解决问题的能力	市场调查员:对未来市场需求的预测
演绎推理	运用逻辑评估一项争论是否有价值的能力	主管:在员工所提的两项不同建议中做出决策
空间视觉	当物体的空间位置变化时,能想象出物体形状的能力	室内装饰师:对办公室进行重新装饰
记忆力	保持和回忆过去经历的能力	销售人员:回忆顾客姓名

不同的工作要求员工运用不同的心理能力。对需要进行信息加工的复杂工作来说,较高的总体智力水平和言语理解能力是成功胜任的必要保证。当然,高智商并不是所有工作的前提条件。在许多工作中,员工行为十分规范,这时高智商和工作绩效没有多少相关性。有关研究表明,无论是什么水平的工作,言语理解、算术、空间视觉方面的测验分数都是工作

熟练性的有效预测指标。

(二) 体质能力

对于那些技能要求较少而规范化程度较高的工作而言,体质能力(physical ability)是非常重要的。比如,一些工作的成功要求耐力、手指灵活性、腿部力量以及其他相关能力,这就需要确定员工的体质能力水平。在管理历史上,泰勒在从事科学管理实验的过程中曾经对工人的体质能力给予了很大关注。在现代管理中,涉及工作量、工作强度的安排时,体质能力也是必须考虑的。体质能力包括九种基本能力,如表2-4所示。

表2-4 体质能力及其含义

体质能力		含义
力量因素	动态力量	在一段时间内重复或持续运用肌肉力量的能力
	静态力量	产生阻止外部物体力量的能力
	躯干力量	用躯干部肌肉(尤其是腹部肌肉)以达到一定肌肉强度的能力
	爆发力	在一项或一系列爆发活动中产生最大能量的能力
灵活性因素	广度灵活性	尽可能远地移动躯干和背部肌肉的能力
	动态灵活性	进行快速、重复的关节活动的能力
其他因素	躯体协调性	躯体不同部分同时进行活动时相互协调的能力
	耐力	当需要延长努力时,保持最高持续性的能力
	平衡性	当受到外力威胁时,依然保持身体平衡的能力

(三) 实践智力

研究者发现,智力测验所得出的分数对实际工作绩效的预测能力非常有限。因此,很多学者试图探讨实际工作中影响工作绩效的能力。20世纪90年代,美国耶鲁大学的心理学家罗伯特·斯滕伯格(Robert J. Sternberg)在前人研究工作的基础上提出了一种新的智力概念——实践智力(practical intelligence),主要指的是有效解决实际问题的适应性能力。

实践智力与传统的智力测验所测量的智力完全不同。研究实践智力的学者将传统的智力测验所测量的智力称为学业智力(academic intelligence)。两者的差异主要体现在:学业智力所解决的问题是清晰界定的,在解决过程中有完备的信息,通常只有一个正确答案或者一种解决方法;而实践智力所面对的问题没有清晰界定,有待于规划,信息不完备,有多种解决方法和正确答案。具有较高实践智力的人在解决问题时应用的是内隐知识(tacit knowledge)。内隐知识与通常的显性知识有很大的差别,其主要特点如下。

第一,内隐知识是行动导向的知识,包含很多如何做事情的"诀窍"。例如,修理钟表的工匠拥有大量的内隐知识,但他可能并不了解钟表运行的物理学知识。

第二,内隐知识是实用性的知识,与个体所要达到的目标密切相关。知识能否发挥作用取决于它与目标的相关性,内隐知识是实现目标的工具。

第三,内隐知识通常不是在其他人的直接帮助下获得的,而更多的是通过自己的经验获得的,熟能生巧。

(四) 情绪智力

20世纪80年代初,美国心理学家霍华德·加德纳(Howard Gardner)对传统的智力测验提出了质疑,认为学者们在智商测量中所界定的智力在概念上太窄,只适用于书本知识的学习能力。他提出了多元智能结构理论,把人的智能分为理性认知能力和非理性情感体验能力。

20世纪90年代初,美国心理学家彼特·沙洛维(Peter Salovey)和约翰·梅耶(John D. Mayer)把"情绪智力"(emotional intelligence)从人类的智慧中分离出来,并把它界定为人的社会智能的一种类型。这一理论的提出受到了社会各界的广泛关注。他们提出的情绪智力的内容结构主要如下。

(1) 情绪知觉(self-awareness):对自身情绪状态的自我认知、准确评估和表达能力。
(2) 有效调控(self-management):对自身情绪进行有效调控,使之适应环境的能力。
(3) 自我激励(self-motivation):在长期活动没有效果时或在挫折面前,坚持不懈的能力。
(4) 换位思考(empathy):正确感知、理解他人情绪、情感的能力。
(5) 情绪促进(social skill):有效地对他人施加影响,改变他人情绪的能力。

沙洛维和梅耶认为,情绪智力以自我意识为基础,包括乐观、同情心、情绪自制、情绪伪装等;情绪智力影响和支配着人的决策和行为,对人的成就具有决定性意义。由于情绪智力的出现,劳动也由过去的"体力劳动""脑力劳动"而增加了"情绪劳动"(emotional labor)。

目前,美国进行的情绪智力测试,影响较大的有两种:一是乐观测试,二是PONS(Profile of Nonverbal Sensitivity)测试。乐观测试的目的是了解人的价值观状况。乐观测试由马丁·塞利格曼(Martin E. P. Seligman)设计,通过提问题的方式来进行测试。其首次被应用于一家保险公司新雇员的测试,结果发现,获得乐观测试高分者(但在公司常规测试中是失败者)比获得乐观测试低分者(但在公司常规测试中是成功者)的保险销售额高得多。

PONS测试是由罗伯特·罗森塔尔(Robert Rosenthal)设计的,旨在测试识别个人情绪的能力。它的基本方法是对一些人的情感肖像(如愤怒、嫉妒、感激等)进行处理,让受试者通过图片提供的线索来判断这些人的情绪。获得PONS测试高分者在社交和工作中有成功的倾向。

综上所述,每个人都是独特的,个体实践、环境、教育等因素不断变化,所以人的能力结构是复杂多样的,能力测量不可能像物理测量那样稳定和准确。实践智力和情绪智力概念的提出,反映了心理学突破传统能力测量方法局限性的努力。实际上,情绪智力所包含的很多内容已经不是能力范畴,而是非能力的因素,如人格因素。所以,尽管情绪智力在名称上是能力因素,但事实上更多地体现为人格因素或者介乎两者之间的某些成分。

2.2.4 胜任力

一、胜任力的概念

胜任力这个概念最早由哈佛大学教授戴维·麦克利兰(David McClelland)于1973年正式提出,是指能将某一工作中有卓越成就者与普通者区分开来的个人的深层次特征,它可以是动机、特质、自我形象、态度或价值观、某领域知识、认知或行为技能等任何可以被测量或计数的并且能显著区分优秀与一般绩效的个体特征。但有的学者从更广泛的角度定义胜任力,认为胜任力包括职业、行为和战略综合三个维度。职业维度是指处理具体的、日常任务的技能;行为维度是指处理非具体的、任意的任务的技能;战略综合维度是指结合组织情境的管理技能。

本着系统性、相关性和可操作性的原则,我们认为:所谓胜任力,是指在特定工作岗位、组织环境和文化氛围中绩优者所具备的可以客观衡量的个体特征及由此产生的可预测的、指向绩效的行为特征。

胜任力是指个体具有的、为了达成理想绩效以恰当的方式一贯地使用的特征。这些特征包括知识、技能、自我形象、社会性动机、特质、思维模式、心理定势,以及思考、感知和行动的方式。

二、胜任力的结构

从系统性、相关性和可操作性的原则来看,胜任力的结构包括个体特征、行为特征和工作的情景条件。

(一) 个体特征

个体特征是指人可以做什么,即胜任力中的"力"。它表明人所拥有的特质属性,是一个人个性中深层和持久的部分,决定了个体的行为和思维方式,能够预测多种情景或工作中的行为。

个体特征分为五个层次:

(1) 知识(个体所拥有的特定领域的信息、发现信息的能力,能否用知识指导自己的行为);

(2) 技能(完成特定生理或心理任务的能力);

(3) 自我概念(个体的态度、价值观或自我形象);

(4) 特质(个体的生理特征和对情景或信息的一致性反应);

(5) 动机/需要(个体行为的内在动力)。

这五个方面的个体特征组成一个整体的结构,其中,知识和技能是可见的、相对表面的人的外显特征,动机和特质是更隐藏的,位于人格结构的更深层,自我概念位于二者之间。表面的知识和技能是相对容易改变的,可以通过培训实现其发展;自我概念(如态度、价值观和自信)也可以通过培训实现改变,但这种培训比对知识和技能的培训要困难;核心的动机和特质处于人格结构的最深处,难以对其进行培训和发展。

上述个体特征常用水中漂浮的一座冰山来描述,其中:知识和技能是可以看得见的,相对较为表层的、外显的个人特征,漂浮在水上;自我概念、特质、动机则是个性中较为隐蔽、深层和中心的部分,隐藏在水下,而内隐特征是决定人们行为表现的关键因素。麦克利兰认为,水上冰山部分(知识和技能)是基准性特征,是对胜任者基础素质的要求,但其不能把表现优异者与表现平平者准确区别开来。水下冰山部分可以统称为鉴别性特征,是区分表现优异者和表现平平者的关键因素。但不同层次的个体特征之间存在相互作用的关系。

(二) 行为特征

行为特征是指人会做什么,可以看作在特定情景下对知识、技能、自我概念、动机等的具体运用。有理由相信,在相似的情景下这种行为特征可能反复出现。与胜任力关联的行为特征即指在相似情景下能实现绩优的关键行为。

(三) 工作的情景条件

胜任力是在一定的工作情景中体现出来的。研究发现,在不同职位、不同行业、不同文化环境中的胜任特征模型是不同的,这就要求我们将胜任力概念置于人-职位-组织三者相匹配的框架中。

三、胜任力的特征

(一) 胜任力为企业发展指明方向

一个企业可以利用胜任力来识别其领导团队的行为是否可以带领整个企业达到预定的发展目标。

(二) 胜任力可以衡量

胜任力对于预定目标的影响是可以衡量的,企业可以利用胜任力的可衡量性来评价其领导者目前在胜任力方面存在的差距以及未来需要改进的方向和程度。

(三) 胜任力能通过学习获取并发展

胜任力一旦被确定,企业就可以通过培训等方式促使其领导者进行学习,达到胜任力的要求。

(四) 胜任力使每个企业与众不同

也许两个企业在财务结果(同时包括员工成长以及客户发展结果)上非常相似,但是他们获取这些结果的方法则完全依赖于其战略和企业文化设定的胜任力。

(五) 胜任力会发生改变

随着企业管理水平的提高,胜任力特征模型中的每个胜任力都在改变。胜任力的变化程度将随人们的年龄、阶段、职涯层级以及环境等的不同而有所不同。

2.3 情　　绪

2.3.1 情绪的内涵、维度和类型

一、情绪的内涵

情绪(emotion)指的是由特定的人或事物引发的较为强烈的情感体验。当你对某个人感到厌恶时,当你害怕见到某样东西时,当你对某件事感到好奇时,你就是在表达你的情绪。为了更好地理解这个概念,需要注意以下几个要点。第一,情绪由刺激所引起,并不是自发的,具有指向性与冲动性[7]。引起情绪的刺激有时是外在的、具体可见的。第二,情绪是一种主观感受,具有个体差异性。不同的人面对同样的刺激,所引发的情绪不一定相同。第三,情绪会产生生理唤醒,并伴随一定的外部表现,包括身体动作、面部表情、语调等。生理唤醒是指情绪所引起的生理反应,它涉及广泛的神经结构,如中枢神经系统的脑干、中央灰质、下丘脑,外周神经系统,内外分泌腺等。

二、情绪的维度和类型

(一) 情绪的维度

情绪的维度是指情绪在其所固有的某种性质上,存在着一个可变化的度量。例如,紧张是情绪具有的一种属性,而当不同种类的情绪发生时,在紧张这一属性上可以有不同的幅度。情绪的维度具有极性(polarity),即维度不同幅度上的两极。例如,紧张这一维度的两极为"松缓-紧张"。

威廉·冯特(Wilhelm Wundt)的情绪三维理论是最早的情绪维度理论,他认为情绪可在愉快-不愉快、激动-平静、紧张-松弛这三个维度上被度量。随后,美国心理学家施洛伯格(H. Schloberg)依据面部表情对情绪实行分类研究,于20世纪50年代提出了情绪的三个维度:愉快-不愉快、注意-拒绝和激活水平。由这三个维度水平的不同组合可得到各种情绪。

20世纪60年代末,美国心理学家罗伯特·普拉切克(Robert Plutchik)提出情绪具有强度、相似性和两极性三个维度,并用一个倒置的锥体说明了这三个维度。普拉切克认为:所有情绪都表现出强度的不同,如从忧郁到悲痛;任何情绪在与其他情绪相似的程度上都有不同,如憎恨与愤怒比厌恶与惊奇更为相似;任何情绪都有相对立的两极,如憎恨与接受、愉快与悲伤。

卡罗尔·伊扎德(Carroll E. Izard)从对情绪情境作自我评估的众多数据中进行筛选,确定了四个维度:愉快度、紧张度、激动度和确信度。其中愉快度表示主观体验的享乐色调;紧张度和激动度均表示情绪的神经生理激活水平;确信度表示个体胜任、承受感情的程度。伊扎德的四维说根据客观测量,在一定程度上与冯特的情绪三维理论相一致。

学界对情绪维度的探讨虽各有不同,却存在一定程度的相似性。接下来,我们将就其共性,介绍情绪的几个常用维度。

(1) 情绪的强度:指情绪出现时的强弱等级的变化,如从忧郁到悲痛、从愉快到狂喜、从微愠到暴怒、从担心到恐惧等。

(2) 情绪的紧张度:表示个体对情绪情境的突然出现缺乏预料和缺少准备的程度,如考试前的高度紧张情绪和考试之后紧张状态解除所出现的轻松、愉快的体验。

(3) 情绪的愉快度:指情绪活动进行时所表现出来的愉快程度的变化,如悲伤、羞耻、恐惧和恼恨是明显的不愉快情绪,而高兴、满意则明显是愉快情绪。

(4) 情绪的激动度:指人的情绪活动进行时所表现出来的兴奋程度。激动的情绪是强烈的、短暂的,是爆发式的体验,如狂喜、绝望、激愤;而平静的情绪则是缓和的、持久的,是深沉的体验,如轻松、愉快、自信等。

(二) 情绪的类型

1. 我国的情绪分类

对于情绪问题,我国古代哲学家、思想家们的著作中早有论述。例如:《礼记》记载,人的情绪可分为"七情",即"喜、怒、哀、欲、爱、恶、惧";《白虎通》记载,人的情绪可分为"六情",即"喜、怒、哀、乐、爱、恶"。

在近代的研究中,研究者常把快乐、悲哀、愤怒、恐惧列为情绪的基本形式。快乐是盼望的目的达到后、紧张解除时的情绪体验,快乐的程度取决于愿望满足的意外程度;悲哀是所热爱的事物失去和所盼望的东西幻灭时所产生的情绪体验,悲哀的强度取决于所失去事物的价值;愤怒是由于遇到与愿望相反或愿望不能达到并一再地受到妨碍,从而逐渐积累了紧张的情况而产生的情绪体验,它可以从轻微不满、生气、愠、怒、忿、激愤,到大哭、暴怒;恐惧是企图摆脱、逃避某种情境时所产生的情绪体验,这与快乐、愤怒企图接近或达到引起快乐和愤怒的目标不一样,是个体由于缺乏处理或摆脱可怕事物的力量和能力而企图逃避某种情境。

2. 克雷奇的情绪分类

美国心理学家大卫·克雷奇(David Krech)、理查德·克拉奇菲尔德(Richard S. Crutchfield)和诺曼·利维森(Norman Livson)等人把情绪分为以下四类。

(1) 原始情绪:将快乐、愤怒、恐惧、悲哀视为最基本的或原始的情绪。

(2) 与感觉刺激有关的情绪:包括疼痛、厌恶和轻快。这类情绪可以是愉快的,也可以是不愉快的。

(3) 与自我评价有关的情绪:包括成功的与失败的情绪、骄傲与羞耻、内疚与悔恨等,这些情绪取决于一个人对自身行为与客观行为标准的关系的知觉。

(4) 与他人有关的情绪:发生在人与人之间的情绪种类似乎无限繁多,按照积极的与消极的维度,可以把它们分为爱和恨两个大类。

2.3.2 情绪在组织行为中的作用

一、情感事件理论

情绪、情感是我们生活中的重要组成部分,但是情绪、情感如何影响工作态度、工作行为呢?霍华德·韦斯(Howard M. Weiss)和罗素·克朗潘泽多(Russell Cropanzano)于1996年提出了一个旨在探讨组织成员在工作中经历的情感事件(affective events)、情感反应(affective reactions)与其态度及行为关系的理论,即情感事件理论(affective events theory, AET)。该理论指出,员工会对工作中发生的事情产生情绪反应,这些反应又影响到他们的满意度和工作绩效。

AET 关注个体在工作中情绪反应的结构、诱因以及后果。如图 2-6 所示,工作环境包括工作特征、工作要求、情绪劳动的要求等工作要素。稳定的工作环境特征(work environment features)会导致积极的或者消极的工作事件(work events)的发生。积极的工作事件令人振奋,消极的工作事件令人烦恼,前者有助于实现工作目标并与积极情绪反应相关,后者妨碍工作目标的实现并与消极情绪反应相关。特别要指出的是,并不是所有的工作事件都能诱发情绪反应,如一些温和的事件,它们与个体自身的目标、价值并不相关,所以也就不会诱发情绪反应,更多的则是对个体的心境产生影响。另外,员工对于工作事件的情绪反应强度是各不相同的,员工的个人特点可以调节工作事件与情绪反应的关系,如具有积极心境的个体对积极的情绪刺激(事件)更为敏感,因此可能会有更多的积极情绪反应,而具有消极心境的个体则相反。最后,由这些工作事件引发的个体情绪反应又进一步影响个体的态度与行为。

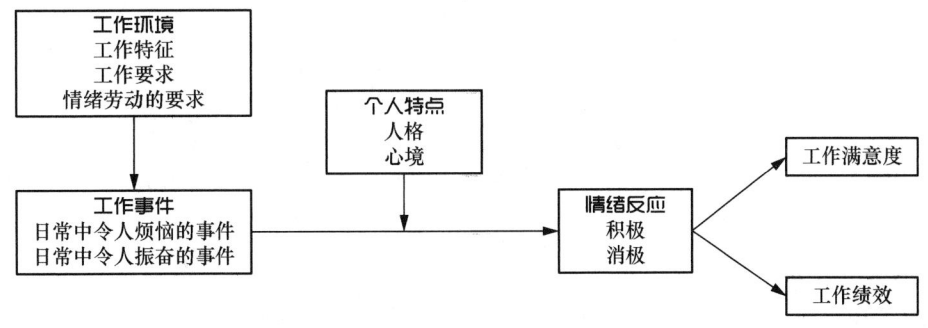

图 2-6　情感事件理论

情绪反应通过两条路径对行为产生影响。一是直接由情绪反应驱动行为,这种行为即情绪驱动行为(affect-driven behaviors)。如员工被领导批评,产生不愉快的情绪反应,次日仅因心情不好而迟到或旷工。二是情绪反应通过影响员工的工作态度(如工作满意度、组织承诺等)间接影响行为,这种行为称为判断驱动行为(judgment-driven behaviors),又称态度驱动行为。如员工离职一般不只是出于情绪冲动,更可能是长期消极情感体验的累积而导致工作满意度、组织承诺等工作态度的变化,员工经过深思熟虑之后对工作形成总体的评价判断,如"觉得这样不会有发展前景",进而做出决策。

比如,一个常见的情境是,压力较大的工作条件(环境特征)易导致领导对组织成员的公开批评(工作事件),组织成员体验到愤怒或挫折(情绪反应)。当然,此时那些具有消极心境的人也许比具有积极心境的人更易体验到这种愤怒或挫折(特质调节)。接着可能会直接导致员工当场与领导公开争吵(情绪驱动行为),也可能因员工对工作有了更多的不满意(工作态度),而降低其继续留在公司的意愿并最终离职(判断驱动行为)。

总之,情感事件理论告诉了我们两个非常重要的信息:第一,情绪帮助我们了解工作场所中令人烦恼及令人振奋的事件是如何影响员工的绩效和满意度的;第二,即便看起来微不足道,员工和管理人员也不能忽视情绪以及引起情绪的事件,因为它们会聚少成多。

二、情绪与工作效率

情绪具有动机作用,情绪状态与人的工作积极性有着密切的关系。那么,对于员工而言,情绪状态与工作效率的关系是不是情绪越高昂,工作效率就越高,而情绪越低落,工作效率就越低?

心理学家对唤起和行为之间的复杂关系进行了研究。在有关学习的实验中,研究者以实验室里的动物为研究对象,发现其表现水平起初随着唤起水平的增加而上升,随后便随着唤起水平的增加而下降。研究者又以人类为研究对象对这一规律进行了验证,发现该规律同样适用于各种情况下的人群,其中包括处于压力之下的运动员。心理学家把这种关系叫作倒 U 形函数(inverted U function)(如图 2-7 所示)。这意味着,过高或过低的唤起水平会让表现水平降低。那么,唤起水平取何值才能获得最佳工作效率呢?有以下两个要素需要考虑。

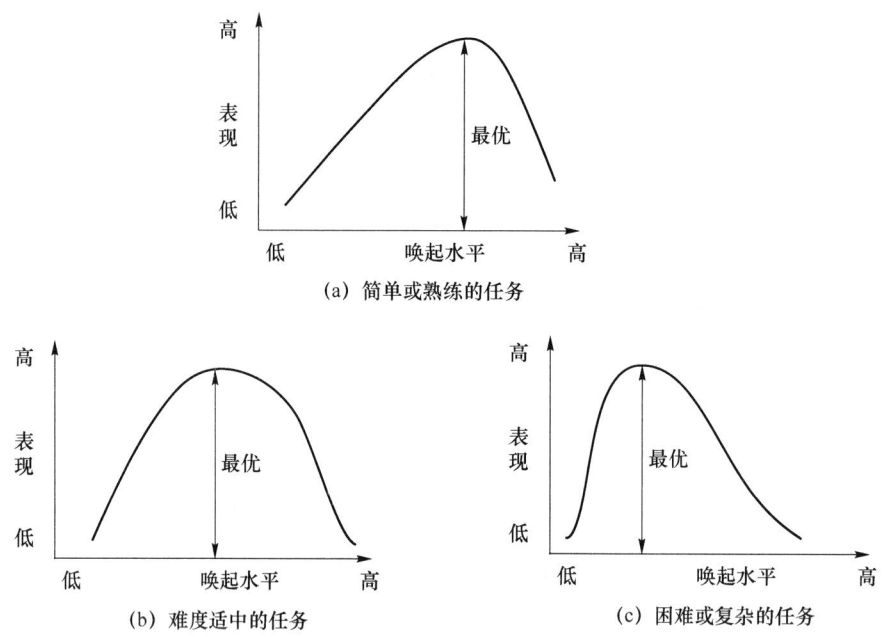

图 2-7 倒 U 形函数

其一,不同任务的最优唤起水平是不同的。正如在图 2-7 中可以看到的那样,对于简单或熟练的任务,我们需要较高的唤起水平才能获得巅峰的表现。而对于需要许多思考和规划的困难或复杂的任务,我们达到巅峰表现的最优唤起水平较低。所以,喝彩对篮球运动员来说也许是好事,但对进行脑外科手术的医生而言就不是了。

其二,不同个体的最优唤起水平是不同的。例如,有些人很享受诸如攀岩和跳伞这类危险运动所带来的刺激,而这些活动足以让多数人产生过高的唤起水平,甚至让他们不知所措。马文·祖克曼(Marvin Zuckerman)对那些被称为"感觉狂"的人进行了研究,他认为这些人在生理上对高水平的刺激具有很大的需要。

总之,情绪的唤起水平与工作表现之间的倒 U 形曲线告诉我们,过高或过低的唤起水平都对工作表现无益,工作表现的好坏会随着任务的难易程度和唤起水平的高低而产生变化。对于简单或熟练的任务而言,较高的唤起水平能够提高员工的工作表现;对于困难或复杂的任务而言,较低的唤起水平反而能使员工获得更好的工作表现;适中的唤起水平对难度适中的任务是最佳的选择。

三、工作场所中情绪的作用

情绪在工作场所中的作用逐渐得到越来越多学者的关注,有些研究关注情绪对员工自身的影响,也有些研究关注情绪在人际互动中的作用。接下来,我们将从个体内、人际间两个层次来讨论工作场所中情绪的作用。

(一)情绪对员工自身的影响

1. 动机

关于情绪如何影响动机,存在以下观点。

其一，积极的心境和情绪能够显著增强动机。持有这一观点的研究强调了心境和情绪在动机中的重要性。其中一项研究是让两组人猜字谜，让一组人首先观看有趣的视频，使他们在猜谜之前有个良好的心境；另一组人没有看视频，直接就开始猜谜。结果显示，拥有积极心境的那一组更相信自己有能力猜出字谜，从而付出更多努力，最终解出了更多的字谜。

其二，情绪或心境对助人行为和绩效评估都存在显著促进作用。一项研究观察了中国台湾地区保险销售员的心境。拥有良好心境的销售员会给同伴提供更多帮助，而且自我感觉更好。这些因素反过来导致较高的绩效，包括更高的销售额和上级给出的高绩效评级。

其三，"情绪或心境—工作绩效—绩效反馈"存在着一个循环。具体而言，工作绩效的反馈——无论是真实的还是虚假的，都会影响人们的情绪或心境，情绪或心境又会反过来影响人们的动机水平。即愉快的情绪或心境使人们更具创造性，因此人们会获得更积极的工作反馈。积极的反馈进一步强化了人们愉快的情绪或心境，这种积极的情绪又让人们的绩效变得更高。

2. 工作态度

情感事件理论已从理论视角分析了情绪影响工作态度的原理，两者的关系也得到了一些实证研究的证实。例如，有一项研究检验了情绪反应通过影响员工的工作态度间接影响行为这条路径。该研究首先从其他量表中抽取了一些描述情绪反应的项目，最终形成并概括了共16个项目（其中描述积极与消极情绪方面的项目各8个）的工作情绪量表（job emotions scale，JES），随后采用经验抽样的方法对124名员工进行了实证研究，结果发现员工在工作过程中的积极情绪和消极情绪出现的频率、强度与总体工作满意度密切相关，且较之强度，频率与工作满意度的关系更为密切。

3. 创造性

关于情绪和创造性之间的关系，还没有定论。有的研究认为，相较于情绪或心境糟糕的员工，情绪或心境好的员工更富创造性。这些员工会有更多的想法，他们的想法也更容易受到他人的认可，因而，他们倾向于做出更具创造性的选择。为什么心境愉悦或情绪积极的人更具创造性？一种解释是他们更灵活变通、思想开放。基于此，有些组织提倡快乐的工作氛围，或者采取举措让员工保持快乐，因为积极的情绪会带来更好的心境，良好的情绪和心境又会提高他们的创造性。但是，也有研究认为，积极的心境并不会使员工更有创造性。这是因为，处于积极情绪或心境中的员工，他们会认为"诸事进展顺利，我不需要想出新的想法"，此时，他们会比较放松，不会用批判性思维思考问题，而这种思维方式无疑是创造性所必需的。

出现矛盾观点的原因可能在于对情绪和心境的看法存在不同。我们可以考虑将积极或消极的情感概念化为活化情感（active feelings）和钝化心境（deactivating moods）。愤怒、害怕或者欣喜等都是活化情感，无论积极与否，都会带来更多的创造性；悲伤、失望或者平静等都是钝化心境，无论积极与否，都会产生较少的创造性。

4. 决策

组织中决策研究的传统方法强调理性的作用，排斥情绪的影响，研究者们热衷于建立理性决策的数学模型。自丹尼尔·卡尼曼（Daniel Kahneman）和阿莫斯·特沃斯基（Amos Tversky）提出前景理论后，以预期情绪为主的后悔和失望理论，以及主观预期愉悦理论产生了。组织行为学领域的研究者开始发现，情绪和心境对决策具有重要影响。

近年来随着对情绪与认知关系研究的深入,人们对情绪影响决策过程的认识也逐渐全面与深刻。乔治·罗文斯丹(George Loewenstein)等人提出的风险即情绪模型(如图2-8所示)在目前具有代表性:它表明在决策过程中不仅存在受认知评估影响的预期情绪,还存在不受认知评估影响的即时情绪。这些情绪可以直接影响决策行为,影响认知评估。

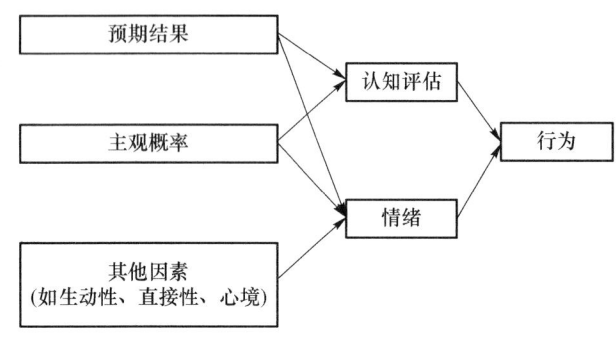

图 2-8　风险即情绪模型

5．工作场所中的不良行为

工作场所中的不良行为普遍存在,并对组织或个人造成严重的消极影响。反生产行为和偏差行为是两种比较常见的工作场所中的不良行为。已有研究逐渐认识到情绪对这些行为的影响,比如,在充满压力和不公平性的组织环境中,员工会产生消极的情绪(如气愤),进而更有可能产生反生产行为,而员工的高公平感等积极情绪则可能促使员工产生更多的组织公民行为。

在组织中,我们常常遇见因组织资源分配不公而产生负面后果的情况,而情绪则在其中起了中介作用。例如,当你怨恨别人得到了你没有得到而又十分渴望的东西(如较好的工作任务、更大的办公室、更高的收入)时,就会产生嫉妒心理。它会导致怀有恶意的偏差行为,如以卑鄙的手段陷害别人,恶意歪曲别人的成功,夸大自己的成绩。

需要指出的是,并非所有消极情绪都将导致不良行为。一项针对巴基斯坦电信和IT从业人员的调查显示,愤怒会引起激进的不良行为,但悲伤的情绪却不会产生这样的结果。因而,管理者需要认真对待员工表现出的愤怒情绪,因为愤怒的员工可能对他人采取激进行为,一旦攻击开始,其他人也会变得愤怒和咄咄逼人,不良行为就会恶化升级。

6．工作中的安全与伤害

一些研究将消极情感和不断增加的工作中的伤害联系起来,并发现,如果能够保证员工在处于糟糕的心境时不去进行具有潜在危险的活动,雇主则可以提高员工的健康和安全水平(也减少了成本)。糟糕的心境为何易导致工作中的伤害?原因有以下三点:(1)处于消极心境中的人更加焦虑,这可能会使他们不能有效地处理危险;(2)总是担惊受怕的人会对安全防护措施持更悲观的态度,因而他觉得自己无论如何都会受到伤害,这种消极的预期和心境将使他在面临威胁的时候惊慌失措;(3)消极的心境会分散人们的注意力,而注意力的分散显然会导致粗心的行为。

(二)人际互动中情绪的影响

1．领导者情绪

组织中的领导者通过面部表情、语气语调、肢体动作等非言语行为表现自己的情绪,这种情绪为员工所感知进而影响其行为。根据情感事件理论,领导者情绪及其情绪表现是员工环境中的重要情绪事件,会引发员工的情绪反应。在个体层面上,领导者情绪可以通过情绪传染影响下属情绪,也可以通过领导行为间接作用于下属情绪,进而影响其工作结果,包括员工的任务绩效、组织公民行为和工作满意度。领导者情绪也可以通过情绪感染和交叉等机制来影响团队情绪基调。团队情绪基调一方面可以对下属个体情绪产生影响,另一方面可以通过影响团队过程变量,最终作用于团队绩效。一项研究表明,通过分享彼此的情绪,变革型领导可以鼓舞追随者的积极情绪,从而获得更好的任务绩效。

2. 谈判

谈判是一个情绪化过程,但是我们经常会说一个有技巧的谈判者"面无表情"。一些研究发现可以通过假装愤怒获得谈判优势,这是因为愤怒的情绪表现会使对手得出结论:谈判者已经做了所有能做的退让。然而,表现愤怒的手段并不适用于所有情况,当谈判者拥有的信息较少或者不如对手强大时,会得到更糟糕的结果,因为强大且消息灵通的人士并不愿意遇到一个愤怒的对手。

3. 客户服务

员工的情绪状态会影响他们的客户服务,客户服务又会影响业务水平和顾客满意度。基于情绪感染(emotional contagion)的视角,员工的情绪会转移到顾客身上,也就是顾客可以从员工那里受到情绪的"感染"。那么,情绪感染是如何产生的呢?主要的解释是:当某人情绪积极并且冲你大笑或微笑时,你倾向于以积极的方式回应他。因此,当员工表达积极情绪的时候,顾客就会积极回应。情绪感染之所以重要,是因为当顾客受到员工的积极心境或情绪感染的时候,他们的购买行为就会更长久。消极情绪和心境又将产生何种影响呢?它们也具有感染力吗?绝对如此。比如,当员工感觉自己受到组织的不公平对待时,他将产生消极的情绪和心境,并很难展示出组织所希望的积极情绪,进而影响顾客的情绪和购买行为。

需要注意的是,提供高质量的客户服务是组织对员工提出的要求,而这常常会让他们处于情绪失调状态。随着时间的推移,这会带来一些负面影响,比如,导致工作倦怠、降低工作绩效和工作满意度等。

2.3.3 情绪管理

一、情绪智力

当前存在几种不同视角的情绪智力(emotional intelligence,EI)定义,具有代表性的定义是:驾驭自己和他人的情感情绪,区分它们之间的差异,并能使用这些信息指导自己的思考和行动的能力。具体来说,情绪智力包括以下五个维度[8]。

(1) 自我意识:体味自我情感的能力,即当自己体验到情绪时能够识别它们的能力。

(2) 自我管理:妥善管理自己的情绪和冲动的能力。比如,发现自己情绪不佳时,通过找出问题的原因来主动摆脱焦虑。

(3) 自我激励:面对挫折和失败依然坚持不懈的能力。

(4) 感同身受:体味他人情感的能力,即在人际交往过程中,从对方的语言及其语调、表情和语气、手势等来判断他的情绪情感的能力。

(5) 社会技能：处理他人情绪的能力。

情绪智力在不同个体之间存在明显的差异。与情绪智力低的个体相比，情绪智力高的个体更可能体味到自己和他人的情感，从而有利于保持与他人和谐的人际关系，对周边环境有较强的适应能力。情绪智力的水平并非由遗传因素所决定，也不是在儿童早期阶段就已发展定型，而是可以在人的一生中通过不断地学习来获得提高。

我国学者容琰等收集了 74 个工作团队的数据，探讨了领导者的情绪智力对团队层面绩效（任务绩效、利他行为）和态度（满意度、承诺）的影响。结果表明，领导者的情绪智力对团队任务绩效、团队利他行为、团队满意度、团队承诺有显著的正影响。此外，张辉华等学者以管理者为研究对象，对管理者情绪智力与绩效的关系进行了实证研究，结果表明管理者的情绪智力显著影响其主观绩效。

二、情绪劳动

情绪劳动的概念最早由美国社会学家阿莉·拉塞尔·霍克希尔德（Arlie Russell Hochschild）提出，他将情绪劳动（emotional labor）定义为个体通过对自身情绪的管理以创造出一种公众能够觉察的面部和身体表现，也就是说，员工在工作的人际交往过程中表现出令组织满意的情绪。

事实上，学者们对工作场所中情绪劳动的关注主要与西方发达国家的服务型经济的兴起有密切的关系。霍克希尔德通过调查发现，在美国约有 1/3 的从业者所从事的工作具有明显的情绪劳动需求。情绪劳动与服务类工作更为相关，主要存在于那些与客户或顾客有广泛人际接触的职业中，如医生、服务员或社会工作者，是服务行业中员工劳动过程的必要构成。比如：医生应该是沉着冷静、情绪中性的；餐厅里的服务员应该是友好礼貌、态度热情的。

当然，情绪劳动对劳动者和组织来说有利有弊。早期学者们主要关注情绪劳动所带来的负效用，如霍克希尔德认为情绪劳动会给员工带来情绪倦怠、非真实情绪、药物滥用与酗酒以及高缺勤率等问题。一些研究表明，付出情绪劳动的员工的确也可获得个人实现、自尊心强化以及真实性情绪感受。由此可以看出，情绪劳动本身是一个中性的概念，组织和员工需要对之进行管理和控制，从而规避和减少情绪劳动的负效用。

黄敏儿等学者采用问卷法，探讨了人格特质、情绪劳动策略对心理健康的作用机制。结果表明，"情绪性"高分者从事服务行业工作将会付出较大的心理健康代价。另外，从深层调节和自动调节角度开展心理健康培训、职业心理咨询及自我调节，可增强员工对服务工作的适应性，并有利于心理健康。

2.3.4 人工智能与情绪识别

情绪识别在日常生活交流中具有很重要的作用。良好的情绪识别能力是人们顺利社交的重要保证。在各种人机交互系统中，如果系统能够识别人的情感状态，人与机器之间的交互将变得更加准确融洽。情绪识别是一种特殊的信息通道，准确的识别能增强机器对人的理解能力，如果结合语义、周围环境等信息，机器可以综合判断人的心理状况和真实的意图，就能改善人机交互能力，增强人机交互的友好性。

目前基于人工智能技术的情绪识别主要分为两种形式：一种是接触式，即利用脑电、皮肤电、心率等生理特征的信号变化,通过生理参数分析人的情绪变化;另一种是非接触式,可以基于音频或视频,利用声音的特点或者依靠视频信息中表情、头部、身体姿态的变化进行识别。

2.4 价值观与行为

2.4.1 价值观的内涵

价值观是人们基本的信念:从个人或社会的角度来看,某种具体的行为模式或存在的最终状态比与之相反的行为模式或存在状态更可取。一个人认为最有意义的客观事物,就是最有价值的东西;反之,就是最无价值的东西。比如,有人看重的是工作的乐趣与发展空间,而有人则追求权力与地位,这就体现了个体间价值观的不同。

价值观包括内容和强度两种属性。内容属性说明某种行为模式或存在状态,强度属性表明其重要程度。如果一个人根据强度对价值观进行排序,将对各个事物的看法和评价根据心目中的主次轻重、相对重要性排列次序,形成层级,就是价值观体系。价值观和价值观体系是决定人们行为的核心因素。

从组织行为学的观点来考察,价值观影响当前及将来员工的行为,所以对价值观的了解很重要。因为从个体的层面看,价值观影响员工对其他个人及群体的看法,从而影响人与人之间的关系,影响个人所选择的决策和解决问题的方法,影响个人对所面临的形势和问题的看法,影响个人的工作态度和有关行为的道德标准,影响个人接受或抵制组织目标和组织压力的程度,影响个人对其他个人及组织的成功和成就的看法,影响个人对个人目标和组织目标的选择,影响组织中激励机制的建立和人力资源政策的制定,影响领导风格[9]。所以了解员工的价值观,是了解员工工作态度和动机的基础,对理解员工的心理、预测员工的行为极其重要。

从群体、组织的层面看,个体对组织核心价值观的认同是影响组织效能的重要方面。价值观影响人们的知觉和判断,每个人在加入组织之前,已经形成了自己的价值判断。如果这种判断与所在群体、组织的制度、文化所体现的核心价值观一致,那么,就容易达到"志同道合"的效果;反之,就需要培训、磨合,甚至员工可能跳槽,即"道不同,不相为谋"。

当然,在拥有比较完备的信息时,员工和组织都会尽量寻找和自身价值观基本一致的工作场所和组成人选,这就是信息理论中讨论的"自我选择"。

2.4.2 价值观的分类

作为一个基本的信念和判断,价值观代表了人对周围的客观事物(包括人、事、物)的意义、重要性的总评价和总看法。价值观是一个复杂的体系,有不同的类型,不同的个人、群体、组织的价值观是不同的。

一、斯普朗格尔的价值观分类

美国组织行为学家斯普朗格尔(E. Spranger)最早对人的价值观进行了归类,他将价值观分为下列六种。

（1）理性价值观，以知识和真理为中心，强调通过理性批判的方式发现真理。
（2）唯美的价值观，以形式和谐为中心，强调对审美、对美的追求。
（3）政治性价值观，以权力、地位为中心，强调权力的获取和影响力。
（4）社会性价值观，以群体、他人为中心，强调人与人之间友好、博爱。
（5）经济价值观，以有效、实惠为中心，强调功利性和实务性，追求经济利益。
（6）宗教性价值观，以信仰、教义为中心，强调经验的一致性及对宇宙和自身的了解。

当然，一个人并不是只具有一种类型的价值观。实际上，六种类型的价值观在不同的人身上有着不同的配置。根据高尔顿·威拉德·奥尔波特（Gordon Wilard Allport）等人的调查，这六种价值观在美国社会中起中心作用，但哪些最为主要人们在看法上有分歧，在美国以第三种、第五种居多。他们还发现，不同职业的人对这六种价值观的重视程度不同，形成了不同的优先顺序，反映了不同的价值体系，如表2-5所示。

表2-5 三种职业的人对价值观重要性的排序

排序	牧师	采购代理商	工业工程师
1	宗教	经济	理性
2	社会	理性	政治
3	唯美	政治	经济
4	政治	宗教	唯美
5	理性	唯美	宗教
6	经济	社会	社会

二、罗克奇的价值观分类

米尔顿·罗克奇（Milton Rokeach）于1973年设计了罗克奇价值观调查问卷（Rokeach value survey，RVS），其包括两种价值观类型，每一种类型有18项具体内容。第一种类型称为终极价值观（terminal value），指的是一种期望存在的终极状态，是人一生中希望实现的最根本的目标，诸如舒适的生活、成就感、世界和平、平等、自由、快乐、自尊等。另一种类型称为工具价值观（instrumental value），指的是人喜欢的行为方式或实现终极价值观的手段，诸如雄心勃勃、襟怀开阔、清洁、勇敢、宽容、富有想象力、顺从、负责、自我控制等。表2-6列出了每一种价值观的内容。

表2-6 罗克奇价值观调查问卷中价值观的两种类型：终极价值观和工具价值观

终极价值观	工具价值观
舒适的生活（富足的生活）	雄心勃勃（勤奋工作、奋发向上）
振奋的生活（刺激的、积极的生活）	襟怀开阔（开放）
成就感（持续的贡献）	能干（有能力、高效率）
世界和平（没有冲突和战争）	欢乐（轻松愉快）
美丽的世界（艺术与自然的美）	清洁（卫生整洁）
平等（兄弟般的情谊、机会均等）	勇敢（坚持自己的信仰）

续表

终极价值观	工具价值观
家庭安全(照顾自己所爱的人)	宽容(谅解他人)
自由(独立、自主的选择)	助人为乐(为他人的福利工作)
幸福(满足)	正直(真挚、诚实)
内在和谐(没有内心冲突)	富有想象力(大胆、有创造性)
成熟的爱(性和精神上的亲密)	独立(自力更生、自给自足)
国家安全(免遭攻击)	智慧(善于思考)
快乐(快乐的、悠闲的生活)	逻辑性强(一贯性强、理性)
救世(救世的、永恒的生活)	博爱(温情的、温柔的)
自尊(自重)	顺从(忠于职守、尊重他人)
社会承认(尊重、赞赏)	礼貌(彬彬有礼的)
真挚的友谊(亲密关系)	负责(可靠的)
睿智(对生活有成熟的理解)	自我控制(自律、有约束的)

2.4.3 工作价值观

一、工作价值观的含义

工作价值观的定义最早是由美国心理学家休珀在实证研究的基础上提出的,指的是个体所追求的与工作有关的目标的表述,是个体的内在需要及其从事活动时所追求的工作特质或属性。伊莱泽(Elizur)则将工作价值观定义为一种内在的思想体系,是个体对在与工作行为及工作环境有关的活动中所获得的某种结果的价值判断,它可以直接影响行为方式。国内研究者认为工作价值观是指人们在求职过程中用来衡量各种职业优势、意义和重要性的内在尺度,属于个性倾向性的范畴,同时具有很强的社会属性。由此可见,各国研究者根据自己研究角度的不同,从而对工作价值观的定义也有所不同。

周文霞和孙健敏运用深度访谈、焦点小组讨论的研究方法,提炼了职业成功观的三维结构:第一个是外在报酬维度,包括物质报酬、权力地位、绩效贡献、安全稳定四个子维度;第二个是内在满足维度,包括才能发挥、获得认同、自由快乐三个子维度;第三个是工作家庭和谐平衡。

二、影响工作价值观的变量

随着工作价值观研究发展的不断深入,学者们开始考察一些变量因素对工作价值观的影响作用,一般集中考虑人格特质、人口学变量、组织行为等领域的因素。例如,大五人格和工作价值观的某些维度间存在着稳定的关系:如开放性与经济状况和工作条件负相关;随和性对工作关系,以及外倾性对内在工作价值观都有积极的预测作用。员工的年龄也会对工作价值观产生影响,比如中年员工考虑问题时往往比年轻员工更加多元化。当个体的工作价值观与企业的文化相似时,个体就能较快地融入企业的工作氛围,即便个体在企业中受到了不公平对待,也不会影响他对企业的忠诚度。

三、工作价值观对员工行为和绩效的影响

西方的研究结果表明,成就导向和权力导向的工作价值观与工作结果之间有明显的相关关系,即具有高权力导向的员工,其职位晋升和工作更换的机会更多,薪酬也更高。国内有学者研究发现,工作价值观作为重要的调节变量,影响着工作压力和业绩之间的关系。当工作压力为中低水平时,与儒家思想有关的工作价值观与工作业绩之间呈正相关关系;但是当工作压力水平过高时,反而会降低工作业绩。在工作价值观和组织公民行为的关系上,工作价值观的努力工作维度和组织公民行为的人际帮助及公民道德维度都呈显著的正相关关系,但独立自主与人际帮助间呈显著的负相关关系。

2.5 人　　格

2.5.1 人格的概念

人格(personality)也叫作个性,源于希腊语的"persona",其本意为面具,后来转义成人格。人格有两层含义:一层含义是指外在的、公开的自我,即一个人在人生舞台上表现出的行为和扮演的角色;另一层含义是指真实的、内在的、内隐的自我,这往往是人们出于某种原因而不愿展示的自我。这两种自我都影响着人们在日常生活和工作中的表现[10]。

2.5.2 人格的特点

人格具有以下几个主要特点。

一、整体性和层次性

整体性是指人格的各个要素不是孤立、互不相关的,而是统一在一组心理特征有机组合的整体中。人格具有内在的统一性,也就是一个人人格结构中的各方面人格特质是否协调一致,这是一个人心理健康的重要标志。同时,我们在考察一个人的人格特征时,也要将这一特征放在整体中加以考虑,才能准确而全面地了解一个人。比如,看到某人进行了一次充满激情的演讲,就断定此人是外向型的,这是不够的,还必须观察他是否好动、乐于交往、热情开朗等。此外,同样的人格特质在不同的人身上表现不同。例如,独立性在一些人身上理解为决策时的主见,在另一些人身上则理解为不喜欢与他人交往。

层次性是指根据各种人格成分的意义和作用不同,可以将其分成不同的层次。高层次的人格成分对低层次的人格成分具有控制作用,处于核心地位。

二、独特性和一般性

每个人既具有自己独特的人格特征,也具有其所从属的团体的一些共同特征。例如,北方人的群体有一些共同的人格特征,而南方人的群体可能具有另一些共同的人格特征。民族思想感情、文化传统、生活习惯等因素必然在个性心理特征方面形成共同的典型特征。如果知道一个人所属的群体,就可以推断他具有某些特定的人格特征。当然,这里也要注意其

独特性，不然就会形成"定型效应"导致的偏差。

三、稳定性和可变性

每一个人的人格都是在先天生理素质的基础上，受家庭、社会潜移默化的影响和学校教育的熏陶以及实践活动的锤炼而塑造形成的。所以，人格一旦形成，就比较稳定，总以重复性、持续性、必然性的面貌出现，在不同的时间、场合，表现出一些一致、持久的特质。比如，任性的人，对己、对人、对事、对工作处处表现出刚愎自用的特点。这为我们从一个人目前的行为推断其未来的表现提供了理论基础。

人格的稳定性只是相对的，不是绝对的。随着社会实践条件、人的知识水平、家庭和个人生理心理等因素的变化，人格特征也必然发生变化。一般来说，这种变化可以发生在任何人的任何年龄阶段上，特别是当人在生活实践中经历了某种重大事件，都会给人的个性打上深深的烙印，并使其人格发生变化。

2.5.3 人格的结构

截至目前，人格心理学家围绕人格这一议题进行了广泛研究并提出了大量理论。在诸多人格理论中，有一些理论将人格划分为不同的部分或层次，学者们将这些理论称为人格结构理论。在这里我们选择其中几种较具代表性的理论进行简要介绍。

一、大五人格模型

学者们对人格的分类工作大约是从20世纪50年代开始的，诺曼（W. T. Norman）以及奥尔波特等学者在1963年提出了大五人格模型（The Big Five Model）的分类方法。目前最为学术界所接受和重视的大五人格特质分类项目是由保罗·科斯塔（Paul Costa）和罗伯特·麦克雷（Robert McCrae）所提出的。

科斯塔和麦克雷在20世纪90年代初以已有的理论和量表为基础，发展出人格的三个维度，即外倾性（extraversion）、神经质（neuroticism）和经验开放性（openness to experience）。后来，他们发现必须加入另外两个因素——宜人性（agreeableness）和责任心（conscientiousness），才能够代表更为完整的人格。科斯塔和麦克雷以"OCEAN"来简称大五人格特质。麦克雷曾说："如果我们能从人格理论的研究历史中学到什么的话，那就是：许许多多不同的途径最终都通向了五因素模型——这是（人类）共通的人格维度。"后续的很多元分析研究结果都支持了大五人格模型的理论观点。大五人格的出现给人格心理学研究注入了活力。同时，这一理论在社会心理、工业与组织心理等心理学分支中的应用也迅速普及开来。

1. 外倾性

这项特质主要被用于代表人们在人际关系方面的个体差异性，在人际互动上调节自己与自我肯定的能力，以及是否善于交际、应酬。外倾性高的人精力充沛、积极主动，经常体验到正向的情绪。他们喜欢寻求刺激，在面对不确定性情境时勇敢果决，喜欢投入人群而且在人际情境中开朗、健谈，但是也喜好竞争并具有较强的支配欲。内倾性高的人在人际情境中缺乏自信，与陌生人在一起会感到不太自在。他们不喜欢在别人面前表现自己，在社会交往中显得沉静和被动。

外倾性特质之中的人格次级维度包含合群交友（gregariousness）、温暖热情（warmth）、自信果断（assertiveness）、正向情绪（positive emotion）、活动力（activity）、寻找兴奋刺激（excitement-seeking）等。

2. 责任心

责任心在大五人格特质中被用于评价个体自律、可信赖的程度，以及坚毅和一丝不苟以达成目标的可能性。高责任心者具有高度的自我控制能力，严谨尽责、遵守纪律，并具有高度的责任感，以达成既定目标为己任。低责任心者则对工作持一种放松或者懒散的态度，缺乏组织、计划能力和坚毅的态度来执行任务或完成工作目标。

责任心这一特质上的个体差异，反映在更为细微的人格维度上，包括恪尽职守（dutifulness）、规律性（order）、胜任力（competence）、自律（self-discipline）、深思熟虑（deliberation）、追求成就（achievement-seeking）等。

3. 经验开放性

经验开放性是指个体追求新经验和学习的倾向，在面对新经验或学习时是否能容忍不确定性，以及是否用探索的态度来面对陌生的情境。经验开放性高的人喜欢新鲜事物，求知欲强，具有开阔的心胸以及丰富的想象力，习惯一些不切实际的想象，勇于求新求变，经常走在变化趋势的前沿，对于外部世界的多样性保持高度的好奇心。相反，经验开放性低的人生活经验较为单一。他们不敢挑战权威，在社会、政治或道德上的观点偏保守而且不愿意改变，喜欢循规蹈矩，内在和外在世界较为狭隘，异质性经验较少。

经验开放性的次级维度包括幻想（fantasy）、想法理念（ideas）、价值（values）、美学（aesthetics）、感受力（feelings）和行动力（actions）等。举例而言，经验开放性特质倾向高者思想流利、对艺术敏感、感受细腻、重视学习与生活中的不断变化。

4. 宜人性

宜人性是指个体在人际互动中真诚一致、亲切热心、理解他人的特质。此种特质反映了一个人愿意同情他人和热心助人的态度。高宜人性者在人际互动中愿意调整自己和从别人的立场考虑问题，富有合作精神，因此在人际交往中比较受欢迎，给人以有礼貌、可信赖、慷慨大方的印象。相对而言，低宜人性者在人际互动中往往不遵从规范，对他人猜忌心重，经常与他人对立，难以沟通和被说服。他们不愿意主动做出利他行为，在处事方面比较不考虑别人的立场或感受。

宜人性特质不仅反映在思想或者观点上，也会在个体的情绪或行为上有所展现。宜人性的次级维度包括利他主义（altruism）、心肠软（tender-mindedness）、坦率（straightforwardness）、顺从（compliance）、信任（trust）和谦逊（modesty）等。

5. 神经质

神经质也称作情绪不稳定（emotional instability），主要反映的是一个人在面对和处理负向情绪（如害怕、挫折感、罪恶感、愤怒）时的调适倾向。换言之，个体在此项人格特质上的高低代表了其情绪化的程度。高神经质者情绪敏感而且不稳定。他们难以承受情绪刺激，容易出现焦躁、紧张或沮丧等方面的情绪状态。低神经质者则情绪稳定，在面对情绪刺激时能主导和管理自己的情绪状态，不易受到情绪化的影响，所以给人以稳定、冷静的印象。

神经质可以通过以下人格次级维度来进行评估：沮丧（depression）、焦虑（anxiety）、易受伤害（vulnerability）、害羞不自然（self-consciousness）、愤怒的敌意（angry hostility）和冲动性（impulsiveness）。

大五人格模型目前在组织管理领域得到了广泛应用,例如被用来预测工作绩效。研究发现,责任心这一人格特质对工作绩效具有较为稳定和一致的预测效果。另外,不同人格特质可以契合不同工作领域的需求,例如外倾性的人格就比较适合于需要人际互动的工作领域。

二、MBTI人格类型

MBTI的全称为"Myers-Briggs Type Indicator",它是一种自我报告式、迫选型的人格测评工具,用以衡量和描述人们在获取信息、做出决策、对待生活等方面的心理活动规律与人格类型表现。MBTI以卡尔·古斯塔夫·荣格(Carl Gustav Jung)的心理类型理论为基础,由美国的凯瑟琳·库克·布里格斯(Katharine Cook Briggs)和伊莎贝尔·布里格斯·迈尔斯(Isabel Briggs Myers)母女共同开发而成。

MBTI的理论基础是心理类型理论。该理论由荣格在《心理类型》一书中最先提出,旨在揭示、描述和解释个体行为表现方面的差异。在该书中,荣格阐述了他经由临床观察和心理分析而得出的个体行为差异的三个维度。

(1) 外向(extraversion)-内向(introversion)。前者偏向专注于外在的人和事,倾向于将能量向外释放;后者则专注于自己的想法及印象,倾向于让能量往内流。

(2) 感觉(sensing)-直觉(intuition)。前者着眼于当前事物,习惯于先使用五感来感受世界;后者则着眼于未来,注重可能性和预感,从潜意识及事物之间的关联来理解世界。

(3) 思考(thinking)-情感(feeling)。前者偏好用"是非"以及"如果……就……"的逻辑作为分析结果或者做决定;后者偏好使用价值观及自我中心的主观评价来做决定。

布里格斯和迈尔斯在上述三个维度的基础上又添加了一个新的维度:

判断(judging)-知觉(perceiving)。前者倾向于井井有条及有组织的生活,而且喜欢安顿好一切事物;后者则倾向于自然发生及富有弹性的生活,对任何意见都持开放态度。

这样一来,布里格斯和迈尔斯就用四个维度描述了个体的行为差异。其中:"外向E-内向I"代表着心理能量的不同指向;"感觉S-直觉I""思考T-情感F"表示个体通过感知活动获取信息以及经过判断做出决策时不同的用脑偏好;"判断J-感知P"是针对个体的生活方式而言的,它表明个体是以一种有计划的(确定的)或是随意的(即兴的)方式来适应外部环境。以上每一人格维度都有两种不同的功能表现形式,经组合可以得到16种人格类型。

三、"大七"因素模型

由于文化和遗传方面的差异,中、西方人格结构存在明显的差异。研究表明,中国人在描述人格特点时有自己独特的角度。鉴于此,我国学者王登峰、崔红和杨国枢等人按照人格研究的"词汇学假设",根据中文人格特质形容词对中国人的人格结构进行了探索,并最终确定了中国人人格结构的"大七"因素模型。

1. 外向性

它反映的是人际情境中活跃、积极、主动和易沟通、温和、轻松等特点,以及积极乐观的心态,是外在表现与内在特点的结合。外向性包括活跃、合群、乐观三个小因素。

(1) 活跃:反映的是人际交往中的主动性和人际技巧特点。高分者在与人交往的过程中积极、主动、活跃、自然和擅长组织协调;低分者不善言辞,在社交场合拘谨、沉默。

(2) 合群:反映的是人际交往中的亲和力特点。高分者待人温和、亲切、易于沟通和受人欢迎;低分者不易亲近和不受他人欢迎。

(3) 乐观:反映的是个体积极乐观的特点。高分者积极、乐天和精力充沛;低分者情绪消极和低落。

2. 善良

它反映中国文化中"好人"的总体特点,包括宽容、对人真诚、关心他人,以及诚信、正直和重视感情生活等内在品质。该因素包括利他、诚信和重感情三个小因素。

(1) 利他:反映的是个体友好和关注他人的特点。高分者对人宽容、友好和顾及他人;低分者容易迁怒、自私和为达目的不择手段。

(2) 诚信:反映的是人际交往中的信用特点。高分者诚实、言行一致和表里如一;低分者在人际交往中常做出虚假和欺骗行为。

(3) 重感情:反映的是对情感联系或利益关系的看重程度。高分者正直、情感丰富;低分者注重目的和以利益为重。

3. 行事风格

它反映个体的行事方式和态度,包括严谨、自制和沉稳三个小因素。

(1) 严谨:反映的是工作态度和自我克制的特点。高分者做事认真、严谨和踏实;低分者做事马虎、不切实际、缺乏合作和难缠等。

(2) 自制:反映的是安分、合作的特点。高分者自我克制、安分、合作和淡泊名利;低分者做事不按常规、别出心裁和与众不同。

(3) 沉稳:反映的是做事谨慎沉着的特点。高分者凡事小心谨慎和深思熟虑;低分者粗心和易冲动。

4. 才干

它反映个体的能力和对待工作任务的态度,包括决断、坚韧和机敏三个小因素。

(1) 决断:反映的是决断能力。高分者敢作敢为、敢于决断、思路敏捷、个性鲜明;低分者遇事犹豫不决、无主见和紧张焦虑。

(2) 坚韧:反映的是做事的毅力特点。高分者做事目标明确、坚持原则、有始有终且持之以恒;低分者做事难以坚持、容易松懈。

(3) 机敏:反映的是自信、敏锐的特点。高分者工作投入、热情敢为和积极灵活;低分者回避困难、遇事退缩。

5. 情绪性

它反映的是情绪稳定性特点,包括耐性和爽直两个小因素。

(1) 耐性:反映的是情绪控制能力和情绪表现特点。高分者情绪稳定、平和,能够控制自己的情绪;低分者情绪急躁、冲动、冒失,容易发脾气和难以控制情绪。

(2) 爽直:反映的是情绪表达的特点。高分者心直口快、急性子和对情绪不加掩饰;低分者情绪表达委婉、含蓄。

6. 人际关系

它反映的是对待人际关系的基本态度,包括宽和与热情两个小因素。

(1) 宽和:反映的是人际交往的基本态度。高分者待人温和、宽厚、友好和知足;低分者斤斤计较、暴躁易怒、冷漠和以自我为中心。

(2) 热情:反映的是人际沟通特点。高分者沟通积极主动、活跃,行事成熟、坚定;低分者被动、拖沓和盲目。

7. 处世态度

它反映的是对人生和事业的基本态度,包括自信和淡泊两个小因素。

(1) 自信:反映的是对理想、事业的追求。高分者对生活和未来坚定而充满信心,工作积极进取;低分者无所追求、懒散和不喜欢动脑筋。

(2) 淡泊:反映的是对成就和成功的态度。高分者无所期求、安于现状、退缩平庸;低分者永不满足、不断追求卓越和渴望成功。

总的来看,王登峰等人的研究再一次明确了中国人人格结构的独特性,也说明了系统探讨中国人的人格特点及其与各种心理因素的关系的必要性。

四、组织行为学领域的一些人格构念和理论

上述主要介绍的是人格心理学家针对人格结构的一些重要理论。在组织行为学领域,许多学者也提出了一些人格构念和理论,例如核心自我评价和前瞻性人格。

(一) 核心自我评价

1. 核心评价和核心自我评价的概念

伊迪丝·派克(Edith Packer)将核心评价(core evaluations)界定为人们内心持有的基本评价和基本结论,这些评价涉及个人生活的三个基本领域:自我、他人和现实。不同的评价处于不同的水平,那些与特定情境相关的评价会受到更为基本的核心评价的影响。派克用树来做类比:个体的核心评价犹如树干,树枝和树叶则代表着与特定情境相关的评价。就像树干的特性会决定枝叶的发展类型一样,一个人的核心评价也影响着其他所有的次级评价,是所有其他评价的基础。诸如"人生来本无好、坏,每个人都可以创造自己的价值,包括我在内"(积极核心评价),"生活是一场权力的斗争,由于弱小,我注定会失败"(消极核心评价),都是常见的核心评价。

为了使人格特质能够更好地预测工作满意度和工作绩效,贾奇(T. A. Judge)等学者在综合了八个领域(哲学、人格心理学、社会心理学、临床心理学研究、临床心理学实践、儿童发展、工作满意度和压力)的研究结果后,借鉴派克核心评价的概念,于1997年首次提出了核心自我评价(core self-evaluations,CSE)这一人格概念,并将其定义为个体所持有的对自身能力和价值的最基本的评价。它是一种潜在的、宽泛的人格结构。

核心自我评价能够潜意识地影响一个人对自己、对外在世界以及对他人的评价和判断,即使个体在行动过程中并未意识到这种影响的存在,他也可以通过事后的内省而以自我报告的形式提出来。个体对具体领域的评价(比如对工作、同事的评价)都会受到核心自我评价的影响。

2. 成为核心自我评价组成因素的条件

贾奇等人认为,能够成为核心自我评价的特质必须符合或满足三个条件:

(1) 评价聚焦(evaluation-focus),亦即该特质必须是评价性的,而非描述性的。例如,自尊是一个人对自己最基本的评价,而自信则是描述一个人是怎样表现的。

(2) 根源性(fundamentality),亦即该特质必须是根源性的或基础性的,而非表面性的。例如对自我的评价和对侵略性的评价,前者要更为基本,后者则可能是自我怀疑与挫折感的反映。

根据雷蒙德·卡特尔(Raymond B. Cattell)对人格特质的分类,根源特质指的是那些相互联系并且以相同原因为基础的行为特质。

(3) 广泛性,亦即该特质是宽泛的,而非狭窄的。例如对自我的评价在范围上肯定比对自己某种能力的评价更为广泛。根据奥尔波特提出的首要特质和次要特质的概念,首要特质能够更大范围地影响个体的态度和行为,因此更有可能对工作领域的一些变量产生影响。

3. 核心自我评价包含的特质

贾奇认为,有四种特质满足上述的三个条件,即自尊(self-esteem)、一般自我效能感(generalized self-efficacy)、控制点(locus of control)和神经质(neuroticism)。这四种特质在心理学研究中,不管在广度、深度上还是在数量上,都占据着重要地位,如图2-9所示。

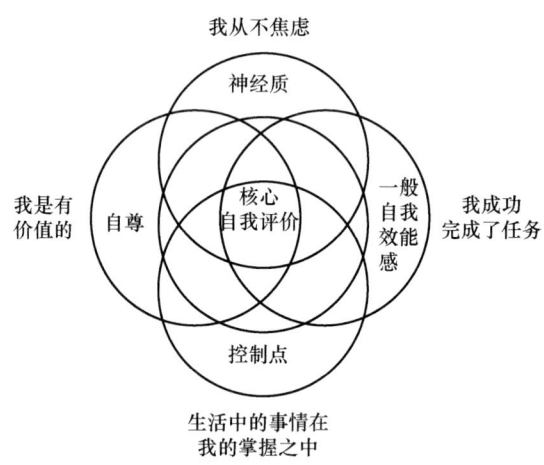

图2-9 四种核心特质以及核心自我评价之间的关系

自尊是个体对自身最广泛的核心评价,很多研究都认为自尊是一种相对稳定的人格特质,它形成于青少年的后期,之后便不再容易改变。

一般自我效能感指个体在行动过程中是否觉得自己有能力调节以及分配任务所需要的认知资源和动机。个体自我效能的判断可以在强度、水平和一般性(普遍性)三个维度上变化。由于一般自我效能最类似于特质(亦即很少依赖于具体的情境),因此贾奇等人仅对一般自我效能这一维度进行研究。

控制点反映的是个体在多大程度上认为自己能够控制生活中将要发生的事件。该概念由朱利安·罗特(Julian Rotter)提出,他把个体分为内控型和外控型两种。内控型的个体将行为结果视为自身能力、努力等内在因素作用的结果;外控型的个体则将行为结果视为机遇、运气等外部因素作用的结果。

神经质是与自尊相反的消极情感,一方面是指个体情绪的波动性,另一方面是指个体调节自己情绪的能力。

元分析和结构方程模型的研究结果一致表明,上述四种特质两两之间均存在中等程度以上的相关,因素之间的区分性较差,四个因素同时负载在一个深层次的特质结构上,四个因素组合起来的潜在结构比单独使用各因素能更加简洁、有力地预测工作满意度和工作绩效等指标。

中国人的核心自我评价的理论构想:有学者认为中国人的核心自我评价结构可能完全不同于西方,了解中国人的核心自我评价结构需要研究中国人的人格。由于中国人的人格具有特性,所以他们认为中国人的核心自我评价应该从中国本身的人格维度出发,如此才能反映中国人核心自我评价的独特性。通过对中国人人格结构与核心自我评价的理论分析,甘怡群等人以王登峰等人提出的中国人大七人格模型为基础,提出中国人的核心自我评价的理论构想包括四种核心特质,即善良、才干、处事态度和集体自尊,如图2-10所示。

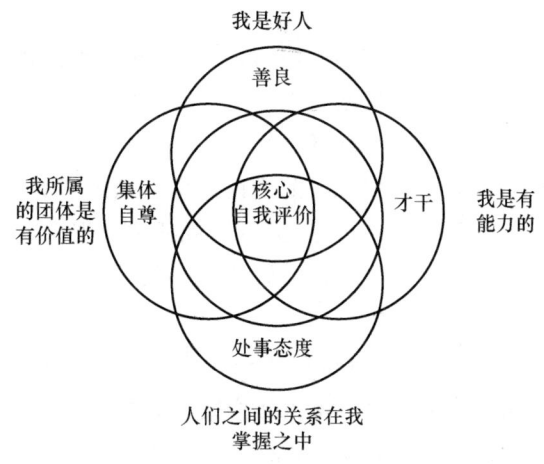

图2-10 中国人核心特质的构想以及假设的核心自我评价之间的关系

(二) 前瞻性人格

1. 前瞻性人格构念提出的背景

在过去几十年中,员工在组织中一般都是执行严格限定的工作角色。而在21世纪,由于全球竞争日趋激烈,技术创新速度加快以及新的生产、管理理念不断涌现,工作性质也随之发生了巨大变化——工作变得越来越动态化和自主化。这在一定程度上要求员工更具主动性,积极创造自己的成长和发展机会。另外,组织成员的主动性和前瞻行为(proactive behaviors,即个体积极采取的用以改善当时环境或创造新环境的具体行动)也逐渐成为组织成功与否的关键因素之一。例如,随着淡化监督功能的管理形式的出现和广泛采用,组织越来越依赖于员工个人的主动性以发现和解决问题;而一些组织的日趋分散化,也促使工作场所中对前瞻行为和灵活的角色定位的强调,如今很多组织甚至将前瞻行为视为一种基本的角色要求。

那么在组织中,为什么一些人会主动寻求变革,而另一些人则更愿意墨守现状?究竟是哪些因素导致了工作场所中个体的前瞻行为?组织行为学家贝特曼(T. S. Bateman)等人在1993年的一项经典研究中首次提出了前瞻性人格(proactive personality)的概念,并将之看作决定个体主动性和前瞻行为的主要因素。此后,工业与组织心理学家开始就前瞻性人格及其对个人和组织的影响等问题进行了广泛而深入的探讨。

2. 前瞻性人格的内涵

根据互动论(interactionism),人并不总是环境制约因素的被动接受者;相反,他们可以有意识地和主动地改变外部环境(既包括物理环境,也包括社会环境)。贝特曼等将个体主动改变环境的行为视为一种相对稳定的个人特质或行为倾向的结果,他们将这种特质称为前瞻性人格,意指个体不受情境阻力的制约,主动采取行动以改变其外部环境的倾向性。前瞻性人格是其他人格理论(如大五人格模型)所未涉及的一种独特的人格特征。人们在主动采取行动以影响周围环境的倾向性上是存在着差异的,而前瞻性人格正是一种可以解释此种个体间差异的人格特质。另外,与其他类型的人格特质相类似,尽管具体的前瞻行为可能存在着一定差异,但它们都反映了一种基本的行为趋势或倾向。

3. 前瞻性人格的特点

贝特曼等人认为具有前瞻性人格的个体喜欢挑战现状而不是被动地接受自己的角色;他们善于寻找和捕捉机会,能主动而果断地采取行动,并坚持不懈直至自己的行为产生了预期的效果;他们是开创者,能够积极变革组织的目标和发现并解决问题;他们依靠自己而不是他人来对周围世界产生影响。与之相对,前瞻性倾向较低或不具有前瞻性人格的个体则展现出相反的行为模式:他们不能识别机遇,更不用说抓住机遇来改变环境;他们总是显得相对被动,宁愿消极地适应环境甚至为环境而改变自己也不愿主动地改变环境;他们习惯于并喜欢依靠他人来推动变革。

此外,唐纳德·托马斯·坎贝尔(Donald Thomas Campbell)在总结以往相关研究的基础上,认为具有前瞻性人格的个体具有以下五方面的核心特征:

(1) 能够胜任自己的工作,展现出高水平的专业技术、组织能力和问题解决能力以及卓越的绩效;

(2) 具有人际胜任力、领导能力和可信赖性;

(3) 表现出高水平的组织目标承诺和对组织成功的责任感,具有与组织相一致的价值观和积极的工作态度;

(4) 拥有积极进取的品质,如主动性、独立判断、高水平的工作投入(engagement)及工作卷入(involvement)、勇于说出自己的想法等;

(5) 展现出正直、诚信的品质,并具有更高的价值追求。

案 例

马斯克的MBTI人格

埃隆·里夫·马斯克(Elon Reeve Musk)是SpaceX的创始人、首席执行官和总工程师,Tesla Inc.的天使投资人、首席执行官和产品架构师,无聊公司(Boring Company)创始人,以及Neuralink和OpenAI的联合创始人。根据彭博亿万富翁指数,他是世界上最富有的人,截至2022年5月,他的净资产估计约为2 650亿美元(福布斯实时亿万富豪榜)。

马斯克是建筑师(INTJ)人格类型。INTJ型人格的人具有高度的分析能力、创造力和逻辑性，大约有1%到4%的人具有INTJ人格类型，INTJ是有远见和现实的独特结合。凭借罕见的长时间保持专注的能力，马斯克能够想出一个经过深思熟虑的计划，然后相应地执行它。作为最终的策划者，INTJ能够以闪电般的速度通过他们的头脑运行多个未来场景。马斯克很聪明，倾向于质疑他周围的世界。通常，他更喜欢自己决定什么是合乎逻辑的，而不是为了它而遵循传统。马斯克喜欢谈论抽象概念，他知识渊博，善于创新。作为一名INTJ，他是天生的问题解决者。交流时，马斯克很直接，更喜欢直截了当。

一、对完美的偏执

他直言不讳的个性和完美主义不仅仅是针对一个舞台角色而已。马斯克的第一任妻子曾讲过他上大学时的一件轶事：他在一次测试中获得了98%的分数。作为一个完美主义者，他去找教授，让他们把分数改为100%。马斯克目前的分数和完美之间的差距是2%，对他来说，这听起来像是一个巨大的"不"。他不会接受否定的回答——即使是2%。100%对他来说意义重大，以至于他和教授们谈话时，把自己置于一种可能很尴尬的境地。最后，他如愿以偿地获得了满分。

马斯克是一位事必躬亲的领导者，声称每周工作100小时，在他手下工作可能是出了名的难，至少如果你是"正常人"的话。"我对产品相关问题有强迫症"，马斯克告诉《华尔街日报》。"我总是看到哪里不对劲。当我看到汽车、火箭或宇宙飞船时，我只看到哪里不对劲。我从来没有看到哪里是对的。这不是幸福的秘诀。"

二、目光长远

马斯克首先创立了一家名为Zip2的公司，然后在以3.07亿美元的价格将Zip2卖给康柏（他在那里赚了大约2 200万美元）后进入了PayPal。他将这笔钱投入了一家后来演变成PayPal的初创公司。当eBay收购PayPal时，他赚到了足够的钱退休到旷野，但他有胆量去梦想更大的事。他这里不是为了赚快钱，但他对长期目标感兴趣，更关注未来而不是现在（More focused on the future than on the present）。他在特斯拉投资了1亿美元，在SpaceX投资了7 000万美元，当时外界都认为他是疯了。他计划未来的能力如同"传说"般非凡。到他50多岁时，他的目标是每周进行一次太空飞行。他计划发射火箭绕月球飞行几圈并返回。即使是被他解雇的人，也仍然像崇拜超级英雄一样崇拜他——类似于乔布斯的现实扭曲场。他还表示，他不需要成为火星上的第一个人，因为他必须确保SpaceX可以在没有他的情况下生存。他的主要目标是通过移民火星来增加人类未来的寿命。将一个人送上火星——这是推动他所有企业追求卓越的首要愿景。

三、决心和韧性

INTJ的另一个显著人格特征是在遇到障碍时他们的决心和韧性，是坚持下去、不放弃的决心。正是这种永不言败的态度使INTJ与众不同并使他们成为优秀的企业家。

2008年，马斯克的个人生活一团糟，他的公司表现不佳。尽管如此，他还是绝地反弹，向世界展示了只有极少数人能做到的那种事情——越难他就越好。他具有在巨大压力下工作的惊人能力。马斯克将他忍受巨大痛苦的能力归功于他艰难的童年。他还说他的坚强可能来自他的祖父。马斯克身边的人说，他们还没有遇到任何其他人能够像他一样忍受痛苦。这是他成功的一个关键因素——他不在乎失败，并且能够忍受克服所有挫折所需要经历的任何痛苦。

四、对世界充满好奇并保持终生学习

马斯克是个书虫,他在 9 岁时阅读了大英百科全书,并且经常每天阅读几个小时的科幻小说。马斯克说:"将知识视为一种语义树很重要。确保你了解基本原则,即在你进入树叶(细节)之前,了解树干和大树枝,否则它们就没有什么可依附的了。"他认为,几乎所有我们学到的东西都可以应用到其他东西上。例如,他读了一本关于"心流"(flow state)的书,在心理学中学习这个概念帮助他调整工作空间以更有效地工作并提高整体生产力水平。

资料来源:MBTI 星球. INTJ 马斯克:世界首富的"完美主义".[EB/OL].(2022-05-25)[2023-01-03]. https//zhuanlan.zhihu.com/p/519795874.

思 考 题

1. 什么是知觉?知觉有哪些类型?
2. 举例分析归因理论如何影响人的行为。
3. 什么是价值观?
4. 如何运用人工智能技术更精准地进行情绪识别?
5. 典型的人格结构有哪些?请举例说明。

第3章 动机与激励

3.1 需要、动机与行为

行为是人类有意识的活动。行为科学认为,行为既是人的有机体对外界刺激做出的反应,又是人通过一连串动作实现其预定目标的过程。

行为产生的原因是心理学家争论的焦点。有人认为行为是个体的生物本能,有人强调行为是由社会环境决定的。心理学家库尔特·勒温(Kurt Lewin)融合各派理论之长,认为人的行为是环境与个体相互作用的结果。他于1951年提出了著名的人类行为公式:

$$B=f(P-E)$$

其中,B 为行为,P 为个人,E 为环境,f 为函数关系。

勒温的理论得到了多数人的认同。根据这种理论,人的行为是由动机决定的,而动机是由需要支配的。

3.1.1 需要

需要(need)是指客观的刺激作用于人们的大脑所引起的个体缺乏某种东西的状态。这里所说的客观的刺激,既包括身体外部的,也包括身体内部的。客观的刺激可以是物质的,也可以是精神的[11]。例如,宣传"雷锋精神"对社会的精神风貌有一定的影响,人们思想上感恩社会、友好互助的心理会更强烈一些。精神的刺激可以反映个体的要求,也可以反映社会时代的要求。例如,振兴民族产业的要求反映到人的头脑里,会使人产生工作的责任感和自觉劳动的需要。

3.1.2 动机

动机(motivation)是指影响个人行为的方向、强度与持续性的动力。动机源于个体对实现某种目标的需要或渴望,它能够引发个体表现出特定的行为。首先,方向是指个体从若干备选目标中做出选择,如员工可能会选择自愿加班,而不是准时下班回家看电视。其次,强度是指个体为完成一项任务付出努力的程度。例如在厨房洗碗的员工可能会付出巨大的努力,洗碗洗得很快且很干净,也可能仅付出较少的努力,洗得很慢且不太干净。最后,持续性则是在选定的方向与强度上能坚持多久。员工可能会在一段时间内持续努力以完成某事,比如为了完成对一家公司财务的审核,会计师事务所的员工会努力连续工作一段时间,尽管这个过程很累。

3.1.3 动机与行为的关系

一般来说，动机是行为产生的直接动力，行为是动机的外在表现。由优势动机引发人的行为。那么动机和行为之间的关系是不是完全确定的对应关系呢？不是的。由勒温的人类行为公式可知：由于任何一个行为都是个人因素与环境因素相互作用的结果，对同一个人、相同的动机，不同环境会导致不同的行为；在个人因素中，外在表现和内在动机有时一致，有时不一致，关系复杂；内在动机又有积极、消极之分，各种成分混杂。因此，人的行为是这些因素的综合效应。这使动机和行为有着复杂的关系，具体表现在以下几个方面。

（一）同一行为可出自不同的动机

例如，一个人埋头工作，可由种种不同的动机引起。第一，争取做优秀职工，为社会多做贡献；第二，为了受表扬得个好名声；第三，得到领导的好感，以便受提拔重用；第四，为了多拿奖金，改善生活。

（二）一种行为可能为多种动机所推动

有的职工工作很积极，分析一下他们的动机，其中有为社会多做贡献的动机，也有想得到领导者的提拔重用的动机，也可能有希望获得先进工作者荣誉称号的动机，还可能有多拿奖金的动机等。当然，其中的优势动机是该行为的主要驱动力量。

（三）合理的动机可能引起不合理的甚至错误的行为

有的管理者看到自己的下级工作出了差错很痛心，一心想帮助其改正，但因急于求成，采取了简单粗暴的做法，结果未能使他认识到自己的错误，反而使他产生了抵触情绪。

（四）错误的动机有时被外表积极的行为所掩盖

在已经查处的经济犯罪分子中，有的犯罪分子早来晚归，对领导者百般殷勤，还被选为先进工作者。但其"先进"的行为，正是为了掩盖其犯罪动机。由此可见，人的动机和行为之间的关系是十分复杂的。

无论动机与行为的关系如何复杂，但需要、动机、行为已经较明显地揭示出它们之间的关系以及发展规律，即需要产生—心理紧张—动机—目标导向行为—目标行为—需要得到满足—新的需要产生。遵循这一规律，管理者能从宏观上掌握员工的心理，从而制定相应的较为科学的管理措施，高效地实现组织目标。

3.2 激 励

在心理学上，激励指的是激发人的动机的心理过程。具体而言，激励就是利用某种有效手段或方法调动人的积极性的过程。人的积极性是一种能激发人在思想、行动上努力进取的心理动力。当这种心理动力受到激励时，人就会处在自觉主动的心理活动状态，这种状态具体表现在人的意识活跃水平、情绪振奋程度和意志力强度等方面，从而直接导致行为效率的提高。

产生积极性的心理基础在于人对客观事物所具有的生理或社会的、物质或精神的需要，这些需要是个体思想、行为的基本动力。它以愿望、欲望和意向等形式存在,并以一定方式影响人的情绪体验。当确定的需要对象出现时,需要就转化为动机。在多种需要和动机中,优势动机(最强烈的动机)引发和决定着人的行为。

因此,要使员工产生组织所期望的行为,可以根据员工的需要设置某些目标,并通过目标导向使员工出现有利于组织目标的优势动机,按组织所需要的方式行动,这就是激励的实质。将这一机理贯穿于组织的制度安排中,就是激励机制。也可以说,激励就是通过对员工动机的激发和强化,改造、改进员工行为,为实现组织目标服务。

一、激励模式

在心理学上,激励可以有三个方面的理解。

从诱因和强化的观点来看,激励就是将外部适当的刺激(诱因)转化为内部心理动力,从而强化(增强或减弱)人的行为。

从内部状态来看,激励即指人的动机系统被激发起来,处在一种激活状态,对行为有强大的推动力量。伯纳德·贝雷尔森(Bernard Berelson)和斯坦纳(G. A. Steiner)将激励定义为:"一切内心要争取的条件:希望、愿望、动力等都构成人的激励……它是人类活动的一种内心状态。"

从心理和行为过程来看,激励主要指由一定的刺激激发人的动机,使人有一股内在的动力,向所期望的目标前进的心理和行为过程。未满足的需要是激励过程的起点,由此而引起个人内心(生理上或心理上)的激奋,导致个人从事满足需要的某种目标行动,进而达到目标,需要得到满足,激励过程也就宣告完成。然后新的需要发生,又引起新的行为和新的激励过程。

根据上述三种理解,激励有三种不同的模式。

激励模式之一(如图 3-1 所示)的基本组成部分是:刺激(内外诱因)、个体需要、动机、行为、目标、反馈等。

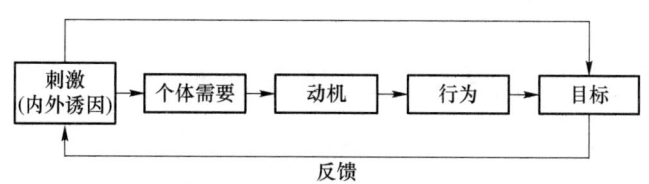

图 3-1　激励模式之一

激励模式之二(如图 3-2 所示)的基本组成部分是:需要(愿望、欲望、动力)、行为、目标、反馈等。

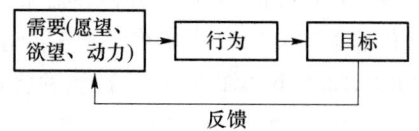

图 3-2　激励模式之二

激励模式之三(如图 3-3 所示)的基本组成部分是:未满足的需要、心理紧张(愿望、驱动力)、动机、目标导向、目标行为、需要满足紧张消除、产生新的需要、反馈等。

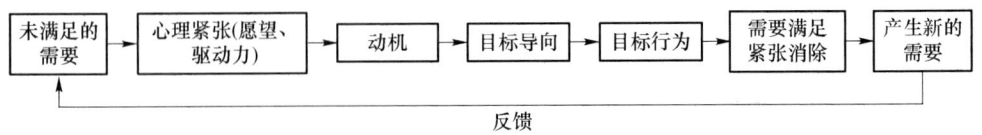

图 3-3 激励模式之三

二、激励机制

激励机制是指激励赖以运转的一切办法、手段、环节等制度安排的总称。它具有内在地按组织目标来进行运转、管理、调节控制的功能。从心理学的角度分析激励过程,有效的激励机制实质上就是要处理好三类变量之间的相互关系。这三类变量是指刺激变量、机体变量和反应变量。刺激变量是指对有机体的反应发生影响的刺激条件,其中包括可以变化与控制的自然与社会的环境刺激;机体变量是指有机体对反应有影响的特征,这些都是被试对象本身具有的特征,如性格、动机、内驱力强度等;反应变量是指刺激变量和机体变量在行为上引起的变化[12]。

需要和动机都属于机体变量,行为属于反应变量,外界的目标实际上是刺激变量。

人的行为的激励过程,实质上就是要使刺激变量引起机体变量(需要、动机)产生持续不断的兴奋,从而引起积极的行为反应。当目标达到之后,经反馈又强化了刺激,如此周而复始、延续不断。心理学的研究已证实了这样一些客观的规律性:人的意志行为开始于需要以及由需要而引起的动机。因此,从需要着手来探求激励,是符合心理规律的有效途径。

当然,支配行为的动机除了需要外,还有愿望、意志、情感、兴趣、价值观等。人们在生活实践中,在某种需要的基础上,还产生各种各样的社会情感、兴趣、信仰和理想,最后形成世界观。由世界观而决定的崇高理想、坚定信念,都将成为人的行为动机,驱使人们去完成各种义务,甚至使人明知要牺牲自己也在所不惜。

3.3 内容型激励理论

3.3.1 马斯洛的需求层次理论

一、需求层次理论的内容

1943 年,亚伯拉罕·马斯洛(Abraham H. Maslow)在需求层次理论中把人的需求分为生理需要、安全需要、社交需要、尊重需要和自我实现需要五个层次。马斯洛的需求层次理论的特色是综合了人的发展动力,将人类的需求进行分类,并将这些需求按照一定的规律进行层次性的排列,构成了著名的需求层次理论,如图 3-4 所示。马斯洛的需求层次理论认为,在由低一级需求向高一级需求发展的过程中,低级的需求相对满足后,就不再成为人的主导需求或主要动力,邻近的高一级需求则变成主导需求或主要动力,整个需求的出现和转换都是逐步由低级向高级发展的[13]。

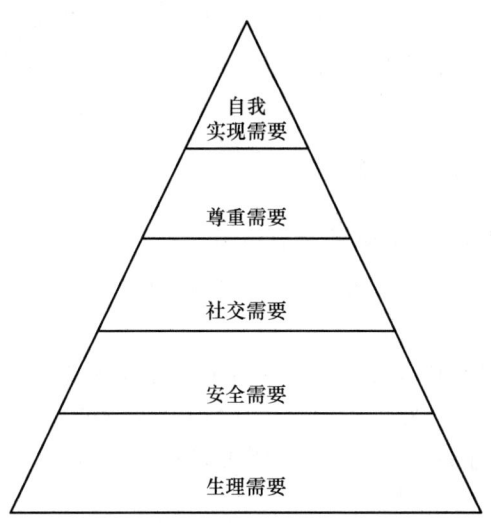

图 3-4 需求层次理论

(一) 生理需要

生理需要是人们要维持生命最基本的需要,是各种需要的基础。每个人都有衣、食、住、行、性的要求,而且要首先考虑。要满足这些需要,可以组织家庭,通过工作获得金钱以购买满足生理需要的物质条件。一旦生理需要得到相对满足,人的注意力就会集中到高一层次的需要上去,即所谓的"仓廪实而知礼节,衣食足而知荣辱"。

(二) 安全需要

人们希望保护自己的身体和情感免受外界因素的伤害、威胁,希望自己已满足的需要、已得到的利益不再丧失,以及尽量保持对今后不确定性的控制,这些都是安全需要。例如,人身安全:避免疾病;工作安全:免受失业、职业病;年老或受挫折时获得生活保障。这些需要是通过强身健体、医疗保险、安全设备、失业保险、退休福利等措施满足的。

(三) 社交需要

社交需要也称友爱与归属需要,包括与人交往、友谊、爱情、归属及接纳等方面。例如,人们希望交流沟通形成群体,渴望得到关心、支持和友爱。因此,工作单位和地点就不仅仅是一个工作场所问题,而且也为人们进行社交活动、建立友谊和归属提供了机会。当然,社交需要比生理、安全需要细致得多,不同人的差别也大,与个人的性格、经历、教育、信仰等因素有关。

(四) 尊重需要

一个人的归属感得到满足后,其并不满足作为群体的一员,通常还会产生尊重需要。即希望人们承认自己的重要性,对自己的成绩、人品、才能给予较高的评价;希望自己享有一定的声望,发挥一定的影响力。例如,上级对自己工作的肯定,以及提升职位等,都会满足一个人的尊重需要。

(五) 自我实现需要

这是最高层次的需要。当上述需要基本得到满足时,自我实现需要就变得突出起来(自我实现也称自我满足、自我发展、创造性等）。自我实现需要就是要实现个人的理想和抱负、最大限度地发挥自身潜能并获得成就的需要。这种需要往往要通过对挑战性工作的胜任感和在创造性活动中得到的成就感来满足。

二、对马斯洛需求层次理论的分析

（一）马斯洛需求层次理论的科学性

马斯洛需求层次理论有其科学性的一面，在一定程度上反映了人类行为和心理活动的共同规律。

（1）心理学已经证实了人的意志行动开始于需要以及由需要引起的动机。因此，研究需要是认识人们心理和行为规律的出发点。马斯洛从需要层次来研究人的行为，抓住了问题的关键。事实上，正是在各种物质和精神需要强有力的推动下，人们才发展生产力，变革生产关系，使人类社会不断地发展。

（2）如果撇开需要的社会内容，就其心理发展的形式而言，马斯洛把需要分为五个或七个层次在国外虽有争议，但他所指出的需要层次性和需要由低级向高级发展的趋向，是一般人共同的心理过程。这在西方国家中已经得到验证，应该说在我国也同样存在。

（3）马斯洛需求层次理论为组织管理指明了调动积极性的工作方向和内容。例如任何组织都应从物质和精神两方面去满足职工的需要。此外，人的需要按不同情况，因人、因时、因地而有所不同。为此要根据不同人的不同需要，有针对性地采取不同的管理措施才能取得效果。

（二）马斯洛需求层次理论的局限性

国内外对于马斯洛需求层次理论的批评主要有以下几个方面。

（1）马斯洛的需求层次理论以个人的价值、利益为出发点，强调个人需要，认为人都是自私的。这是由马斯洛的人本主义理论基础所决定的必然局限，与我国社会主义制度的基本原则是相背离的。在我国当前的条件下，固然要顾及个人利益，但是根本原则是国家、组织和个人利益的一致性，并以个人利益服从国家利益为前提，而马斯洛的几个需要层次都是以个人利益为中心展开的，没有考虑个人对社会的责任。因此，在借鉴马斯洛需求层次理论时，必须根据我国国情加以正确引导。

（2）马斯洛的需求层次理论，基本上谈的是人的自然需要，尽管有些也赋予了一定的社会内容。但是马克思主义认为，人的需要具有社会历史性，是随社会的发展而发展的，社会意识和环境对人的需要模式有巨大的影响。由于阶级和时代的局限性，马斯洛的需求层次理论没有也不可能涉及社会需要问题。

（3）在国外对马斯洛需要层次争论较多。我国也有人认为，自我实现作为最高需要层次是不够的。因为许多英雄模范如雷锋的思想境界和行为实际上超过了自我实现，因此还应增加革命理想或超越自我的需要。

（4）马斯洛认为只有满足了低一级的需要之后，才能进入下一个层次的需要，这样由低到高，逐级递升。这种观点有形而上学和机械论的倾向。实证研究表明，低层次的需要未满足时，高层次的需要也是可以发展的；而高层次的需要得不到满足时，人们会有"回归"倾向，对低层次的需要更强烈。因为高级需要是一种战略性需要，是行为的调节中心。在社会主义制度下,通过思想教育可以改变需要层次的主次关系。例如,英雄人物的事例可以充分说明这一点。

3.3.2 赫兹伯格的双因素理论

一、双因素理论的内容

双因素理论是由美国心理学家弗雷德里克·赫兹伯格(Frederick Herzberg)首先提出的,他认为,使员工感到满意的因素与使员工感到不满意的因素是大不相同的。使员工感到不满意的因素往往是由外界环境引起的,使员工感到满意的因素通常是由工作本身产生的。赫兹伯格发现,造成员工非常不满的原因有:公司政策、行为管理和监督方式、工作条件、人际关系、地位、安全和生活条件。这些因素的改善,只能消除员工的不满、怠工与对抗,但不能使员工变得非常满意,也不能激发他们工作的积极性,促使生产增长。赫兹伯格把这一类因素称为保健因素,即只能防止疾病,治疗创伤,但不能提高体质。赫兹伯格还发现,使员工感到满意的原因有:工作富有成就感、工作成绩能得到认可、工作本身具有挑战性、负有较大的责任、在职业上能得到发展等。这类因素的改善,能够激发员工的工作热情,从而提高生产率。如果处理不好,也可能引起员工不满,但影响不是很大,赫兹伯格把这类因素称为激励因素。这两类因素如图3-5所示。赫兹伯格认为,传统的满意与不满意的观点是不正确的。满意的对立面应当是没有满意,不满意的对立面应当是没有不满意。

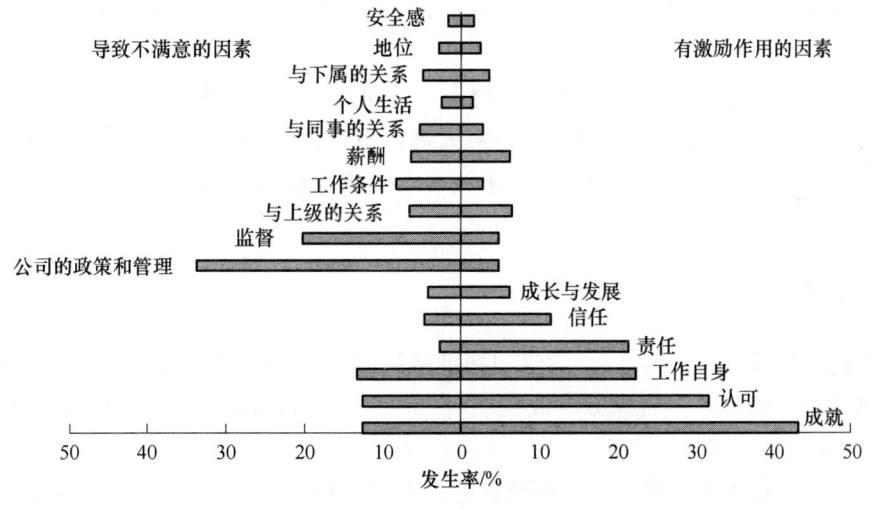

图 3-5 双因素理论

二、对双因素理论的评价

(一) 双因素理论的不足

赫兹伯格的双因素理论虽然在国内外有很大影响,但也有人对它提出了批评,主要有以下四点。

(1) 赫兹伯格的调查对象是工程师、会计师,他们在工资、安全、工作条件等方面都比较好,因此,这些因素对他们自然不会起激励作用,不能代表一般员工的情况。

(2) 赫兹伯格在调查时,问卷的方法和题目有缺陷。首先,把好的结果归结于自己的努力,而把不好的结果归罪于客观的条件或他人,这是人们一般的心理状态,我们在第1章介绍了归因理论,可以解释这个现象。其次,赫兹伯格没有使用满意尺度的概念。人们对任何事物总不是那么绝对,要么满意,要么不满意,一个人很可能对工作一部分满意一部分不满意,或者比较满意,这在他的问题中也是无法反映的。

(3) 赫兹伯格认为,满意和劳动生产率的提高有必然的联系,而实际上满意并不等于劳动生产率的提高,这两者并没有必然的联系。

(4) 赫兹伯格将保健因素和激励因素截然分开是不妥的。实际上保健因素和激励因素、外部因素和内部因素都不是绝对的,它们相互联系并可以互相转化。保健因素也能够产生满意,激励因素也能够产生不满意。例如:奖金既可以成为保健因素,也可以成为激励因素;工作成绩得不到承认也可以使人闹情绪,以致消极怠工。

(二) 双因素理论的贡献

尽管有些人对赫兹伯格的双因素理论提出了一些不同看法,但赫兹伯格的贡献是显而易见的。

(1) 他告诉我们一个事实,采取了某项激励的措施以后并不一定就能带来满意,更不等于劳动生产率就能够提高。

(2) 满足各种需要所引起的激励深度和效果是不一样的。物质需要的满足是必要的,没有它会导致不满,但是即使物质需要获得满足,它的作用往往是很有限的,并且是不能持久的。

(3) 要调动人的积极性,不仅要注意物质利益和工作条件等外部因素,更重要的是要注意工作的安排,量才录用,各得其所,注意对人进行精神鼓励,给予表扬和认可,注意给人成才、发展、晋升的机会。用这些内在因素来调动人的积极性,才能起更大的激励作用并维持更长的时间。

3.3.3 成就动机理论

成就动机是成功者的特征,他们渴望把事情做到最好。已故哈佛大学心理学教授麦克利兰对成就动机进行了全面探索。成就动机(need of achievement)指的是追求卓越、实现目标、争取成功的内驱力。

麦克利兰通过大量研究获得了高成就动机者的一些典型特征。首先,高成就动机者希望通过自己完成某些具有适度挑战性的目标。例如零售商的地区经理给自己设立了1%或50%的增长目标。第一个目标太容易而第二个目标则根本不可能实现,中间程度的目标,如1.5%则可能是合理又具有适度挑战性的目标,这样的目标更准确地反映了高成就动机的特征。其次,高成就动机者希望得到及时、明确的反馈。他们需要尽快知道自己做的有多好。是否有机会得到对工作的具体反馈对他们来说非常重要。高成就动机者从事销售工作,可以立刻得到顾客的反馈。而那些很难立即得到明确反馈的工作(例如,研发工作需要很长时间才能将开发的设计变成最终的产品,心理咨询师可能永远也找不到来访者有效康复的明显证据)都会被高成就动机者回避。另外,对工作特别投入是高成就动机者的另一个特征。

他们比大多数人更执着,一直在考虑工作问题,很难把工作放在一边,在被迫停止尚未完成的工作时会出现挫折感。最后,高成就动机者倾向于对工作承担个人责任,不愿意授权。如果在没有别人的协助下完成更多的工作,他们会很有成就感。例如一位高成就动机的经理在视察商店时,发现商品摆放不当、地面脏乱,他很可能会留在商店里亲自指导店员进行整理和清洁,而不会指出问题后就立刻离开。

成就动机与基层管理者的成功有正相关关系,但与高层管理人员的成功相关性不大。高成就动机有助于快速晋升,但高成就动机者的特征与最高管理者的要求并不一致。例如,高层管理者需要经常将任务授权给下属,高层管理者很难得到直接的反馈,他们的决策风险会比较大,很难遇到具有适度挑战性的目标。但作为个人创业者,高成就动机者往往比较出色,史蒂夫·乔布斯(Steve Jobs)和比尔·盖茨(Bill Gates)就是高成就动机者的典范。研究表明:成就动机与人的成就行为有关。麦克利兰认为这种效应在国家层面也存在,即如果社会中有一种较高的成就动机,则这样的社会容易获得经济发展与繁荣。

成就动机理论对把握管理人员的胜任特征以及实施激励有积极意义。对高成就动机的员工,管理者应安排富有适度挑战性的工作任务,给予及时的反馈。鉴于成就动机有利于组织整体的绩效与发展,管理者应考虑通过培训等方法培养和塑造高成就动机的人。

3.4 过程型激励理论

3.4.1 期望理论

1964年,美国心理学家维克托·弗鲁姆(Victor H. Vroom)在他的著作《工作与激励》一书中,首先提出了期望理论,其理论基础是:人之所以能够从事某项工作并达到组织目标,是因为这些工作和组织目标会帮助他们达到自己的目标、满足自己某方面的需要。

该理论由期望(expectancy)、工具性(Instrumentality)及效价(valence)三个概念构成,三个概念反映了三对关系。期望是员工对努力与绩效之间关系的感知。在这里,期望是一种概率,范围是0~1。期望为0,是指通过努力提高绩效的可能性为0;期望为1,是指投入努力之后确定会获得相应的绩效提升。工具性是指员工对绩效和回报之间关系的感知,即个体绩效能带来多少工作回报。如果员工认为涨工资取决于工作绩效,即工具性强。效价是指个体对回报的偏好程度,即回报与个人目标之间的关系。如果员工对工作回报满意,则会对工作进行积极评价;如果员工对工作回报并不满意,那么回报的效价也可能会是负的;如果员工对回报并不在意,那么效价为零。

弗鲁姆认为,某一活动对某人的激发力量取决于他所能得到结果的全部预期价值乘以他认为达成该结果的期望概率,用公式可表示为

$$M = E \cdot V$$

其中:M为激发力量,指调动一个人的积极性,激发出人的内部潜力的强度;E为期望值,指根据以往的经验进行的主观判断,达到目标并能导致某种结果的概率;V为目标效价,指达到目标后对于满足个人需要的价值大小。

这个公式实际上提出了在进行激励时要处理好三方面的关系,这也是调动人们工作积极性的三个条件。

(1) 努力与绩效的关系。人总是希望通过一定的努力能够达到预期的目标,如果个人主观认为通过自己的努力达到预期目标的概率较高,就会有信心,就可能激发出很强的工作动力。但是如果他认为目标太高,通过努力也不会有很好的绩效时,就失去了内在的动力,导致工作消极。这种关系可在上述公式的期望值这个变量中反映出来。

(2) 绩效与回报的关系。人总是希望取得成绩后能够得到奖励,这种奖励是广义的,既包括提高工资、多发奖金等物质方面的奖励,也包括被表扬、自我成就感、得到同事们的信赖、提高个人威望等精神方面的奖励,还包括像被提拔到较重要的工作岗位上去等物质与精神兼而有之的奖励。如果他认为取得绩效后能够获得合理的奖励,工作热情就有可能被激发出来,否则就可能没有积极性。

(3) 回报与个人目标的关系。人总是希望所获得的奖励能满足自己某方面的需要。然而由于人们在年龄、性别、资历、社会地位和经济条件等方面都存在着差异,他们对各种需要满足程度的需求就不同。因而对于不同的人,采用同一种办法给予奖励能满足的需要程度不同,能激发出来的工作动力也就不同。这两方面关系可以在弗鲁姆公式中的目标效价这个变量上体现出来。

弗鲁姆把这三方面关系用框图表示了出来,如图 3-6 所示。

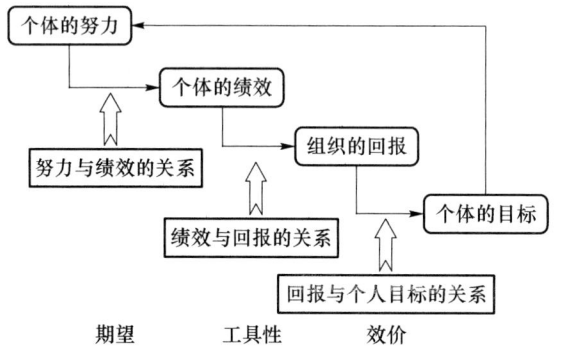

图 3-6 期望理论

3.4.2 公平理论

尽管公平理论与期望理论有差不多一样长的历史,但是直到最近,公平理论才在组织行为学领域得到了较多关注。该理论的根源可以追溯到社会心理学的认知失调理论和社会交换理论,对这个激励理论贡献最大的是社会心理学家约翰·斯塔西·亚当斯(John Stacey Adams)。简而言之,公平理论认为,员工的工作动机,不仅受到其所获得的绝对报酬的影响,而且受到其相对报酬的影响,即一个人不仅关心自己收入的绝对值(自己的实际收入),而且关心自己收入的相对值(自己收入与他人收入的比较)。

公平理论主要是基于对投入与产出这两个变量的比较。投入是指个体对于交易所做的贡献,例如员工的年龄、出勤率、工作努力、教育水平等;产出是指个体通过交易所获取的回报,例如奖金、工作津贴、升职资历等。亚当斯认为个体根据其对于投入和产出的认知判断,从而向不同的投入和产出变量分配权值。大多数情况下包含多个投入和产出变量,因而权值的分配过程不甚清晰,但是人们能够对重要与次要的投入与产出变量进行区分。当个体为自己确定了一个投入与产出的比率之后,就会将这一比率与身边同事的投入与产出认知比率进行比较，当个体的产出-投入比率与相关者的产出-投入比率相等时个体会有公平感，而当上述比率不相等，个体会有不公平感。不公平感有两种情况：第一，个体发现自己的产出-投入比率小于相关者的比率，这种不公平感会使个体感到愤怒；第二，个体发现自己的产出-投入比率大于相关者的比率，此时个体会产生负罪感。亚当斯曾经提出，这种负面的紧张感会令人产生修正这种状态的动机。

通常来说，员工在感到不公平时会有如下几种反应。

(1) 员工可以通过增加或者减少投入以达到其所认为的公正水平。如果员工认为薪水太低，就会通过降低产品质量、减少工作时间或者经常缺勤以恢复公平。如果员工觉得薪水太高，就会通过增加工作时间等方式来增加努力。

(2) 员工通过改变产出以恢复公平感。许多管理者尝试通过保证改善工作条件、减少工作时间、在员工努力程度不变的条件下提高工作报酬以增强企业凝聚力。

(3) 员工可以扭曲自我认知。与实际改变投入和产出不同，员工可以通过在意识上对其进行曲解从而达到心理平衡，例如"我过去曾认为我的工作速度很一般，但是现在我意识到我比其他人更努力"。

(4) 员工可以重新选择新的参照者以削弱不公平感，例如"我可能不如管理者的工资高，但是我比同级的其他人工资高"。

(5) 员工可以对他人的投入与产出进行心理曲解，例如"我发现他的工作不如我想象中的理想"。

(6) 员工可以选择离职或者调到其他部门工作，希望恢复心理平衡。

这些行为中有几个已经得到了事实证明，但也有一些没有足够的证据。首先，由于薪酬过高而导致的不公平在大多数工作场所中并不能产生显著的影响。显然，人们对薪酬过高这种不公平的容忍程度远远高于薪酬过低所产生的不公平。其次，并非所有人对公平与否都很敏感，有一小部分人甚至更喜欢产出-投入比相对于参照者来说较少。使用公平理论做出的预测对这些"温顺的人"来说并不精确。

近期对工作场所内公平问题的研究已经用公正感知理论（fairness theory）取代了公平理论。公正感知理论将奖励的分配和奖励配置的程序区分开来。分配公正（distributive justice）与公平理论中的公平概念相似，是人们对奖励分配多少的公平感知。程序公正（procedural justice）是奖励分配过程的公平性，而非分配的结果。程序公正的两个关键元素是过程控制和解释。过程控制指对决策者提出你所希望得到的结果，解释指管理者对结果所给出的明确的原因。因此，只有当员工感到他们对结果有所控制、得到对结果的合理解释时，他们才会认为程序是公平的。公正感知理论与公平理论的另一个区别在于，公正感知理论并不假定这种不公平的概念一定来源于和他人的社会比较，而是认为当消极事件发生，并且人们可以感知这是别人以不公平方式蓄意为之时，就会产生不公平感。比如，假设一家公司没有给员工进行年度加薪，如果员工感到这是管理层蓄意而为，并且拒绝加薪的理由是不合理的，那么员工会认为这是不公平的。如果该公司宣布出现财政问题，那么员工会认为加薪是超出管理层可控范围的，也就不会觉得不公平。然而，如果管理层不能提供有说服力的理由，员工还是可能会觉得不公平。两种形式的公正都与工作绩效、工作满意度、离职意向有关。有研究发现：对女性来说，奖励分配的程序即程序公平更重要；对男性来说，结果即分配公平更重要。与感到公平的员工相比，感到不公平的员工会报告更多的焦虑和抑郁等消极情绪。

公平理论强调公平对激励效果及人们行为的重大影响，要求组织尽可能公平地对待每一位员工，对组织内的所有员工一视同仁，给予他们公正的报酬和待遇，按劳付酬，按贡献和业绩进行奖励。管理者应该引导员工正确地认识和对待公平。组织内的公平是有效率的公平，是员工努力工作基础上的公平，不是"吃大锅饭"这种绝对简单的公平。要在组织内建立比能力、比贡献、比绩效的积极向上的风气，公平要建立在促进组织发展的基础上。管理者在设计奖励方案和报酬待遇时，要整体考虑各岗位的实际情况，并把每个员工的投入情况进行量化、公开，这有助于员工之间的正确比较。

3.4.3 目标设置理论

目标设置理论（goal-setting theory）假设人们的行为是理性的，理性思维决定个体行为。埃德温·洛克（Edwin A. Locke）及其同事提出了目标设置理论在激励中的作用。目标是一个有意义的对象，它是动机的基础并且指导个体的行为。个体根据目标决定在工作中投入多少努力。首先，在组织中，目标可以为激励管理提供一个框架。管理者和员工都可以为自己设定目标，然后各自为实现目标而努力。例如，组织的目标是销售额增长10%，管理者可以运用个体目标来协助实现组织的目标。其次，目标是一种有效的控制工具。将短期绩效与目标进行比较是提高组织长期绩效的有效方法。在针对目标采取行为之前需要满足两个条件：第一，个体必须清楚地知道目标是什么（目标具体性）；第二，个体必须自愿接受这个目标，个体可能会因为目标定得太高或太低而拒绝接受该目标（目标难度）。目标的这两个特性决定了绩效的水平。

目标具体性是指目标的清晰和明确程度。提高生产力不是一个非常具体的目标，"在未来6个月内实现3%的生产力增长"则是个非常具体的目标。某些目标，例如设计成本、产出、盈利能力和成长的目标，可以进行清楚和明确的定义；而另一些目标，例如提高员工满意度和提升士气，维护公司形象和声誉，则很难给出具体的定义。明确的目标比模糊的目标更容易激励员工取得好成绩，主要是因为具有模糊目标的员工会使用很多不同的标准来评价自己的行为表现，并且这些标准将导致这些人对很低的行为表现感到满意；相反，那些具有明确且难度较大目标的员工有一个高标准的、单一的评价指标，他们会连续努力以达到这种较高的行为水平。

目标难度是目标的挑战性，完成目标所需要的努力程度。在实现目标的过程中，合理的假设是人们只有更努力地工作才能实现更加困难的目标。如果新的经理要求员工增加300%的销售额，员工无法接受这个目标，因为它是不可能实现的目标，而增加20%的销售额可能是一个更有激励作用的目标。

目标设置理论吸引了众多研究者的兴趣。后来洛克及加里·莱瑟姆（Gary Latham）提出了一个扩展版的目标设置理论，试图更深入地揭示组织中目标设置理论的复杂性。除了目标具体性、目标难度外，个体对目标的接纳和承诺也会影响到其努力的程度。目标接纳是个体将目标接纳为自己的目标的程度。目标承诺是个体本身对实现目标的兴趣水平。通过参与目标设定过程，设定具有挑战性又现实的目标，以及相信通过目标可以获得有价值的奖励都可以促进个体对目标的接纳和承诺。

目标确立过程包括以下五个步骤（如图3-7所示）。

（1）环境刺激，由组织或群体或个人提供对行为的刺激。这一步一般包括确定组织目标和目标完成后的报酬是什么，例如增加工资、提拔晋升等。

(2) 目标确立参与过程,包括目标确立的方式。通常是指下级和他的上级双向联合决策的过程,即参与目标确立,或只用"尽力而为"作为目标。

(3) 确立目标特征,即目标的明确程度、难度、挑战性以及平等竞争和反馈功能。

(4) 目标努力意向,指接受或承担义务。这是职工对报酬价值与达到目标的满足程度的评价。

(5) 输出,包括工作绩效和满足状态这类因素。

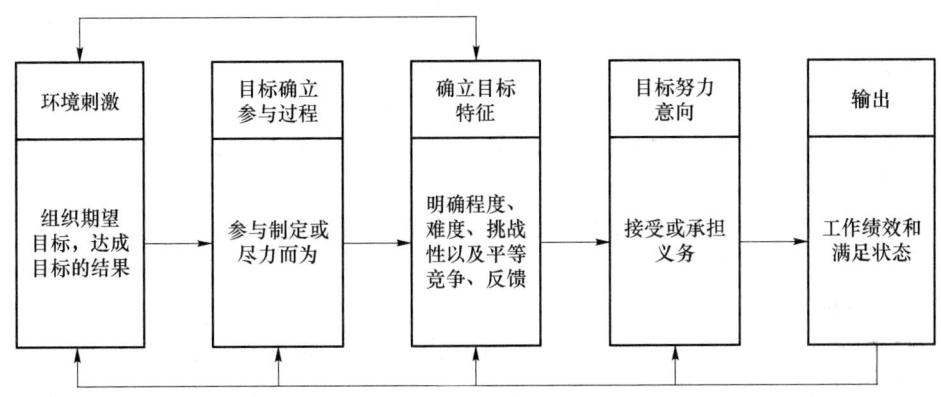

图 3-7 目标确立过程

在目标设置过程中,根据洛克提出的目标设置理论,目标设置要使目标具体详尽,并且具有挑战性。具体来说,设置目标应遵循下列几条原则。

(1) 目标应当是具体明确的。具体的目标比模糊不清的目标更能激发员工的行为,使其取得更好的工作绩效。

(2) 目标应当是难度适中的。目标应具有一定的难度和挑战性,但又不超过员工的能力范围之外。研究表明有一定难度的目标比容易实现的目标更能激发员工的积极性,但是难度必须在员工的能力范围之内,一旦难度过大,员工会受到挫折,丧失信心。

(3) 目标应当被个人所接受。只有当组织目标被员工接受并转化为员工的个人目标时,目标才能对员工产生激励作用。

(4) 个人参与目标的设置。让员工参与目标设置有助于他更好地了解目标,更易于达到目标,并且,也有助于增强他的归属感,从而更能激发员工的工作动机,使其取得更好的工作绩效。

(5) 目标要远近结合。近期目标有助于提高员工的自我效能,促进其提高绩效,可以通过逐级分解的方法将长远目标转化为近期目标。

(6) 提供反馈以增强员工实现目标的自我效能。洛克的研究表明,为员工提供奖励和语言反馈可以传达效能信息,从而激励他们继续努力,直至实现目标。

目标设置理论为目标管理技术提供了心理学方面的理论依据,目标管理是运用目标设置理论来提高绩效的一种管理技术。

3.4.4 强化理论

哈佛大学的伯尔赫斯·弗雷德里克·斯金纳(Burrhus Frederic Skinner)教授提出了强

化理论,该理论以操作条件反射为基础,认为行为是结果的函数。带来快乐结果的行为更有可能被重复,带来不愉快结果的行为则不太可能被重复。人们有意识地尝试不同的行为,并且系统地选择那些能够带来最有利结果的行为。

在管理中运用强化理论来改造个体行为,一般有以下四种方式。

(1) 积极强化是指用某种有吸引力的结果,如认可、赞赏、提升职位等,或创造一种令人满意的环境,以表示对员工某一行为的奖励和肯定,从而使员工在类似条件下重复出现这一行为。

(2) 消极强化是指预先告知某种不符合要求的行为或不良绩效可能引起的后果,允许员工通过按要求的方式行事来回避令人不愉快的处境。

(3) 自然消退是指取消积极强化,对员工的行为不予理睬,以表示对该行为的轻视或某种程度的否定。

(4) 惩罚是指用某种带有强制性、威胁性的结果,如批评、降薪、降职、罚款、开除等,来创造一种令人不愉快乃至痛苦的环境,以示对不符合要求的行为的否定,从而消除这种行为重复发生的可能性。

在管理实践中,惩罚往往不可避免,但在使用时管理人员必须记住,惩罚并非目的。为减少惩罚的副作用,应采取惩罚与积极强化相结合的方法。在运用惩罚时,要告诉员工应该怎么做;在出现有所改正的表现时,应随即加以强化,使之巩固。

强化的时间安排同样可以影响员工的行为。强化的时间安排大致可以分为连续和间断两大类,前者指某一行为每出现一次就给予强化,后者表示某一行为出现若干次后才给予强化,或当行为出现到一定程度后给予强化,如表 3-1 所示。

表 3-1 强化的类型、方式及效果

强化类型	强化方式	效果
连续性强化(CRF)	在每一次反应后,随即给予强化物	1. 可获得稳固的、高的绩效,其持续时间与每次反应以后给予强化的持续时间相同; 2. 高的强化频率可能导致过早的厌烦; 3. 当取消强化时,行为迅速减弱; 4. 适合于新发生的、不稳定的、低频率的反应
间歇性强化(IR)	不是在每次反应后就给予强化物	1. 可产生高的反应频率; 2. 低的强化频率可避免过早的厌烦; 3. 适合于稳定的或高频率的反应
固定的比例(FR)	在给予强化前,必须宣布一个固定的反应数量	1. 当固定的比例为1:1时,与连续性强化相同; 2. 有助于产生一个高的、强有力的、稳定的反应比例
变动的比例(VR)	在给予强化前,必须宣布一个变动的或随机的反应数量	可产生一个高的反应比例,它是强有力的、稳定的,可阻止自然消退
固定的间隔时间(FI)	在一段时间间隔后,强化第一个反应	可产生一个不稳定的反应模式。在强化以后,反应即成为缓慢无力的形式;而在强化以前,反应即转变为快速有力的形式
变动的间隔时间(VI)	在变动的或者随机的时间间隔过去后,强化第一个反应	可产生一个高的反应比例,它是强有力的、稳定的,可阻止自然消退

3.5 当代动机理论

3.5.1 自我决定理论

美国学者爱德华·德西(Edward Deci)和理查德·瑞安(Richard Ryan)在20世纪70年代末提出了自我决定理论,认为个体的自我整合受到环境的影响,是一个从无自我决定到自我决定的连续体(见图3-8)。根据自我整合的程度不同,动机表现为内部动机、外部动机和无动机三种类型。内部动机是指人们受活动本身的兴趣驱动,所推动的行为完全是自主的;外部动机是指人们为了获得某种与自我可分离的结果才去从事一项活动的倾向,是受到外在环境调节的行为驱力;而无动机状态是指不存在任何整合,不存在动机的激发,自我处于高度分散、疏离的状态。外部动机又可以根据自我整合的程度不同而细分为外在调节、内摄调节、认同调节与整合调节四种形式。外在调节和内摄调节的外部动机因为更少的自我决定而被称为控制性动机,如获取报酬,逃避惩罚,避免内疚、羞耻或得到实现自我价值的感觉,控制性动机推动的行为常常是为了取得随后伴随的物质的或自我卷入的结果;认同调节、整合调节的外部动机因为更多的自我决定而被称为自主性动机,虽然被归为自主性动机,但认同调节与整合调节仍然是外部动机,没有达到完全自发的、积极的、整合的状态,这些动机推动的行为仍然是为了达到对个体而言非常重要的结果,如社会的价值或存在的意义,而不是单纯以兴趣或乐趣为出发点。外在的自主性动机仍然是工具性的,只不过与自我整合得更好。

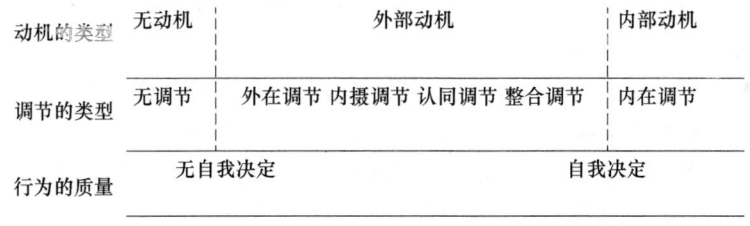

图3-8 自我决定理论的动机类型

自我决定理论认为胜任、自主与关系是满足个体人格和认知成长与完善的三大基本心理需要。胜任需要是指在最适宜的、富有挑战性的任务上取得成功并能得到期望的结果;自主需要是指体验选择并感觉自己的行动像个首创者;关系需要是指建立一种与别人相互尊重和依赖的感觉。基本心理需要的满足可以促进个体外部动机的内化,形成内在目标定向以及提升个体的幸福感。基本心理需要成为连接外部环境和个体动机与行为的核心,当环境因素支持三种心理需要的满足时,就会促进内部动机及外部动机的内化。

在工作实践中,很多激励因素可能既包含外部动机又包含内部动机。例如,一位销售人员在销售竞赛中获得了优胜并且得到了奖励,这固然是一种外部激励,但同时,在竞争的情境中获得优胜,会提高个体的胜任感知,可能会促进其内部动机。目前较为一致的看法是,消极的外部动机因素(如威胁、最后期限、命令、压力以及强加的目标等),会降低个体的内部动机。例如,想象这两种情况的差异:为了乐趣而写一本书和为了报酬而必须在最后期限内完成写书的任务。如果一个资深销售员十分喜欢销售岗位,那么佣金就代表着他在执行自己喜欢的工作时十分出色,这样的奖酬能够提高他对自己能力的肯定。但如果有个计算机程序员因为自己喜欢而编写程序代码,外部强加的标准就会让其感到受胁迫,会降低其对任务本身的兴趣,这样就会削弱内部动机的强度。对个体来说,自我决定理论启示我们在找工作时不要只图外在报酬;对组织而言,它意味着管理者应该在外部激励之外提供内部激励,使工作变得更加有趣,认可并支持员工的成长和发展,有自主选择感、胜任感的员工更容易提高绩效和幸福感水平。

3.5.2 工作特征理论

工作丰富化的提出引出了一个问题:哪一种具体的工作特征可以被丰富化?理查德·哈克曼(Richard Hackman)和格雷格·奥尔德汉姆(Greg Oldham)对与工作满意度有关的工作因素进行测量,提出了工作特征理论(job characteristics theory)。大量证据表明,特定的工作特征会影响员工工作的态度和行为,但这些工作特征并不是以相同的方式影响员工的。

当员工在工作中表现较好的时候,某些工作特征能使员工体验到积极的情绪状态,这些工作特征会激励员工继续有良好的表现。员工表现良好的动机强度取决于员工成长和发展需要的强度,需要越强烈,员工越会重视由好的工作表现带来的积极情绪体验。因此,工作特征理论认为如果员工开始就具有强烈的成长需要,特定的工作状态将会产生特定的心理状态,从而产生更强的动机、更好的表现、更高的满意度。

哈克曼和奥尔德汉姆总结出核心的工作特征应该包括以下几点。

(1) 技能多样性(skill variety):员工在工作中使用多种技能和能力的程度,工作越具有挑战性就越有意义。

(2) 任务完整性(task identity):一个完整的工作,应包括完整的工作程序或者完成一个产品的全过程,而不只是在生产线上完成一个产品的一部分。

(3) 任务重要性(task significance):工作对同事或者消费者的生活和幸福感的重要性。例如,飞机修理工比邮局的员工以一种更具重要性的方式在影响着更多人的生活。

(4) 工作自主性(autonomy):在安排工作内容、确定工作程序方面给员工的自由度、自主权和决定权。

(5) 反馈(feedback):员工在完成任务的过程中,可以获得关于自己工作绩效的直接、明确信息的程度。

哈克曼和奥尔德汉姆为此设计了工作诊断调查表(job diagnostic survey,JDS)来测量工作特征理论的三个方面:(1)员工对工作特征的感知;(2)员工成长需要的水平;(3)员工的工作满意度。工作诊断调查表是由描述不同工作特征的短语组成的自陈式量表,要求被试评估这些短语所描述的他们工作特征的精确度。该调查表经修订后,虽然只使用了一些积极的词语,但是比原始版本的效度更高。

图3-9对工作特征模型进行了描述。请注意前三个维度(技能多样性、任务完整性、任务重要性)如何组织在一起以创造有意义的工作。换言之,如果某项工作同时包含这三项特征,我们可以预测个体会认为该项工作非常重要、有价值并且值得去做。同时,拥有工作自

主性特征的工作能够使员工感到对结果负有个人责任,而如果一项工作能够提供工作反馈,员工就可以了解自己的工作表现如何了。如图3-9所示,核心工作特征与工作结果之间的关系受到员工个体成长需求强度的影响。当他们所从事的工作包含这些核心工作特征时,成长需求强的个体比成长需求弱的个体更能体会到关键心理状态的改变,并且更有可能表现出积极的结果。这种差异也可以用来解释工作丰富化所带来的差异化结果:对于工作丰富化,那些成长需求强度较低的个体可能不会实现更高的绩效和满意度。

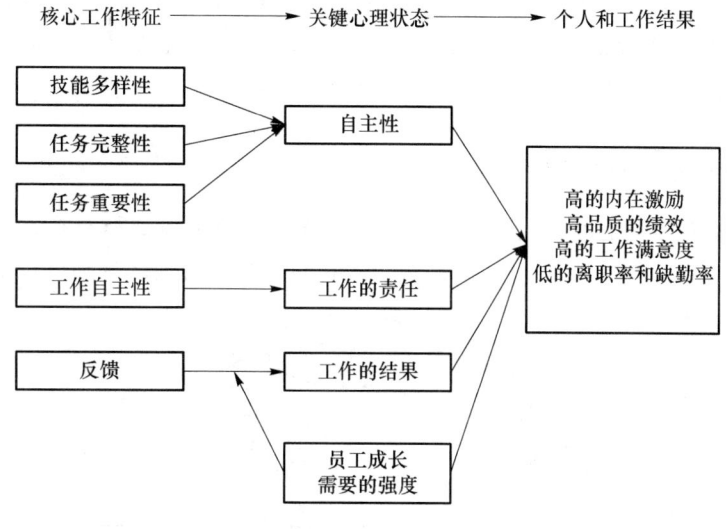

图3-9 工作特征模型

工作特征理论为管理者进行工作设计提供了具体指导。这些建议具体说明了哪些类型的变化最有可能带来这五种核心工作特征的改善。根据工作特征理论,通过以下方式,可以对工作进行丰富化。

(1) 把小的、碎片化的工作任务组成大的工作单元(工作扩大化),从而提高技能多样性和任务完整性。

(2) 把众多任务安排成自然的、有意义的工作单元,使员工对完整的工作单元承担责任,从而提高任务完整性和任务重要性。鼓动员工将他们的工作视为有意义的、重要的事情,而不是无关紧要的、无聊的事情。

(3) 赋予员工与顾客或是最终使用者直接接触的权力,从而提高技能多样性、工作自主性和反馈。

(4) 增强员工的自主性、责任感和对任务的控制程度,纵向拓展工作,以提高技能多样性及工作自主性。

(5) 安排员工有规律地了解他们在工作中的表现,开通反馈渠道。直接反馈能够让员工了解他们在工作上表现如何、绩效是否得到了提高。

工作设计方法的再设计:尽管工作特征模型的有效性已经得到较多一致的研究结果,但对于当今大多数以服务和知识为导向的工作来说,它也许并不完全适用。这些工作的属性也会改变员工在这些工作中所承担的工作任务。两个工作设计的新观点引发了人们对工作特征模型以及其他标准化方法的思考。

第一种观点是关系取向的工作设计(relational perspective of work design),其主要聚

焦于员工的任务和工作如何日益依赖于各种社会关系。在当今的工作中，员工与同事和组织内外的其他个体有越来越多的互动，并且彼此相互依赖。员工在开展自身工作的过程中，越来越依赖于从周围人那里获取信息、建议和帮助。这一现实情况意味着管理者需要考虑这些员工关系中的重要性组成部分，例如获取组织中社会支持的途径、与组织外部的互动类型、工作任务的相互依赖程度以及人际反馈。

第二种观点是主动的工作设计（proactive perspective of work design），该观点认为员工会积极主动地改变自己的工作方式，他们会更多地投入对他们工作有影响的决策和行动中。根据这种观点，重要的工作设计因素包括工作自主性、模糊性、责任程度、工作复杂性、应激源水平以及社会或关系背景。

3.5.3　当代动机理论的整合

很多动机理论其实是可以互补的。如果了解这些理论可以如何整合在一起，会更好地理解如何激励员工。图 3-10 所示的模型融合了我们所知道的大部分动机理论。

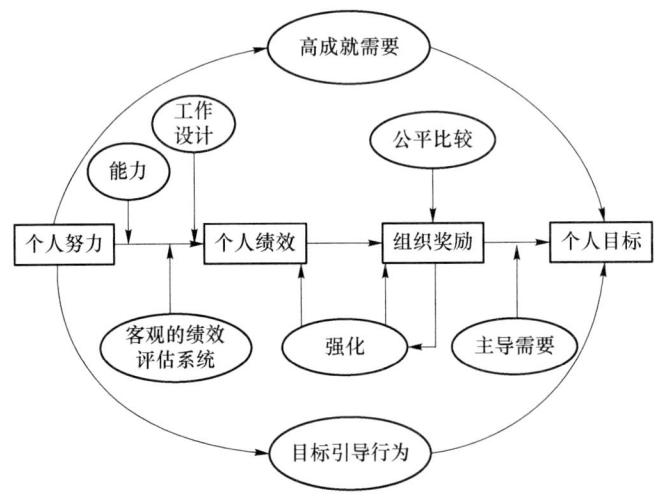

图 3-10　当代动机理论的整合

该模型以期望理论为基础。从模型的左侧开始，个人努力指向最终的个人目标。与目标设置理论一致，目标-努力的关系是为了说明目标的导向作用。期望理论表明，如果员工认为努力与绩效、绩效与奖励、奖励与个人目标之间存在显著的关系，那么员工会愿意付出更高程度的努力。而这些关系又会受到其他因素的影响。从该模型中可以看到，个人绩效的水平不仅取决于个人努力的程度，还取决于个人完成工作的能力以及组织是否拥有公正客观的绩效评估系统。如果个人认为绩效能够带来奖励，那么绩效与奖励之间会存在比较强的关系。期望理论中的最后一个关系是绩效-目标关系，传统的需求理论在这一环节发挥了重要作用。个体由高绩效表现所获得的奖励与其个人目标的主导需求一致时，就会表现出与需求满足程度相对应的努力。

该模型还整合了成就需要、强化理论、公平理论与工作特征模型。高成就需要者并非受组织对其绩效评估或组织奖励的激励。因此，个人努力到个人目标之间出现了一个跳跃的箭头，由高成就需要直接指向个人目标。对于高成就需要者来说，只要他们所从事的工作能够为他们提供个人责任、反馈和适度风险,他们就会获得内在驱动力。他们并不关注努力-绩效、绩效-奖励或奖励-目标之间的关系。

如果员工认为管理者所设计的奖励系统是对优秀绩效的回报,那么这种奖励会强化并鼓励持续的优秀绩效。奖励在公平理论中也发挥着关键的作用。个人会将他们所付出的努力与所得到的奖励(结果)和其他相关人员的付出-所得比率相比较,如果觉得存在不公平,则个人所付出的努力程度会受到影响。在该模型中,工作特征从两个方面对工作激励造成了影响:第一,围绕着五项工作特征的工作设计可能会提高实际工作绩效,因为个体动机会受到工作本身的刺激——也就是说,这些工作特征增强了努力与绩效之间的关系;第二,围绕着五项工作特征的工作设计也会提高员工对于工作中核心要素的掌控程度,因此,提供了自主性、反馈和类似特征的工作有助于那些渴望更好地控制自身工作的员工实现个人目标。

3.6 人工智能与激励

人工智能已经成为现代科技的发展方向和必然趋势,人们会面对与往常不同的职业竞争对手。我们已经可以发现,在人工智能还未来临的当前,有些人已表现出对于未来工作的担忧并试图做出改变,有些人则是认为这种情况远未到来。这种人工智能还未切实发生的、能够预见到的替代性可以称为人工智能潜在替代性(index of potential substitution of artificial intelligence,IPSAI)。那么,我国现有的职业有多少会被人工智能替代,人工智能会以什么样的角色进入我们的生产生活,人们会有什么反应,会产生怎样的影响都需要我们进一步探究。

案例

海底捞是如何激励员工的?

四川海底捞餐饮股份有限公司(后文简称"海底捞")成立于1994年,是一家以经营川味火锅为主,融汇各地火锅特色于一体的大型跨省直营餐饮民营企业。海底捞虽然是一家火锅店,但它的核心业务却不是餐饮,而是服务。在将员工的主观能动性发挥到极致的情况下,"海底捞特色"日益丰富。海底捞公司不大,但却是好几个千亿级公司的学习对象,这主要归功于它比较有特色的管理方式,海底捞的员工激励措施与效果主要概括为以下几点。

一、良好的晋升通道

海底捞为员工设计好在本企业的职业发展路径,并清晰地向他们表明该发展途径及待遇。每位员工入职前都会得到这样的承诺:"海底捞现有的管理人员全部是从服务员、传菜员等最基层的岗位做起,公司会为每一位员工提供公平公正的发展空间,如果你诚实与勤奋,并且相信用自己的双手可以改变命运。那么,海底捞将成就你的未来!"

在海底捞,只有两个岗位有学历的特殊要求:技术总监与办公室主任合并由一个人承担,财务总监与物流董事长合并由一个人承担。这两个岗位是从外部招聘的,要求学历和专业的管理水平,其他的所有管理者,包括北京区经理、西安区经理,每人都要管理将近2 000名员工,然而他们都是从最基层服务员培养起来的,都没有很高的学历,但是都具备同样的素质:勤奋、诚实和善良。

除了入职前的集训,工作期间并不进行额外的培训。所有问题,在例会上都会加以解决,员工有什么创意、工作上有什么疑问和困难,在例会上提出来,大家进行讨论和沟通,所有人都得到了进步。在具备了基本品质和共同进步的基础上,谁的能力提高得快,谁就有晋升机会。

二、独特的考核制度

海底捞对管理人员的考核非常严格,除了业务方面的内容之外,还有创新、员工激情、顾客满意度、后备干部的培养等,每项内容都必须达到规定的标准。对于这几项不易评价的考核内容,海底捞都有自己的衡量标准。例如"员工激情",总部不定期地会对各个分店进行检查,观察员工的注意力是不是放在客人的身上,观察员工的工作热情和服务的效率。如果有员工没有达到要求,就要追究店长的责任。海底捞的店长都有很大的权力。公司总部每个月总会拿出利润的一部分作为每个店的奖金,这些奖金全部由店长分配,店长必须全面考察下属的业绩,如果大家都没有达到要求,不分也可以,只是唯独不能分给自己。为了保证分配结果的合理性和公平性,海底捞建立了一套信息源监督制度,每一个分店都会选举两名普通员工作为信息源,其对本店管理的各种问题以书面形式向总部汇报,每个月都必须有一次汇报。如果监察部经查证情况属实,就会转给该部门的领导进行处理。海底捞通过独特的考核制度,既规范了管理人员的管理行为,又使得管理人员可以通过不同的措施,激励员工的工作热情。

三、尊重与关爱,创造和谐大家庭

海底捞的管理层都是从最基层提拔上来的,他们都有切身的体会,都能了解下属的心理需求。这样,他们才能发自内心地关爱下属,并且给予员工工作与生活上的支持和帮助,同时也得到员工的认可。

在海底捞,尊重与善待员工始终被放在首位。海底捞实行"员工奖励计划",给优秀员工配股。此外,海底捞的管理人员与员工都住在统一的员工宿舍,并且规定必须给所有员工租住正式小区或公寓中的两、三居室,不能是地下室,所有房间都配备空调、电视、计算机,宿舍有专门人员管理、保洁,员工的工作服、被罩等也统一清洗。若是某位员工生病,宿舍管理员会陪同他看病、照顾他的饮食起居。

同时,海底捞的所有岗位,除了基本工资之外,都有浮动工资与奖金,作为对员工良好工作表现的鼓励。考虑绝大部分员工的家庭生活状况,公司有针对性地制定了许多细节上的待遇:在海底捞工作满1年的员工,若一年累计三次或者连续三次被评为先进个人,该员工的父母就可以探亲一次,往返车票公司全部报销,其子女还有3天的陪同假,父母享受在店免费就餐一次;工作满1年以上的员工可以享受婚假待遇;工作满3个月以上的员工,若父母去世,该员工可以享受丧假及补助;工作3年以上的员工可以享受产假及补助;若夫妻在同一地区工作,只要有一方工作满半年,在外租房可以享受每月60元的补助,已婚的门店经理则可以享受400元以内的住房补助;门店经理小孩3岁以下随本人生活的,还可享受每月300元的补助。海底捞的员工很多都是亲属,这在很多企业都是禁止的,但是海底捞老总却认为:"正因为员工在海底捞获得了尊重和认可,同时他们也认可了这里的工作环境与和谐的氛围,他们才会介绍亲戚朋友们来。"在尊重与善待员工的问题上,海底捞还有不少"创意"。例如,将发给先进员工的奖金直接寄给他的父母。在如此和谐的文化与工作氛围的激励下,员工们的热情日益高涨,提出了很多建议。并且,建议只要是合理的,公司都会采纳。

资料来源:海底捞的员工激励措施有哪些?[EB/OL].(2020-09-16)[2023-02-13].https://www.yjbys.com/edu/yuangongjili/373232.html.

思 考 题

1. 比较赫兹伯格的双因素理论和马斯洛的需要层次理论的异同。
2. 高成就需要者具有什么样的特点?作为管理者,若要建立成就激励,应该如何实施?
3. 根据期望理论,管理者在进行激励时应该处理好哪几方面的关系?
4. 激励理论中的新的发展趋势对于现代企业有何意义?
5. 面对人工智能带来的职业替代挑战,如何更好地激励员工?

第4章 群体心理与行为

4.1 群　　体

4.1.1 群体的概念

群体是两人或两人以上的集合体,他们遵守共同的行为规范,在情感上互相依赖,在思想上互相影响,而且有着共同的奋斗目标[14]。也就是说,群体是指具有以下特征的一群人:(1)他们拥有一定的规范,在行为上互相制约;(2)他们互相影响、互相依赖,彼此感到互相联系在一起,是一个整体;(3)为完成共同的目标,他们分工协作,贡献自己的力量。

人们加入群体是要完成某项任务或是要满足自己的社会需要。当然这两个原因不是截然分开的。具体来说,人们在群体中可以获得以下需要的满足。

一是安全需要。群体可以为个人提供安全感。作为一个大型组织的成员,可能会产生不安全感的焦虑,但归属于一个小群体则可以减轻这种不安全感。

二是情感需要。群体可以满足个人的友谊和情感需要。被他人接纳是一种重要的社会需要,它可以增强个体的自信心。

三是尊重和认同的需要。群体给个人提供了得到称赞和认可的机会,使他们感到自己的重要性。

四是完成任务的需要。群体产生的主要原因是为了完成任务。有许多工作必须协同努力才能完成。

4.1.2 群体类型

一、大型群体和小型群体

根据群体规模的大小,可以把群体划分为大型群体和小型群体。在大型群体中,群体成员之间是以间接的方式(通过群体的目标、各层组织机构等)联系在一起的。例如,阶级群体、阶层群体、大型企业、大型学校等都可以认定为大型群体。在小型群体中,由于人们之间有直接的接触,因此,心理因素的作用相对来说要大于在大型群体中的作用。反之,在大型群体中,社会因素比心理因素有更大的作用。

二、正式群体和非正式群体

根据构成群体的原则和方式的不同,可以把群体划分为正式群体和非正式群体。正式群体是由组织正式文件明文规定的,群体的成员有固定的编制,有规定的权利和义务,有明确的职责分工。工厂的车间、班组、科室,学校的班级、教研室以及党团组织、行政组织等都是正式群体。非正式群体是组织中没有正式规定的群体,其成员之间的相互关系带有明显的情绪色彩,他们可能是因为住得近、有共同的兴趣、能互相满足需要而结成伙伴。例如,工厂里的球队、棋队的形成就是因为这些人有共同的活动兴趣。有些人吃饭时常凑在一起谈谈逸闻、发发牢骚,这些人也形成了群体。总之,在正式群体以外,还有各种各样的非正式群体。

三、开放群体和封闭群体

根据群体的开放程度,可以把群体划分为开放群体和封闭群体。开放群体经常更换成员,成员来去自由,封闭群体的成员比较稳定。另外,封闭群体的成员等级关系严明,而开放群体中成员的地位和权力不稳定。开放群体由于人员不稳定,所以不适合于长期的任务,但也有其好处。例如,开放群体因经常输入"新鲜血液"而可以吸收新思想和人才,他们对周围环境的适应性也比较强。以上两种类型的群体适合于不同类型的活动。例如:对于长期规划,封闭群体更有效;对于发展新思想和新产品,开放群体更有效。封闭群体具有历史的眼光,而开放群体则着眼于现在。

4.1.3 群体发展的阶段

一、群体发展的五阶段模型

从20世纪60年代中期起,人们大都认为,群体的发展要经过五个阶段的标准程序,如图4-1所示。这五个阶段是:形成阶段、震荡阶段、规范化阶段、执行任务阶段、中止阶段。

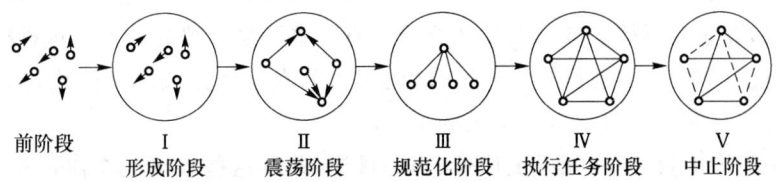

图 4-1 群体发展的五阶段模型

(一) 形成阶段

形成(forming)阶段的特点是,群体的目的、结构、领导都不确定。群体成员各自摸索群体可以接受的行为规范。当群体成员开始把自己看作群体的一员时,这个阶段就结束了。

(二) 震荡阶段

震荡(storming)阶段是群体内部冲突阶段,群体成员接受了群体的存在,但对群体施加给他们的约束,仍然予以抵制。而且,对于谁可以控制这个群体,还存在争执。这个阶段结束时,群体的领导层次就相对明确了。

(三) 规范化阶段

在规范化(norming)阶段中,群体内部成员之间开始形成亲密的关系,群体表现出一定的凝聚力。这时会产生强烈的群体身份感和友谊关系,当群体结构稳定下来,群体对于什么是正确的成员行为达成共识时,这个阶段就结束了。

(四) 执行任务阶段

在执行任务(performing)阶段中,群体结构已经开始充分地发挥作用,并已被群体成员完全接受。群体成员的注意力已经从试图相互认识和理解转移到完成手中的任务。

(五) 中止阶段

对于长期性的工作群体而言,执行任务阶段是最后一个发展阶段,而对暂时性的委员会、团队、任务小组等工作群体而言,因为这类群体要完成的任务是有限的,因此,还有一个中止(adjourning)阶段。在这个阶段中,群体开始准备解散,高绩效不再是压倒一切的首要任务,注意力放到了群体的收尾工作上。在这个阶段,群体成员的反应差异很大,有的很乐观,沉浸于群体的成就中,有的则很悲观,惋惜在共同的工作群体中建立起的友谊关系,不能再像以前那样继续下去。

如图4-1所示,五阶段模型的许多解释者都带有这样的假设:随着群体从Ⅰ发展到Ⅳ,群体会变得越来越有效。虽然这种假设在一般意义上可能是成立的,但使群体有效的因素远比这个模型所涉及的因素复杂。在某些条件下,高水平的冲突可能会导致较高的群体绩效。同样,群体并不总是明确地从一个阶段发展到下一个阶段。事实上,有时几个阶段同时进行,比如,震荡和执行任务就可能同时发生。群体甚至可能回归到前一个阶段。因此,即使是这个模型的最强烈的支持者也没有假设所有的群体都严格地按照五阶段发展。

二、间断-平衡模型

有的研究者认为,群体发展的过程并不一定像五阶段模型所描述的那样需要经过统一的一系列阶段,而是在群体形成和变化的方式上有一些明显一致的地方。这种模型认为,群体发展的过程中基本上以接近中间的某个时间作为分水岭划分成两个阶段,第一个阶段中群体运行的方式与第二个阶段有着明显的不同。

在第一个阶段中,群体首先界定任务、确定目标,并且这些在第一个阶段中不太容易发生改变。即使有的群体成员提出新的想法,大多也不会被付诸行动。因此这个阶段群体的运行是处于一个平衡的阶段。

当群体发展到它的生命周期的中间阶段时,就仿佛是敲响了警钟一样经历着一场危机。群体成员感到时间的压力和完成任务目标的紧迫,他们认识到必须迅速采取行动,必须对原有的运行方式做出某些改变。于是群体就放弃了旧的思维方式,采纳新的见解,进入效率更高的第二个阶段。群体的运行进入了新的平衡阶段。第二个阶段发展到最后,以最后的冲刺迅速完成任务而宣告结束。研究者发现,无论是生命周期很短,如只有几个小时的群体,还是生命周期较长的群体,其发展的过程都会遵循这样的规律。

4.2 群体特征

一、群体角色

(一) 群体角色的种类

每一个成员在群体中都表现出自己特定的行为模式,可称之为角色。几乎在任一群体中,都可以看到成员有三种典型的角色表现,即自我中心角色、任务角色和维护角色,如图 4-2 所示。这些不同的角色对群体绩效会产生不同的影响。

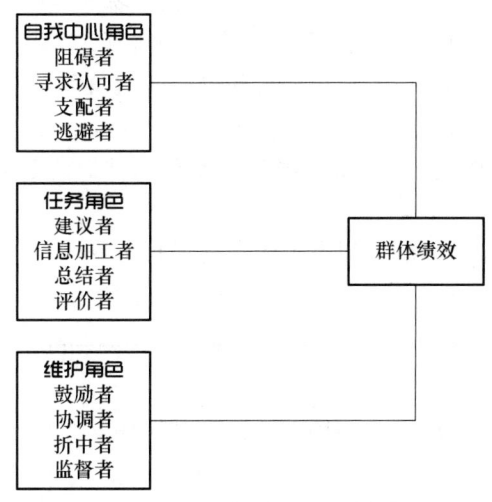

图 4-2　群体成员角色种类

1. 自我中心角色

自我中心角色是指成员处处为自己着想,只关心自己。自我中心角色的表现包括:

(1) 阻碍者,指那些总是在群体通往目标的道路上设置障碍的人。

(2) 寻求认可者,指那些努力表现个人的成绩,以引起群体注意的人。

(3) 支配者,这类人试图驾驭别人,操纵所有事务,也不顾及对群体会产生什么影响。

(4) 逃避者,这类人对群体漠不关心,似乎自己与群体毫无关系,不做贡献等。

研究表明,这些角色表现大多会对群体绩效带来消极作用,造成绩效下降。

2. 任务角色

任务角色的表现包括:

(1) 建议者,指那些给群体提建议、出谋划策的人。

(2) 信息加工者,指为群体收集有用信息的人。

(3) 总结者,指为群体整理、综合有关信息,为群体目标服务的人。

(4) 评价者,指帮助群体检验有关方案、筛选最佳决策的人。

3. 维护角色

维护角色的表现包括:

(1) 鼓励者,指热心赞赏他人对群体的贡献的人。
(2) 协调者,指解决群体内冲突的人。
(3) 折中者,指协调不同意见,帮助群体成员制定大家都能接受的中庸决策的人。
(4) 监督者,指保证每人都有发表意见的机会,鼓动寡言的人,而压制支配者。

任务角色和维护角色都起到积极作用。每一个群体不仅要完成任务,而且要始终维持自己的整体。而成员的任务角色和维护角色的作用正是为了达到这两个目的。研究发现,任务角色、维护角色和群体绩效之间有正相关关系。

(二) 群体角色构成的群体类型模型

一个群体要想取得高绩效,以上所说的任务角色和维护角色都是很重要的。到底哪种角色更重要,则视群体发展阶段而定。在形成阶段,监督者和建议者的角色有助于群体奠定一个良好的基础。前者可以使每个成员都增强主人翁责任感,后者可以为群体提出努力方向。在震荡阶段,总结者、信息加工者、协调者和折中者的角色可以帮助群体解决不可避免的冲突,顺利进入规范化阶段。在群体规范化和执行任务阶段,任务角色和维护角色都很重要。总之,一个有效的群体应激发成员扮演任务角色和维护角色的需要,而避免自我中心角色。

如果以任务角色的表现为横轴,以维护角色的表现为纵轴,可以把群体分为四种类型,如图4-3所示。

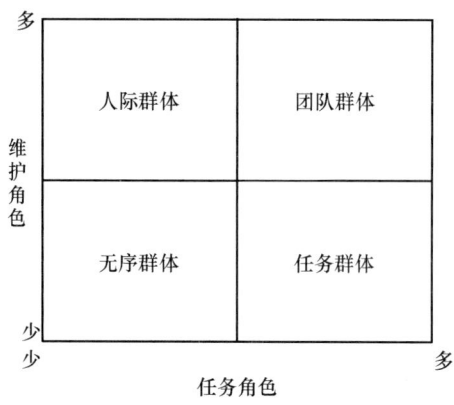

图4-3 以任务角色和维护角色两维度构成的群体类型

在一个群体中,如果成员扮演任务角色的多而扮演维护角色的少,则其被称为任务群体。这种群体对于应付紧急任务很适合,但很容易瓦解。作为管理者,就应该多扮演维护角色以帮助群体发展为团队群体。

在团队群体中,任务角色和维护角色都很多。对于长期目标来说,团队群体是最有绩效的,这种群体的领导者可以放心大胆地充分授权给下级。

如果群体成员扮演维护角色的多,扮演任务角色的少,则称之为人际群体。在这种情况下,管理者就需要扮演任务角色,以免群体成员自我陶醉,忘乎所以,而耽误了任务的完成。

在无序群体中,任务角色和维护角色都很少。在这种群体中,多数成员只顾自己,而很少关心任务及人际关系。无序群体是最没有绩效的。管理者需要既扮演任务角色又扮演维护角色,一般是先着重任务角色,待群体有几次成功经验后,管理者就可以削弱任务角色而更多地注意维护角色。

二、群体互动分析

20世纪30年代精神病学家雅各布·莫雷诺(Jacob L. Moreno)创立了"心理地图学",它是对组织或群体内的社会关系进行直观分析的学科。社会测量法(sociometry)是其主要的研究方法,它着眼于发现组织成员喜欢谁或不喜欢谁,愿意和谁在一起工作,不愿意和谁在一起工作。怎样才能获得这些信息呢?要通过面谈或问卷。例如,可以要求员工回答:在组织中,你愿意和谁一起去完成你的工作?或在组织中,你愿意和谁共度业余时间?请写出他们的名字。这样得来的信息可以用来绘制社会关系图。所谓社会关系图(sociogram),就是利用面谈或问卷得来的信息,用图示的形式表示组织成员的社交偏好的图形。

三、群体规范

(一)实施群体规范的理由

一个群体并不会对所有能够看见的情况建立和实施规范。群体只会为某些对自己非常重要的行为建立和实施规范。任务维护责任和社会维护责任之间的区别解释了群体有选择地对某些行为实施规范控制的原因。第一,群体会实施有利于自己生存的规范。它会尽力保护自己不受组织内和组织外的群体的干扰和侵袭。第二,规范为预测其他人的行为提供了基础,使得群体成员能够预测彼此的行为,并且能够迅速地做出适当的反应。第三,群体还可以通过实施规范避免出现令人窘迫的人际关系。有些话题是被大家认可的,而有些社会交往和影响是众人都不赞成的。第四,规范还具有表达功能。实施规范使群体成员有机会阐述自己的核心价值观念,说明这个群体与众不同之处,以及群体的主要特点[15]。

(二)群体规范的一般特征

规范是由群体成员建立的行为准则。它可以是成文的(如《职业道德手册》),也可以是不成文的。规范起着约束成员行为的作用。作为群体的一员,都被期望着遵循大家提出的规范,任何违背规范的行为都将受到排斥和口头攻击。一般群体对所谓的"叛徒"会采取如下措施:开始,其他成员会苦口婆心地劝其回到集体的怀抱。但如果"叛徒"执迷不悟,那么他就会被群体拒绝,其他成员对其不加理睬,从心理上冷淡他。对"叛徒"的惩罚,可以使得群体的规范更加明确。任何群体都有规范,否则,群体将难以存在下去。规范指导成员的行为朝向群体的目标。管理人员应该注意群体的规范是否与组织目标一致,因为规范对成员行为有着强大的影响力。

群体规范通常是逐渐形成和改变的。群体成员认识到什么行为将影响完成群体目标后,他们就会为这些行为确定一个期望的标准。当然,有些规范是很快就能确定的。例如,一个委员会群体可以立即规定每一个成员都得准时到会,不得无故缺席。

然而,并非所有的规范对所有的成员都同样适用。高层成员不一定要像低层成员一样严守规范。但是,即使是高层成员也必须顾及忽视群体规范带来的后果。例如,如果管理人员不遵守准时出席会议的规范,那么,作为"回报",成员们可能也不再准时出席会议。

(三)群体规范的影响因素

群体规范的建立和发展受许多因素影响。一是个体的特征。群体成员智力越高,他们就越不愿意建立和遵循规范。例如,比起工厂里流水线作业的班组,一个科研小组更不容易形成行为的规范,因为后者往往更倾向于视自己为具有独特价值观、人格、动机的个体。二是群体的构成。同质群体比异质群体更容易确认规范。三是群体的任务。如果任务较常规、清楚,那么规范容易形成。四是地理环境。如果成员们的工作地点离得近,相互作用机会多,则容易形成规范。五是组织规范。多数群体规范与组织规范是一致的,但如果群体成员不赞成组织规范,他们就会发展与组织相对抗的规范,如怠工、罢工等。六是群体的绩效。一个成功的群体将维持现有的规范并发展与其一致的新规范,而一个失败的群体将不得不改变有关的规范,而重建一些可能导致好结果的规范。

(四) 群体规范的功能

一般来说,群体规范具有以下四方面的功能。

1. 群体支柱的功能

群体规范是一切社会群体得以维持、巩固和发展的支柱。群体规范越能被群体成员一致接受,则群体成员之间的关系越密切,群体也就越团结。

2. 评价准则的功能

群体规范是群体成员的行动准则,因此,群体成员要以群体规范来评价自己和其他成员的行为。

3. 对群体成员的约束功能

群体规范的约束作用主要表现在群体舆论中。这种群体舆论是大多数成员对某种行为的共同评论意见。当某些成员的行为举止与群体规范相矛盾时,多数成员会根据群体规范对这种行为做出一致的判断或批评。这种带有情绪色彩的共同意见,对个人行为具有约束作用,使其不至于违反群体规范。

4. 行为矫正的功能

群体成员如果违反了规范,就会受到群体舆论的压力,迫使他改变行为,与群体成员保持一致。因而,群体规范具有行为矫正的功能。

(五) 群体规范的诱导与控制

作为管理者,应强化那些符合组织目标的规范,而削弱那些不符合组织目标的规范。阿尔文·赞德(Alvin Zander)提出了一套可以达到这两个目的的指导原则。

如果要强化群体的规范,可以遵循如下原则:(1)向群体成员解释群体的规范和他们的愿望基本一致,不需要牺牲多少东西;(2)奖励那些遵循群体规范的成员;(3)帮助成员了解他们怎样为完成群体目标做贡献;(4)在建立规范时,给所有成员发言的机会,因为只有自己建立的规范,自己才更愿意遵守;(5)让成员知道,不遵守群体的规范将受到驱逐(但也原谅悔过的成员)。

如果要削弱群体的规范,可以采用如下手段:(1)找出志同道合的成员,与他们联合起来;(2)与志同道合的成员讨论你的观点和计划,与他们建立联合阵线;(3)防止内部分歧;(4)坦言你的所作所为,不怕压力;(5)宣传与你合作的好处与报偿。

(六) 群体规范的建立方式

大多数规范通过以下四种方式建立起来:主管或者同事的明确声明、群体历史上的特殊事件、最初的做法、以前延续下来的行为。

1. 主管或者同事的明确声明

有利于群体生存和完成生产任务的规范经常是由群体的领袖或者有权势的成员建立的。例如,一个群体的领袖可能明确提出午饭时不能饮酒的规范,因为喝过酒的成员在与客户或者上层管理者交往时更容易出问题,或者更容易在工作中发生事故。

上级管理者或者重要的群体成员还可以确定每个群体成员的角色期望。例如,上级管理者或者某个工作人员可能在一次会议之后走近一位新成员,向他提供一个格言式的建议:"新成员应该多做少说。"资历较深的成员可能想帮助这位新成员,使他不至于显得冒失或者缺乏能力,或者做出不得体的事,令其他成员感到尴尬。这种干预行为为新成员限定了角色期望。

投合上级管理者喜好的规范往往也会建立起来,尽管客观上看这些规范在工作中是不必要的。例如,组织的规范非常民主,规定成员之间直呼其名,但是有的管理者更喜欢被称为某某先生、夫人或者女士。尽管遵守规范不会对群体成员造成任何损失,但是违反规范可能会导致群体成员在日常工作中与上级管理者发生摩擦。

由管理者明确制定的规范往往表达了群体的核心价值观念。例如,某所大学的校长规定,教职工必须遵守工作时间,必须每天都到学校来。这种规范向学校的成员重申他们有教学和服务的责任,同时也向学校以外的人传达了信息,说明教职工的哪些行为会受到学校的重视,或者学校在哪方面与众不同。大学校长还可以制定规范,允许教职工每周有 2～3 天从事咨询或者管理工作。这些规范使教职工的相应行为合法化,同时向校内外人士说明了学校的核心价值观念。

2. 群体历史上的特殊事件

有时候,群体历史上的特殊事件会成为重要的先例。例如,一个群体的成员与组织内其他部门的人员讨论了雇佣计划,结果群体丧失了一些新职位,或者使优秀的申请者的竞争更加激烈了。这种轻率的举动可能严重地威胁群体的生存或者阻碍生产任务的完成,那位成员很可能受到正式或者非正式的批评。结果,群体会建立规范,实行保密制度,以便在未来相同的情况下保护群体。

3. 最初的做法

群体中首次出现的行为方式往往会决定群体以后的期望。如果在第一次会议上管理者和下属之间有非常正式的交流,群体通常会希望以后的会议以同样的方式进行。开会时或者房间中人们的位置往往由最初的做法决定。人们一般会继续坐在第一次会议时所坐的位置,尽管这些位置本来并没有进行分派,人们其实可以在每次开会时变化自己的位置。关系好的几个学生一般在教室里有自己的固定位置,有人占了"他们的"座位时,他们会很吃惊或者感到沮丧。

以最初的做法建立规范是因为这样可以将事情简单化,成为约定俗成的习惯,使群体成员明白应该怎么做。对这些行为进行规范可以使生活更有规律,更容易预测。

4. 以前延续下来的行为

群体成员会把在其他组织的工作群体中既定的角色期望带到新的群体中,组织中的许多群体规范是由于这个原因建立起来的。过去个人行为的延续可以增加新情况下群体其他成员行为的可预测性,有助于完成工作任务。例如,学生和教授在不同的课堂有比较稳定的角色期望。于是,学生从一个课堂来到另外一个课堂时,不必再重新学习如何行事。例如,他们知道迟到时应该赶快主动在教室后面的位置上坐下来。教授们也无须不断地重新学习自己的角色内容。例如,他们知道说话不能含糊,板书不能过于潦草,布置作业要清楚。另外,可以想象,大多数有利于完成工作任务的规范都是从一个组织延续到另一个组织的。这种延续的规范还有助于避免尴尬的人际关系问题。人们会更可能了解哪些谈话和行为可能使自己的同事感到恼火、愤怒或者尴尬。

四、群体规模

(一)群体规模的上限和下限

外国心理学家詹姆斯曾对符合小群体特征的9 129个群体进行了分析。他指出,在多数情况下,小群体的人数为2～7人,他认为这是小群体模型的最佳人数。

一些学者认为,小群体的下限应为3人,2人不能算是一个群体,因为2人之间的纯感情关系,使得当2人之间发生意见分歧或冲突时,不可能自行解决,必须有第三者参加进行仲裁。

至于小群体的上限应为多少人,则意见更加有分歧。多数认为以7人为最佳,但也有不少人主张20人、30人甚至40人。

一些学者还专门研究了不适当地扩大群体规模可能产生的问题。第一,随着群体规模的扩大,群体资源的总量也增加,但这些资源并不一定都是有用的资源。例如,人多有时会很难使意见得到统一。第二,随着群体规模的扩大,群体成员的不同点也增多,因而成员各自的特长难以发挥。第三,群体人数增多,成员参加活动和得到发展的机会减少。第四,群体人数越多,就越需要做大量的组织工作,以协调成员的活动。第五,群体人数增多,则群体成员之间的冲突也会增多。第六,群体人数越多,则成员之间彼此了解的程度就会越低。

(二)群体规模与工作效率的关系

工作群体规模应视群体任务的性质而定。任何工作群体都应有其最佳人数,也应有其上限和下限。

群体人数与人均效率的关系如图4-4所示,当人数为n时,人均效率最高。在群体规模的最佳值n附近做微小的变动,对人均效率的影响不是很大,但变化的范围超过一定的"度",则人均效率会大幅度下降。

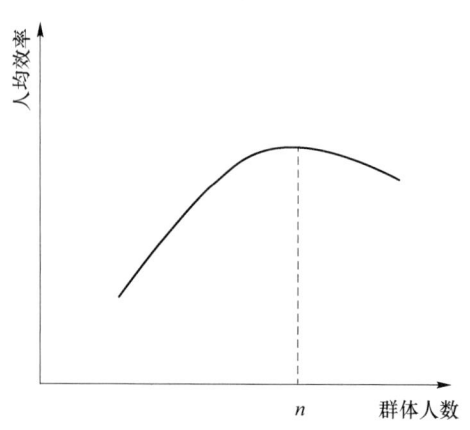

图4-4 群体人数与人均效率的关系

4.3 团队与领导

4.3.1 团队概述

一、团队的定义

在学术界存在着众多的群体和团队的定义,在本书中,我们将群体定义为由在社会交往当中相互影响的两个或更多的独立个体形成的集合体。作为群体的一种特殊形式,团队是由一些为了实现某些具体的目标的个体而组成的群体,而且团队成员之间存在着很强的互补性、相互依赖性和一致性。团队的共同特点有:

(1) 由两个或更多的人组成;
(2) 团队成员因完成工作的需要而彼此相互依赖;
(3) 它隶属于一个更大的系统——组织;
(4) 团队的任务和目标与组织目标密切相关;
(5) 团队任务的完成度会对组织内外的其他人产生重要的影响;
(6) 对于团队成员自身和团队之外的人而言,团队成员的身份一目了然。

组织内存在多种不同类型的群体和团队,它们之间存在着很大的区别,而且这些不同点会深刻地影响群体或团队的形成、群体或团队的价值观和态度以及群体或团队的行为方式等。

二、团队与群体的区别

在工作群体中成员进行相互作用往往主要是为了共享信息、进行决策、帮助每个成员更好地承担起自己的责任。工作群体中的成员不一定要参与到共同努力的集体工作中,他们之间并不存在积极的协同作用。因此,工作群体的总体绩效一般仅仅是群体每个成员个人绩效的总和。而工作团队是通过成员的共同努力能够产生积极的协同作用,团队成员努力的结果导致团队绩效远远大于个体绩效之和。团队的广泛采用可以使组织在不增加投入的情况下,提高产出水平[12]。

团队属于群体范畴,凡是团队一定是群体,并且是更高水平的群体。但群体不一定是团队,如各类俱乐部、旅行团就属于群体但不能被称为团队。图4-5展示了工作群体与工作团队的区别。

工作群体与工作团队的主要区别具体可以从目标、协同配合、责任和技能四个方面来讨论。在目标上,在工作群体中目标是个体化的,群体目标是个人目标的单个相加,而在工作团队中成员有共同的目标;在协同配合上,在工作群体中成员彼此共享信息,不一定相互配合,而在工作团队中成员积极协同配合,相互间充分信任和支持;在责任上,工作群体中的成员只注重自身责任,忽视自己职责范围外的事情,而在工作团队中的成员共担集体责任;在技能上,在工作群体中成员的技能根据职位要求随机结合,而在工作团队中成员技能多样,相互补充。

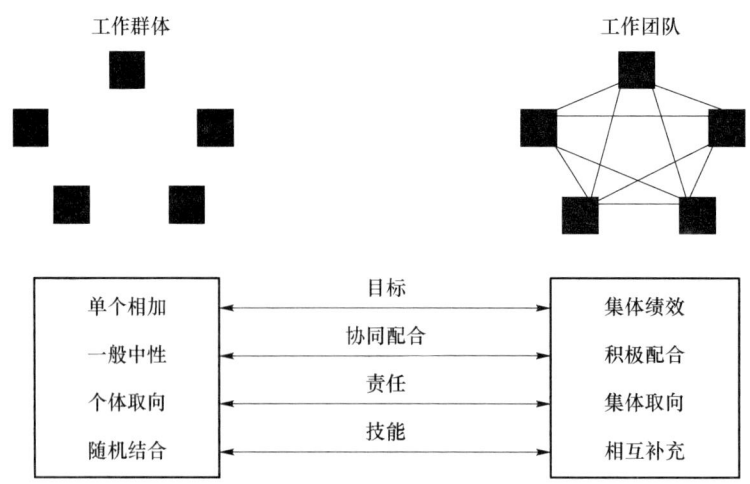

图 4-5　工作群体与工作团队的区别

三、不同类型团队的管理

在组织中,根据团队存在的目的,可以将团队分成多种类型,最常见的有问题解决型、自我管理型和多功能型团队。伴随着信息技术的发展及组织的扁平化,虚拟团队正在日益增多。

(一) 问题解决型团队

问题解决型团队(problem-solving team)一般都是由来自同一个部门的 5～12 个员工所组成,他们定期聚会,讨论和调查具体问题的原因。20 世纪 80 年代,应用较广的问题解决型团队之一是质量团队(质量圈)。这种工作团队由职责范围部分重叠的员工及主管人员组成,一般是 8～10 人,他们定期相聚,讨论面临的质量问题,调查问题的原因,提出解决问题的建议并采取有效的行动。

例如,美林证券组建了一个问题解决型团队,专门负责解决如何缩短开设现金管理账户的时间问题。该团队建议把处理流程由 46 个步骤精简到 36 个,从而把平均所需的时间由 15 天减少到 8 天。另外,美国的 Transtech 公司根据不同的目标,建立了不同的工作团队,以解决公司在不同层面面临的问题。该公司在决策人员中建立了"业务团队",其任务是研究解决公司在市场竞争中的目标和方向问题;该公司在营销业务中建立了"设计团队",其任务是了解市场,了解顾客,共同研究分析,群策群力落实企业的经营目标;该公司在广大员工中建立了"工作团队",每位新上岗的人员都由团队其他成员给予指导帮助。

在这类问题解决型团队中,成员们就如何改进工作程序和工作方法,互相交流看法或提出建议,但是这些团队几乎没有权力根据这些建议单方面采取行动。

(二) 自我管理型团队

问题解决型团队的做法行之有效,但在调动员工参与决策的积极性方面尚显不足。这种欠缺导致企业努力建立一种新型的团队——自我管理型团队(self-managed team)。自我管理型团队通常由 10～15 人组成,他们分担了以前自己的上司所承担的一些责任。通常自我管理型团队的责任范围包括制订工作计划、设置团队目标、编制预算、决定团队领导者、控制工作节奏、决定工作任务的分配、安排工间休息、检查工作程序等。完全的自我管理型团队甚至还可以自己挑选成员,进行绩效评估,从而减少管理的层次以取得较高的效率。

(三) 多功能型团队

多功能型团队(cross-functional team)是为了完成某项任务,由来自同一等级、不同工作领域的员工组成的团队,成员之间共同交换信息,激发新的观点,解决所面临的一些问题。多功能型团队可以有效帮助组织内(甚至组织之间)不同领域的员工交换信息,实现资源互补,激发新的观点,解决问题和完成复杂的任务。

但是,多功能型团队的形成不是一蹴而就的,在其形成的早期阶段往往需要消耗大量的时间,需要在成员间建立信任和促成合作;团队成员需要学会处理复杂多样的工作任务,在成员之间,尤其在具有不同背景、经历和观点的成员之间,容易产生冲突,需要不断地沟通。

(四) 虚拟团队

虚拟团队(virtual team)是指一群来自不同地域,由某个共同的目标和任务联系在一起,通过信息技术进行合作的人员组成的群体。虚拟团队包括目标、成员和联结三个基本要素。目标是使虚拟组织或团队成员一起工作的黏合剂,只有当团队目标被团队成员强烈认同和接受时,他们才会一起工作。成员是虚拟团队的核心,每位成员独立自主又相互依赖。虚拟团队的成员更多地进行"线上"合作,保持联结。

虚拟团队有很多优势。一是成本优势。虚拟团队由于不需要固定的办公地点,不需要频繁出差和组织会议,大大节省了团队开支。二是知识优势。由于不受地域限制,虚拟团队可以更便捷地把不同领域、组织和地区的专家组织起来,最大限度地优化组合。三是结构优势。虚拟团队大都是扁平型组织结构,对于市场动态可以迅速做出反应。尽管虚拟团队已经非常普遍,但仍然面临着一些特殊的挑战。虚拟团队常常由于成员间缺乏紧密的社会关系而导致正式沟通环节薄弱,线上沟通方式使成员间缺少正常的社会情感联结,另外,虚拟性也给管理协调增加了难度。

相比于传统的工作群体,问题解决型团队拥有一定的自主性,自我管理型团队的自主性进一步提高,多功能型团队和虚拟团队的自主性越来越高。但这四种团队类型并不是逐渐优化的,而是随着不同组织面临不同的发展环境和发展阶段的需要出现的,管理者应根据组织实际需要选择相适应的团队类型。

四、团队建设

团队建设是指为了提高团队的发展和技能而进行的正式活动。作为一种团队优化行为,团队建设往往能间接重新制定团队规范,增强团队凝聚力,以加速团队发展过程。它能够增强团队成员之间的了解与沟通,促进团队分工与协作,明确成员对共同目标的认同,使团队高效快捷地完成任务,并对团队成员进行训练和提升。团队建设鼓励成员们检查他们共同的工作过程,查找不足之处,发展更为有效的协调方法,其目的是建立更富效率的团队。团队建设适用于初建团队、处在停滞或倒退阶段的团队及希望提升团队绩效和产出的常规团队。当团队成员的流动率过高,或成员已经丢失他们各自的角色及团队目标的中心时,团队建设是一种通常的调解方式。

一个团队在组建时就已经在很大程度上决定了团队今后成功的可能性。如何使团队在建立时就有一个良好的开始呢？我们可以在团队建设前进行团队定位。目前运用较多的方法是5W1H，即Who（我们是谁）、Where（我们在哪里）、What（我们将成为什么）、When（我们什么时候采取行动）、Why（我们为什么行动）、How（我们怎样行动）。具体来说，就是要明确团队成员的优势与劣势，分析团队所处的环境，明确团队的目标与行动计划，选择合适的时机采取合适的行动，决定团队如何运行。

团队建设的进程分为五个阶段，如图4-6所示，整个过程成员高度参与。首先由团队成员提供数据并利用这些数据进行自检，经常有一位经验丰富的推动者帮助成员诊断并寻找错误。数据从每个成员那里收集而来，而后反馈给团队供分析之用。当团队开始开发行动计划时，团队也鼓励成员对团队交往过程给予同等的重视。通过监测、检查和调整自己的行动，团队学会了评价和改进效率，这一连续不断的过程的结果就是建成一个高绩效的团队。

图4-6 团队建设的典型阶段

下面我们介绍在团队建设中广泛采用的两种训练技术。

（一）拓展训练

拓展训练（outward bound）起源于第二次世界大战期间的英国，目的是训练年轻海员在海上的生存能力和船触礁后的生存技巧，使他们的身体和意志都得到锻炼。战争结束后，拓展训练的独特创意和训练方式逐渐被推广开来，训练目标也由单纯的体能训练、生存训练扩展到心理训练、人格训练、管理训练等。拓展训练通常涵盖团队热身、个人项目、团队项目、回顾总结四个环节。课程内容包括团队拓展活动和"野外训练经历"，如信任背摔、真人CS，有一些课程甚至让参加者走过水流湍急的河流上的电缆线，攀登千米高的山壁，睡在狭窄的山岩上，等等。在此过程中，参与者为了完成项目任务，群策群力，坦诚相对，在互动中增强互信和对集体力量的信任，提升沟通技巧，学会平衡彼此的长处和短处，常会产生相互关怀的牢固纽带。

（二）优势开发问卷

优势开发问卷（strength development inventory）是美国波特尔（E. H. Porter）博士开发出的一种帮助认识自己及同伴行为方式特征的工具。该问卷建立在"关系意识理论"的基础之上，调查四种不同的动机类型，分别是利他-培育型、自信-指挥型、分析-自主型、灵活-团结型，用于测量个体在团队中的行为方式的动机类型。认识自己和同伴的动机类型，有助于我们更加了解自己，学会如何与别人互动。

以上团队建设的方法有助于帮助团队成员打破思维定式，正确认识自己及其他成员的行为特征，提升人际技能，增强团队凝聚力。

五、塑造团队成员

每个人都是一个独立的个体，要使人们组成团队一起工作，相互信任，共担责任，共享荣誉，还面临着一系列挑战。首先是来自个体的阻力，并不是所有的人生来就是团队型选手，有些员工从内心抵触成为团队成员，他们不习惯与他人共事，不擅长沟通与协作，这样的员工在团队中的工作效率反而比个人单独工作时低。有些员工相比于集体荣誉更重视个人成就感,希望个人表现得到认可,追求个人利益和成果,担心与他人合作会降低个人业绩。其次是有些民族文化崇尚高度的个人主义,排斥集体主义,在这种文化情境下团队的推行就会受到限制。

为应对这些挑战,充分发挥团队工作方式的优势,我们可以通过以下方式塑造团队成员,使个体成为团队型选手。

(一) 选拔

在组建团队之初,除了要考虑被选者是否具备工作所需的技术能力之外,管理者还应当考虑员工是否具备成为团队成员的才能,应当选拔有团队合作意向、随和性高的人进入团队。随和性高的员工天性喜欢与人合作,乐于助人,他们可以促进团队的协同配合。如果该成员不适合加入团队,管理者可以有三种选择:对他们进行培训,使其具备合格团队成员的必备技能;安排该成员转岗到其他未采用团队的部门;不聘任他们。

(二) 培训

大部分人都可以通过培训成为合格的团队成员,通过培训练习可以铸造员工的团队精神,增强员工的合作沟通能力,加强成员互信,提升团队凝聚力,让员工体会到团队工作带来的好处。

(三) 奖励

为促进员工间相互合作,应该把组织内的奖励机制由基于个人绩效的奖励体系转变为基于团队绩效的奖励体系,同时组织内的奖励认可体系应倾向于那些在团队中与他人合作并表现出色的个体,以鼓励员工共同合作,而不是加剧员工之间的竞争气氛。

4.3.2 领导概述

一、领导与管理

(一) 领导

领导作为一种特殊的社会活动,即领导行为,在这个层面上,人们往往把管理和领导混淆,把领导过程等同于管理过程,但实际上管理和领导是两个不同的概念,二者具有明显的区别。

首先,领导和管理的职能范围不同。管理有五大职能——计划、组织、指挥、协调和控制,而领导只是管理职能的一部分。管理的对象可以是人、财、物、信息、时间、关系等资源,而领导的对象一般只是人。

其次,领导和管理在组织中的作用不同。领导的主要作用是做正确的事,关注企业的未来发展,确立组织正确的行动方向;而管理强调的是正确地做事,关注企业的现在,在行动方向确定之后,确定如何用最便捷的途径和方法高效地达到组织目标。

再次,领导和管理的侧重点不同。领导侧重引导和影响,在组织变革的时候制定新的目标,探索新领域;管理重在协调和控制,维持既定秩序,配置资源,提高现有效率。

最后,领导是一门艺术,需要结合具体问题具体分析,因时因地因人而异,更灵活;而管理则更科学,更正规,具有标准化的管理方法和工具[16]。

亨利·明茨伯格(Henry Mintzberg)还总结了领导者在管理中扮演的三个方面的十种角色。

1. 人际领导角色

(1) 名义领袖角色:当领导者在法律、社会、仪式和象征性活动中代表本企业时,他们就担任名义领袖角色。高层管理人员经常被看作本企业的名义领袖。

(2) 领导者角色:领导者执行管理职责来提高组织的运营效率。因此,领导者角色贯穿在所有的管理行为中。领导者角色会影响领导者执行其他角色的方式。

(3) 联络者角色:当领导者与企业外部人员发生互动作用时,他们就在担任联络者角色。联络行为包括建立关系网络来培养关系和获得信息。

2. 信息领导角色

(1) 监控者角色:领导者在收集信息时担任监控者角色。大部分信息分析的目标是寻找问题和机遇,需要深入了解企业外部的重大事件。

(2) 传播者角色:领导者在向组织内部人员传达信息时担任传播者角色。领导者可以获得普通员工无法得到的信息。

(3) 发言人角色:领导者在向企业外部人员提供信息时担任发言人角色。领导者承担本组织公共关系代表的角色。

3. 决策领导角色

(1) 创业者角色:领导者在创业和改革时担任创业者角色,他们经常站在监督者的角度来发现改进的策略。

(2) 问题处理者角色:当领导者在危机或冲突形势下采取正确行动时,他们就在担任问题处理者角色。

(3) 资源分配者角色:领导者在确定工作进度、批准请求和制定预算时,他们就在担任资源分配者角色。

(4) 谈判者角色:领导者在常规或非常规交易中代表本组织时担任谈判者角色。

(二) 领导的功能

领导的功能是什么,对此有许多说法。一般来说,领导的基本功能是组织功能和激励功能。管理学认为,实现组织目标是领导的最终目的,围绕这个目的,领导者必须充分利用主客观条件,制定企业目标与进行决策,合理地使用人力、物力和财力,建立起科学的管理系统,所有这一切,都是领导的组织功能。

管理心理学则认为,激励功能是领导的主要功能。一个领导者是否具有激励下级的能力,直接关系到领导行为的效能。事实证明,即使目标再好,组织再合理,管理再科学,若领导者缺乏激励功能,或者不能很好地发挥自己的激励功能,也无法实现企业的目标。激励功能主要包括以下三个方向。

1. 提高被领导者接受和执行组织目标的自觉程度

通常情况下,个体的行为活动目标与群众或组织的目标不完全一致。作为领导者就要千方百计地把实现组织目标与满足组织成员的需要统一协调起来,努力创造一种环境使职工对组织目标认同,从而提高职工接受和执行组织目标的自觉程度。

2. 激发被领导者实现组织目标的热情

组织成员积极性和创造性的发挥,一方面取决于个人目标和组织目标的一致,另一方面依赖于组织成员工作热情的激发和保持。因此,组织成员热情的激发和保持是领导激励功能的重要内容之一。领导者要从思想上、工作上、生活上关心、理解、帮助被领导者,解决他们的实际困难,注意满足被领导者的精神上和物质上的合理需要,这是激发被领导者实现组织目标热情的关键措施。

3. 提高被领导者的行为效率

行为效率是指为实现组织目标所做贡献的大小或能力、人才的发挥程度。作为一名领导者,应当创造有利于提高行为效率的物质环境和氛围,特别是提高领导行为的有效性,这是提高被领导者行为效率的关键。

总之,领导者的激励功能能通过领导行为和影响力有效地影响和改变被领导者对实现目标的认识、态度和行为,使他们的积极性和创造性得到最大限度的发挥,使其为实现组织目标做出最大限度的努力。这就要求领导者了解下级的各种需要,研究满足合理需要的途径和方法,最大限度地满足被领导者的合理需要,注意解决下级中的纠纷与冲突,并为组织中的全体成员提供平等的机会,以促进组织目标的实现。

二、领导力

(一) 领导力的概念

领导力(leadership)是指在管辖的范围内充分地利用人力和客观条件以最小的成本办成所需办的事,提高整个团体的办事效率。比较常见的领导力开发方法包括《CEO 必读 12 篇》中的领导力提升、EMBA(高级管理人员工商管理硕士)及 EDP(高级经理人发展课程)项目等。领导力与组织发展密不可分,因此常常将领导力和组织发展放在一起,衍生出了更具实战意义的课程"领导力与组织发展"。领导力心理学以心理学为基础、以管理应用为实践、以组织实验为依托,塑造管理者的领导魅力[8];重新审视管理者的误区,突破管理瓶颈,改善管理氛围;培养管理工作中让别人说"是"的能力——让否定、拒绝、抵抗、放弃变成认同、接纳、支持、执行;应用于领导、管理、沟通、团队、策划、营销等诸多领域。

(二) 领导力五力模型

1. 领导力五力模型的构成

根据领导力概念谱系,领导力是支撑领导行为的各种领导能力的总称,其着力点是领导过程;换言之,领导力是为确保领导过程的顺利进行或者说领导目标的顺利实现服务的。基于领导过程进行分析,领导者必须具备如下领导能力:

(1) 对应于群体或组织目标的目标和战略制定能力(前瞻力);

(2) 对应于或源于被领导者的能力,包括吸引被领导者的能力(感召力)及影响被领导者和情境的能力(影响力);

(3) 对应于群体或组织目标实现过程的能力,主要包括正确而果断决策的能力(决断力)和控制目标实现过程的能力(控制力)。

这五种关键的领导能力就构成了领导力五力模型(见图 4-7)。

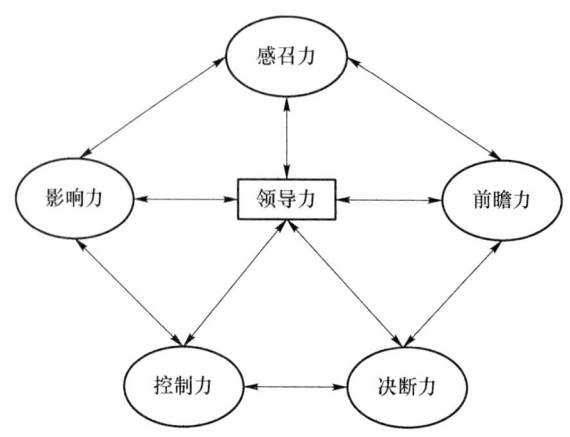

图 4-7 领导力五力模型

领导力五力模型中的五种领导能力对领导者而言都非常重要，但这些领导能力并不处于同一层面。在五种领导能力中，感召力是最本色的领导能力，一个人如果没有坚定的信念、崇高的使命感、令人肃然起敬的道德修养、充沛的激情、宽厚的知识面、超人的能力和独特的个人形象，他就只能成为一个管理者而不能修炼为一个领导者，因此，感召力是处于顶层的领导能力。但是，一个领导者不能仅仅追求自己成为"完人"，领导者的天职是带领群体或组织实现其使命。这样就要求领导者能够看清组织的发展方向和路径，并能够通过影响被领导者实现团队的目标，就此而言，前瞻力和影响力是感召力的延伸或发展，是处于中间层面的领导能力。同时，领导者不能仅仅指明方向就万事大吉，在实现目标的过程中随时都会出现新的意想不到的危机和挑战，这就要求领导者具备超强的决断力和控制力，在重大危急关头能够果断决策、控制局面、力挽狂澜，也就是说，作为前瞻力和影响力的延伸与发展，决断力和控制力是处于实施层面的领导能力。

2. 领导力五力模型分析

（1）感召力。感召力是最本色的领导能力，领导学理论中最经典的特质论研究的核心主题就是感召力。感召力主要来自以下五个方面：

① 具有坚定的信念和崇高的理想；

② 具有高尚的人格和高度的自信；

③ 具有代表一个群体、组织、民族、国家或全人类的伦理价值观和臻于完善的修养；

④ 具有超越常人的大智慧和丰富曲折的阅历；

⑤ 不满足于现状，乐于挑战，对所从事的事业充满激情。

（2）前瞻力。前瞻力从本质上讲是一种着眼未来、预测未来和把握未来的能力。具体分析，前瞻力的形成主要与下述因素有关：

① 领导者和领导团队的领导理念；

② 组织利益相关者的期望；

③ 组织的核心能力；

④ 组织所在行业的发展规律；

⑤ 组织所处的宏观环境的发展趋势。

(3) 影响力。影响力是领导者积极主动地影响被领导者的能力,主要体现为:
① 领导者对被领导者需求和动机的洞察与把握;
② 领导者与被领导者之间建立的各种正式与非正式的关系;
③ 领导者平衡各种利益相关者特别是被领导者利益的行为与结果;
④ 领导者与被领导者进行沟通的方式、行为与效果;
⑤ 领导者拥有的各种能够有效影响被领导者的权力。

(4) 决断力。决断力是针对战略实施中的各种问题和突发事件而进行快速和有效决策的能力,主要体现为:
① 掌握和善于利用各种决策理论、决策方法和决策工具;
② 具备快速和准确评价决策收益的能力;
③ 具备预见、评估、防范和化解风险的意识与能力;
④ 具有实现目标所需要的必不可少的资源;
⑤ 具备把握和利用最佳决策及其实施时机的能力。

(5) 控制力。控制力是领导者有效控制组织的发展方向、战略实施过程和成效的能力,一般是通过下述方式来实现的:
① 确立组织的价值观并使组织的所有成员接受这些价值观;
② 制定规章制度等规范并通过法定力量保证组织成员遵守这些规范;
③ 任命和合理使用能够贯彻领导意图的干部来实现组织的分层控制;
④ 建立强大的信息力量以求了解和驾驭局势;
⑤ 控制和有效解决各种现实的和潜在的冲突以控制战略实施过程。

三、领导理论

(一) 领导特质理论

1. 领导特质理论概述

根据人格特征区分领导者和非领导者。像玛格丽特·希尔达·撒切尔(Margaret Hilda Thatcher)、南非前总统纳尔逊·罗利赫拉赫拉·曼德拉(Nelson Rolihlahla Mandela)、维珍集团的CEO理查德·布兰森(Richard Branson)、苹果公司的共同创办人史蒂夫·乔布斯(Steve Jobs)、美国运通的主席肯尼斯·切诺特(Kenneth Chenault)等都被公认是领导者,他们通常被描述为富有魅力、热情、果断。人们从人格、社会、身体和智力等方面去研究领导者,以及从这些方面去区分领导者与非领导者,这种做法可以追溯到领导研究的最初阶段[17]。

许多试图分离领导特质的研究都以失败而告终。比如,20世纪60年代末的一项研究综述了20篇研究报告,共列出了近80项领导特质,然而其中只有5项特质在4篇以上的文章中出现。到20世纪90年代,经过无数的研究和分析之后,能够得到的结论也莫过于"多数领导者和其他人不同",但是关于领导者具备的特质到底是什么这一问题却有很多不同看法,不同的综述有不同的观点。当时对这个问题的认识很含糊。

当研究人员开始根据大五人格结构去划分特质时,突破终于出现了。大五人格结构包括外倾性、责任心、经验开放性、宜人性、神经质。有一点很明确,那就是,在关于领导的研究综述中出现过的几乎所有特质都可以划分在大五人格结构的某个维度下面。这个方法使下列观点得到了一致的、强有力的支持:特质是领导力的预测指标。抱负和活力(领导者普遍具备的两个特质)可以划归到外向性下面,研究者不再强调这两个具体的特质,而是把它们纳入外向性这一更宽泛的概念中进行分析。

一份以"大五"为中心的关于领导的全面研究综述发现,外向性是有效领导者最重要的特质。但是结果也显示,外向性和领导气度(leader emergence)的相关度高于它和领导有效性(leader effectiveness)的相关度。这并不令人特别惊讶,因为爱好交际且有权威的人更倾向于维护自己在群体情境中的地位。尽责性和对经验的开放性两个维度也和领导有着较显著的、一致的相关关系,不过没有外向性与领导的相关性强。宜人性和情感稳定性两个维度则和领导的相关性不强。总体而言,领导特质理论对研究领导有一定贡献。外向的(喜欢和人交往,并能够坚持自己的权力)、尽责的(遵守纪律、严守承诺)、对经验开放度高的(有创造力的、灵活)领导者的确在领导力方面有优势,这表明优秀的领导者具备一些共同特质。

近期的研究表明,还有一项特质会影响领导的有效性,那就是情商(EQ)。支持这一观点的学者指出,如果情商不高,一个人即使受过出色的训练、拥有高水平的分析能力和令人佩服的预见力,并能够提出无数个了不起的观点,也无法成为一个优秀的领导者。对于一个人在组织中能否晋升,这一点非常明显。情商似乎是影响有效领导的关键因素,因为情商的一个重要组成部分是移情(empathy)。具有移情能力的领导者能够感受到他人的需要,善于倾听下属说什么(并且自己不说),并能读懂他人的反应。正如一位领导者所言:"移情包含关心这个内容,尤其是当你关心和你一起工作的人时,能够促使他们在境况变糟时仍然留下来为你工作。多数情况下,仅仅关心这一项就能够为你赢来下属的忠诚。"

尽管支持者认为情商很重要,但是情商与领导有效性之间的相关关系研究却较其他特质少。一位综述者指出,"推测情商的实际作用的时机还不成熟,尽管有这样的警示,情商还是被不少组织视为治疗组织弊病的万能药,这是因为当前的观点认为情商是实现有效领导的关键因素"。

2. 领导特质理论的结论

根据最新的研究成果,可以得出以下两点结论:

(1) 特质可以预测领导。20年前的研究结果却恰恰相反,这可能是因为当时缺乏划分和构建特质的有效工具,而大五人格结构弥补了这个不足。

(2) 特质对领导气度和领导仪态的预测效果,好于对现实中有效领导者与无效领导者的预测效果。当一个人表现出领导气度,并且其他人视之为带领群体实现目标的领导者时,他未必能够成功。

(二) 领导行为理论

由于早期对特质的研究并没有取得预期效果,在20世纪40年代末期,研究者开始把注意力转到一个不同的方向,即研究具体的领导者表现出的行为,想知道有效的领导者是否具有独特的行为方式。

如果领导的行为理论是成功的,它的意义将与特质理论的意义大不相同。如果特质理论正确,它就会为有需要的群体或组织选拔"正确"的人选提供基础;如果行为研究能够发现决定有效领导的关键行为因素,就可以培训出领导者。特质理论与行为理论在实践方面的差异源于两者的理论假设不同。特质理论假定领导者是天生的,而不是后天可以培养的。然而,如果人们把具备某些具体行为的人当作领导者,那么就可以培养领导者——可以设计一些项目,把领导者的行为模式移植给期望成为有效领导者的人。显然,后者是一条更令人兴奋的研究途径,因为它意味着领导者的队伍可以不断壮大。如果培训有效,可以拥有无数个有效的领导者。

1. 俄亥俄州立大学的研究

最全面且被后人重复最多的行为理论来自20世纪40年代末期在俄亥俄州立大学进行的研究,俄亥俄州的研究者旨在确定领导行为的独立维度。他们根据下属对领导行为的描述,最初列出了1 000多个因素,最后归纳出两大类——结构维度和关怀维度,这两大类基本上涵盖了下属给出的行为描述。

(1) 结构维度(initiating structure)

结构维度指的是在追求目标的过程中,领导者在多大程度上愿意界定和建构自己与下属的角色,它包括组织、工作关系和工作目标行为。高结构特点的领导者向小组成员分派具体工作,期望员工保持一定的绩效标准,并强调工作的最后期限。拉里·埃里森(Larry Ellison)和托马斯·西贝尔(Thomas Siebel)的行为都体现了高结构特点。

(2) 关怀维度(consideration)

关怀维度是指领导者在多大程度上尊重和关心下属的看法与情感,并愿意和下属建立相互信任的工作关系。高关怀特点的领导者关心下属的生活、健康、地位和满意度。他们通常被描述为愿意帮助下属解决个人问题、友善、平易近人,并公平对待每一位下属。美国在线时代华纳公司(AOL Time Warner)的总裁理查德·帕森斯(Richard Parsons)具有高关怀特点,他的领导风格是典型的员工取向,强调合作与达成共识。

人们曾经认为俄亥俄州的研究结果是令人失望的。然而,一项研究综述指出:对这个双因素概念模型的否定显得过于草率。因为该综述分析了160项研究,结果发现结构维度和关怀维度都与有效领导相关。具体来讲,关怀维度与个体的相关性更强。换句话讲,高关怀特征的领导者,其下属具有更高的工作满意度和激励水平,并且对领导者更加尊重。结构维度与群体和组织的高生产力、高绩效水平相关性更强。

2. 密歇根大学的研究

与俄亥俄州立大学的研究同期,密歇根大学调查研究中心也对领导行为进行了研究,两者的研究目的相似:确定有效领导者的行为特点。

密歇根大学的研究团队也将领导行为划分为两个维度,分别称为员工导向和生产导向。员工导向的领导者(employee-oriented leader)重视人际关系,他们关心下属的需要,并认可员工的差异性。相反,生产导向的领导者(production-oriented leader)更强调工作技术或工作任务,他们更关心群体任务的完成情况,并把群体的成员视为达到目标的工具。这两个维度——员工导向与生产导向,与俄亥俄州立大学研究中的两个维度高度相关。员工导向和关怀维度相似,生产导向和结构维度相似。事实上,研究领导的多数学者在使用这两组维度时都认为它们是没有差别的。

密歇根大学的研究者的结论十分认可员工导向的领导者。员工导向的领导者与群体高生产率和高工作满意度呈正相关,而生产导向的领导者则与群体低生产率和低工作满意度联系在一起。虽然密歇根大学的研究表明,员工导向型领导(或称为关怀维度)比生产导向型领导(或称为结构维度)重要,但是,俄亥俄州立大学的研究赢得了更多的关注,因为该研究认为关怀维度和结构维度都是影响有效领导的重要因素。罗伯特·布莱克(Robert

Blake)和简·莫顿(Jane S. Mouton)两人在俄亥俄州立大学研究和密歇根大学研究的基础上,提出了管理方格理论(managenial-grid,现在有时被称为领导方格理论)。管理方格理论包括"关心人"和"关心生产"两种领导风格,这两种风格实质上相当于俄亥俄州立大学研究中的关怀维度与结构维度,以及密歇根大学研究中的员工导向维度和生产导向维度。

(三) 领导权变理论

许多管理学家认为,管理者的领导行为不仅取决于他的品质、才能,也取决于他所处的具体环境,如被领导者的素质、工作性质等。事实上,领导品质和领导行为能否促进领导的有效性,受环境因素的影响很大。有效的领导行为应当随着领导者的特点和环境的变化而变化,即

$$E = f(L, F, S)$$

式中,L 表示领导者,F 表示被领导者,S 表示环境。

没有一种"最好的"领导行为,一切要以时间、地点、条件为转移,这种认为领导行为应随环境因素的变化而变化的理论就是领导权变理论。这种领导理论从时间上说比领导特质理论和领导行为理论晚,从内容上说是在前两种理论的基础上发展起来的。最具代表性的权变理论有费德勒的权变模型、路径-目标理论、领导者-成员交换模型、领导行为连续统一体理论。

1. 费德勒的权变模型

美国华盛顿大学教授、心理学家和管理学家弗雷德·费德勒(Fred E. Fiedler)是领导权变理论的创始人,他认为领导的有效性与领导者的领导风格和所处的环境有关。费德勒的权变模型(Fiedler's contingency model)指出,有效的群体绩效取决于以下两个因素的合理匹配:领导者的风格以及领导者对情境的控制程度。

(1) 两种基本领导风格

费德勒假设个人的领导风格会影响领导的有效性。他区分了两种领导风格:关系取向型和任务取向型。所有的领导者都可以描述为具有一种或另外一种领导风格。关系取向型领导者注重和下属搞好关系,被下属喜爱。任务取向型领导者注重使下属高水平地工作。费德勒认为,个体的这两种基本领导风格是影响领导成功的关键因素之一。为了解和区分判定两种基本领导风格,费德勒首先创立了一种工具,即"最难共事者问卷"(least preferred co-worker questionnaire,LPC),如表4-1所示。

测试说明:想想你最不愿意与之共事的同事,他(她)或许现在仍和你在一起工作,或者曾经和你共事过。他(她)不一定是你最讨厌的人,但是应该是你觉得和他(她)合作时最难完成一项工作的人。描述一下,在你看来他(她)是怎样的一个人。

表 4-1 费德勒 LPC 领导风格测试

评价	记分								评价	得分
1. 快乐	8	7	6	5	4	3	2	1	不快乐	
2. 友好	8	7	6	5	4	3	2	1	不友好	
3. 拒绝	1	2	3	4	5	6	7	8	接受	
4. 紧张	1	2	3	4	5	6	7	8	轻松	
5. 疏远	1	2	3	4	5	6	7	8	亲密	

续表

评价	记分								评价	得分
6. 冷淡	1	2	3	4	5	6	7	8	热情	
7. 支持	1	2	3	4	5	6	7	8	敌意	
8. 烦人	1	2	3	4	5	6	7	8	有趣	
9. 易争吵	1	2	3	4	5	6	7	8	和谐	
10. 悲伤	1	2	3	4	5	6	7	8	欢快	
11. 外向	1	2	3	4	5	6	7	8	自闭	
12. 背后诽谤	1	2	3	4	5	6	7	8	忠诚	
13. 不可信赖	1	2	3	4	5	6	7	8	可信赖	
14. 考虑周全	1	2	3	4	5	6	7	8	轻率	
15. 凶恶	1	2	3	4	5	6	7	8	和蔼	
16. 令人愉快	1	2	3	4	5	6	7	8	令人厌恶	
17. 虚伪	1	2	3	4	5	6	7	8	真诚	
18. 厚道	1	2	3	4	5	6	7	8	刻薄	
									总分：	

评分说明：你最后的得分是将你对18个描述的评分相加所得的分数。如果你得了57分或者更低，那你就是LPC测试低分者，意味着你是一个任务取向型的人；如果你的分数在58～63分，你就是LPC测试中等分数者，说明你是比较独立的；如果你的得分在64分以上，你就是LPC测试高分者，意味着你是一个关系取向型的人。

该问卷由18组对照形容词构成（如快乐-不快乐、友好-不友好、拒绝-接受）。自我诊断者首先回想一下自己在工作中遇到过的所有同事，并找出一个最难共事者，在18组形容词中，按1到8等级对他进行尽可能准确的描述和评估。在LPC问卷答案的基础上，可以判断出人们最基本的领导风格。如果以相对积极的词汇描述最难共事者（LPC得分高），则自我诊断者很乐于与同事形成友好的人际关系，也就是说，一个领导者如对其最难共事的同事仍能给予好的评价，能从积极的方面看待人，即被认为对人宽容、体贴，提倡人与人之间的友好关系，是关系取向型领导风格。相反，如果一个领导者对最难共事的同事看法比较消极（LPC得分低），则被认为是惯于命令和控制，是任务取向型领导风格。另外，有大约16%的回答者分数处于中间水平（即不确定型），很难被划入任务取向型或关系取向型中进行预测，因而下面的讨论都是针对其余约84%的人进行的。由于LPC测验是一项个性测试，你在LPC测验中所得的分数数年后仍然不会发生大的改变。有研究表明LPC测验是很可靠的。

费德勒认为，人们的基本领导风格是他们的一种内在倾向，属于个性的一部分，是与生俱来的，个人不可能改变自己的风格去适应变化的情境。这意味着如果情境要求任务取向型的领导者，而在此岗位上的是关系取向型领导者，只有两种办法能解决这个矛盾：

① 替换领导者以适应情境。如果群体所处的情境被评估为十分不利，而目前又是一个关系取向型的领导者在进行领导，那么用一个任务取向型的领导者来替换则更能提高绩效。

② 改变情境以适应领导者。通过改变领导者和下属的关系、改变任务结构或者改变领导者可控制的权力因素,实现情境改变,以适应他们的领导者,而不是改变领导者以适应情境。

(2) 情境因素

根据费德勒的理论,领导者的领导风格是一种永久性的特征,不能改变,在不同情况下,他们也不能采取不同的领导风格。基于这种认识,费德勒提出了3种影响领导有效性的情境因素。

① 领导者-成员关系(leader-member relations),即领导者对下属信任和尊重的程度,或追随者对领导者喜爱、尊敬和忠诚的程度。这是考虑情境有利性的最重要因素。

② 任务结构(task structure),即工作任务的规范化、程序化程度。这是判断情境有利性的次重要因素。

③ 职位权力(position power),即领导者运用职位权力施加影响的程度。这是确定情境有利性的最不重要的因素。

将这3种情境因素结合在一起,可以得到8种不同的情境类型,如表4-2所示。

表 4-2 情境类型

情境因素	1	2	3	4	5	6	7	8
领导者-成员关系	好	好	好	好	差	差	差	差
任务结构	明确		不明确		明确		不明确	
职位权力	强	弱	强	弱	强	弱	强	弱

费德勒指出,领导者与成员关系越好、任务结构化程度越高、职位权力越强,则领导者拥有的控制力也越强。反之,领导者的控制力和影响力就越弱。例如,非常有利的情境可能是一个很受尊重的财务管理者,下属对他十分信任(领导者-成员关系好),所从事的工作(如成本计算、书面分析报告、制作报表)具体而且明确(任务结构化程度高),工作给他提供了充分的自由度来决定对下属的奖励或惩罚(职位权力强)。

(3) 领导风格与情境的匹配

费德勒研究了1 200个工作群体,对8种情境类型的每一种均对比了关系取向型和任务取向型两种领导风格,他得出结论:1、2、3三种情境对领导者相对有利,4、5、6三种情境对领导者中等有利,7、8两种情境对领导者相对不利。在情境非常有利或非常不利的情况下,任务取向型领导效果更好。在中等有利情境下,关系取向型领导效果更好。费德勒模型指出,当二者相互匹配时,会达到最佳的领导效果。

费德勒模型在LPC量表以及实际应用方面还存在一些问题,它的"个体的领导风格是固定不变的"这一假设也与实际情况不符。尽管有这些局限性,费德勒模型对领导者仍有重要意义。关系取向型和任务取向型领导者在某些情境下工作业绩都较好,而在有的情境下则不好,这取决于他们的领导风格与情境的匹配程度。领导者的有效性取决于具体情境,因此一个组织通过改变奖励制度或调整情境本身能够影响一个领导者的有效性。

费德勒的权变模型的重要贡献在于:强调了在决定领导效果上,情境和领导者特征两者的重要性；引发了一系列的研究，包括对于它的预测性的测试并且试图改进模型，以及激发了可替代的权变理论的形成。

哈佛大学心理学博士丹尼尔·戈尔曼（Daniel Goleman）也对领导风格进行了研究，根据他的研究，一共存在6种领导风格，每一种领导风格都源于情商的不同组成部分。掌握了4种或者更多领导风格（尤其是远见型、民主型、关系型以及教练型领导风格）的领导者往往会营造出最好的工作氛围并取得最好的绩效。

① 远见型。远见型领导者动员大家为了一个共同的想法而努力，同时，对每个个体采用什么手段来实现该目标往往会留出充分的余地。

情商基础：自信、移情能力、改变激励方式。

适用情形：几乎所有的商业情形。

不适用情形：在个别情况下不宜使用，如当与一个领导者在一起工作的是一个由各种专家组成的团队时，或者是一些比他更有经验的同事时。

② 关系型。这种领导风格以人为中心，关系型领导者努力在员工之间营造一种和谐的氛围。

情商基础：移情能力、建立人际关系、沟通。

适用情形：这是一种不受时间约束的好方法。在下列情况下尤其应该使用，例如，必须努力建立和谐的团队氛围、增强团队士气、改善员工之间的交流，以及恢复大家之间的信任等。

不适用情形：它不宜单独使用。由于这种领导风格千篇一律地对员工进行表扬，所以它可能会给那些绩效较差的员工提供错误的导向，可能会让他们感觉到在这个组织之中平凡是可以容忍的。它应该与远见型风格结合使用。

③ 民主型。这种领导方式通过大家的参与而达成一致意见。

情商基础：协调合作、团队领导、沟通。

适用情形：当一个领导者对组织发展的最佳方向不明确，且需要听取一些能干的员工的意见，甚至需要他们的指导时。即使已经有了很好的愿景，运用民主型领导风格，也可以从员工中得到一些新的思想来帮助实施这个愿景。

不适用情形：这种领导风格最让人头疼的一个问题就是它会导致无数的会议，往往难以让大家达成一致意见，所以在危急时刻不应使用。

④ 教练型。教练型领导者发展人才以备将来之需。他会帮助员工们确定自身的优点和弱点，并且将这些与他们的个人志向和职业上的进取心联系起来。教练型领导者非常擅长给大家分配任务，为了给员工提供长期学习的机会，往往不惜忍受短期的失败。

情商基础：发展别人、移情能力、自我意识。

适用情形：当人们"做好准备"时，这种领导风格最有效。例如，当员工已经知道了自己的弱点并且希望提高自己的绩效时，或员工意识到必须培养新的能力以进行自我提高时。

不适用情形：当员工拒绝学习或者拒绝改变自己的工作方式时。

⑤ 示范型。示范型领导者会树立极高的绩效标准，并且自己会带头做榜样。这种领导者在做事情时总是强迫自己又快又好，而且他们还要求周围的每一个人也能够像他们一样。

情商基础：责任心、成就动机、开创精神。

适用情形：当一个组织的所有员工都能够进行自我激励并且具有很强的能力，而且几乎不需要任何指导或者协调时，这种领导风格往往能够发挥极大的功效。

不适用情形：像其他领导风格一样，不应单独使用。示范型领导者对完美的过度要求会使很多员工有被压垮的感觉。

⑥ 命令型。命令型领导者需要别人的立即服从。

情商基础：成就动机、开创精神、自我控制。

适用情形：在采用命令型领导风格时必须谨慎，只有在绝对需要的情况下才可以使用，诸如一个组织正处于转型期或者敌意接管正在迫近时。

不适用情形：如果一个领导者在危机已经过去之后，还仅仅依赖于命令型领导风格或者继续使用这种风格，就会导致对员工士气以及员工感受的漠视，而这带来的长期影响将是毁灭性的。

2. 路径-目标理论

路径-目标理论（path-goal theory）是由加拿大多伦多大学教授伊凡斯（M. G. Evans）在1968年提出，并由其同事罗伯特·豪斯（Robert House）教授等扩充和发展而形成的，该理论是在弗鲁姆期望理论（努力—成绩—目标）和俄亥俄州立大学的领导行为四分图理论的基础上提出的，试图解释领导行为对下属动机、满意度和绩效的影响，如图4-8所示。

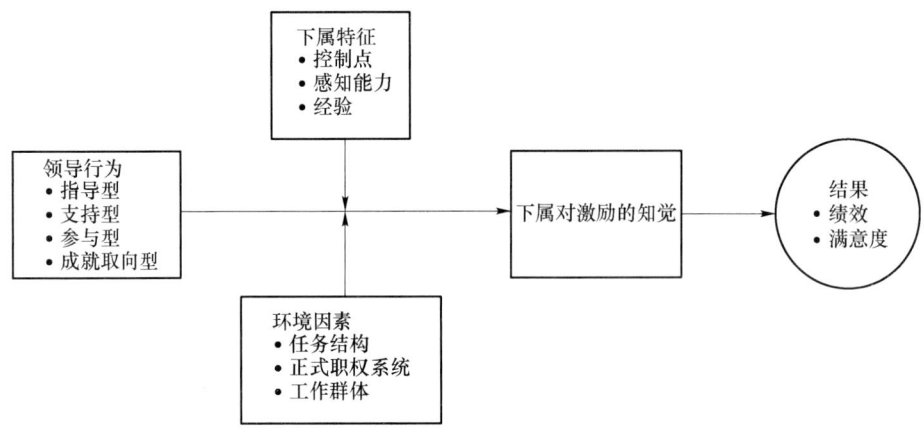

图 4-8　路径-目标理论模式图

路径-目标理论归纳了以下四种主要的领导类型。

（1）指导型领导（direction）：让下属明白领导者期望他们做什么，对下属如何完成任务给予具体指示，制定工作时间，建立员工绩效的明确标准。领导者的指导与模糊任务中的员工的满意度和期望正相关，并且与清晰任务中的员工的满意度和期望负相关。

（2）支持型领导（supportive）：同下属建立友好关系，关心员工的需求和福利。支持型领导将对那些在有压力、挫败和不满的任务中工作的下属的满意度有最正确性的影响。

（3）参与型领导（participative）：在制定决策时征询下属意见和建议。在非重复的、自我卷入的任务中，参与型领导者的下属们比非参与型领导者的下属们更加满意。

（4）成就取向型领导（achievement-oriented）：为下属设置有挑战性的目标，寻求工作业绩的改善,强调工作业绩的优异,期望并相信下属会尽力完成任务。对于执行模糊的、非重复任务的下属们,领导者的成就取向越明显,下属们就对他们的努力能够取得有效绩效越有信心。

路径-目标理论提出这些不同的领导风格能够并且确实被同一个领导者在不同的情境中使用。它的基本假设是,领导行为具有根据不同情境改变风格的弹性,这与费德勒的权变模型的假设正好相反。路径-目标理论认为领导行为的选择依赖以下两个权变因素。

(1) 下属因素:包括下属的控制点、经验和感知能力。下属的能力和人格特征都会影响领导行为的运用。能力低的下属很可能会接受指导型的领导,而能力高的下属会把这种领导行为视作是多余的,因为他们已经知道了应该做什么,而不需要自己的上级再来告诉自己应该怎样去完成任务。当下属是内控型的人时,可能会喜欢参与型的领导方式;否则,他会喜欢指导型的领导方式。

(2) 环境因素:包括任务结构、组织的正式职权系统、主要的工作群体。三种环境因素构成了模糊性程度不同的工作环境。当工作任务模糊不清、下属无所适从时,他们希望有"高任务"型的领导者帮助他们做出明确的规定和安排。当面对常规性的工作,目标和达到目标的途径很明显时,下属就喜欢"高关系"型的领导者。

路径-目标理论表明,对于四种领导风格的使用,需视所描述的情境因素而定。豪斯认为一个领导者应该通过明确任务的性质、减少顺利完成任务的障碍和为下属增加获得工作满足的机会来激励下属。下属对他们的工作满意,创造好的业绩的同时也得到了高期望的奖励。总之,路径-目标理论是近年来在国外颇受重视的理论,它有助于更好地解释复杂的领导过程。

4.4 人工智能背景下的虚拟组织

虚拟组织是一种区别于传统组织的、以信息技术为支撑的人机一体化组织。其特征是以现代通信技术、信息存储技术、机器智能产品为依托,实现传统组织结构、职能及目标。在形式上,虚拟组织没有固定的地理空间,也没有时间限制。组织成员通过高度自律和高度的价值取向共同实现团队目标。虚拟组织主要有以下特征。

(1) 灵活性高。虚拟组织的基础是机会,有了机会后统一各种核心能力,然后分散到实际组织中,再把这些实际组织结合起来抓住机会,共同发展。当机会消失后,虚拟组织就会解散,所以虚拟组织可能存在几个月,也可能存在几十年。

(2) 共享成员的核心能力。虚拟组织最重要的就是共享核心能力和核心资源,就像组成体育运动队中的全明星队那样,其集中了各代表队中最优秀的运动员,去应对每天的变革所带来的挑战,但同时也不会改变运动员的主要生活状态。这样在相同的市场机会下,虚拟组织会优于各成员公司,成为最主要的组织。

(3) 相互信任。对于虚拟组织而言,其成功运转依赖于组织成员之间的相互信任。尤其是虚拟组织并不像传统组织,存在内部组织制度和传统管理方法,而是每个成员都带有自己的风格,这就很容易导致协调合作过程中的问题。但是这些成员为了能够取得成功,不得不相互依赖,这种依赖关系让成员之间的相互信任成为必要条件。也就是说,成员之间信任感非常强烈。

案例

马化腾的领导风格

在腾讯的初创阶段,技术出身的马化腾更多担任腾讯产品体验官和架构师的角色。重视客户体验是马化腾反复强调的产品核心,他经常坐在电脑前研究产品,一度被腾讯的员工誉为最佳产品体验官。马化腾会试用腾讯的所有产品和服务,以普通网民的身份去感受并对很多细节提出改进建议。他曾在深夜两点给腾讯的同事打电话,告诉对方腾讯网站上有一个错别字。在腾讯邮箱的初创阶段,马化腾的产品体验官角色也发挥了重大作用,400多项创新点有300多项是由马化腾发现和提出的。他反复使用腾讯邮箱,在与研发团队的沟通过程中,拒绝使用除腾讯邮箱之外的通信工具。受马化腾的影响,腾讯自上而下形成了不成文的规定,各负责人长期以用户身份体验公司的产品和服务。除产品之外,马化腾对工作效率的要求也颇为严格,使得腾讯上至高层管理者下至普通员工对问题的处理都很及时。在保证合理性的前提下,腾讯新项目的立项速度非常快,最快的一次从提出项目到形成项目的详细排期仅仅用了18个小时。马化腾具备很强的技术才能,然而不同于普通的技术人员,他对于产品的实用性和商业价值有着天生的敏锐感,这使他能抓住企业发展的核心要素。腾讯创立之初,马化腾充当架构师的角色,成功把握住了腾讯的发展战略,搭建起了逐步壮大的路径。在该阶段,马化腾与员工的关系更多地表现为一种契约的形式,通过互惠的利益和规范的奖惩制度来促使员工实现企业目标,其表现出的领导风格更倾向于交易型领导,注重产品和绩效,并将员工的绩效表现与奖惩利益挂钩。随着腾讯的快速成长,马化腾后期逐渐偏向变革型的领导风格。他立足更长远,强调愿景和企业发展的方向感,注重灵活创新,重视对员工的精神鼓舞。这些领导行为使得员工能够意识到自己工作的价值,激发他们的活力和创造力。

随着腾讯的快速成长,与之前的内敛低调相比,马化腾更加开放,偶尔接受媒体采访,更多地打开自己,重视沟通和表达,重视愿景的作用和对员工的精神激励。在这一时期,马化腾的管理角色更多是企业的精神领袖。"要把腾讯做成一个受人尊重的企业",这是马化腾在后期的领导中反复提起的一句话,也是他为所有腾讯员工塑造的愿景。他还赋予腾讯员工明确的发展方向,"就像日常生活中人们对水和电的依赖一样,我们要做成互联网上的水和电",他总是反复和下属强调这种方向感。马化腾精神领袖的角色还体现在他对团队建设的重视上。首先,他能够倾听不同观点,这促使腾讯一直保持着民主决策的风格。其次,他更加关注员工需求,会切实考虑员工的福利,从精神上激励员工。例如,每年春节之后的开工日,他会拉着箱子给近5000名腾讯员工派发红包。在架构师的角色上,马化腾也从关注产品策略转变为关注整体战略的灵活与创新。腾讯的快速发展离不开的一个重要发展战略是"微创新"战略。马化腾十分清楚腾讯"强在线上、弱在线下"的平台优势,所以他在后期的领导中,始终坚持"后发"战术。

资料来源:马化腾领导风格演变对腾讯企业文化塑造的影响[EB/OL].(2023-09-09)[2023-11-01].https://mp.weixin.qq.com/s/MJ2R45ekYwzfM-LBUERxPw.

思 考 题

1. 什么是群体？它有哪些基本类型和发展阶段？
2. 如何理解群体凝聚力？群体凝聚力的主要影响因素是什么？
3. 人机共生的团队与一般团队有何区别？
4. 什么是团队？团队与群体有何区别？
5. 费德勒的权变模型的主要内容是什么？该模型有何意义？在现实中如何应用？

第5章 沟通

5.1 沟通概述

一、沟通的定义

沟通是信息凭借一定符号载体,在个人或群体间从发送者到接收者进行传递,并获取理解的过程。沟通有以下三个层次。

(1) 信息凭借一定符号载体,在个人或群体间从发送者到接收者进行传递。这是从技术层次来讲的,所谓的沟通,就是信息的发送方通过某种方式或渠道,把某个信息发送到接收者的感觉器官,接收者只要感觉到信号(信号是信息的载体)的存在,沟通过程也就完成了。例如,我们平时打电话,只要说话的人通过话筒把信号传达到听电话的人的耳朵里,听电话的人听到了,沟通过程就完成了。毫无疑问,这样的沟通是纯粹物理意义上的沟通,是最初级的沟通。

(2) 获取理解的过程。这是从心理层次来讲的,也是沟通的真正意义所在。沟通的双方只是接收到物理信号还不够,还需要对信号进行解释,也就是要理解。这在谍报工作中比较好理解。接收信号的人只有理解了信号的含义,才能明白传递信息的人要表达的意思。这里的解释或理解,需要个人知识经验的参与,需要思维的活动。从这个层面上讲,沟通是双方的思维参照等共同作用的结果。

(3) 管理沟通。管理沟通与一般人际沟通的区别在于:沟通是一种工具,通过这种工具要达到某个管理目的(管理是有既定目标的)。从管理的角度看,沟通是对信息的理解和执行过程,有效的沟通,关键在于执行的结果。

在上述定义中,并没有提及执行这个字样,如果是讲管理沟通的定义,那么就一定要强调管理的目的,也就是要实现既定的目标,这是通过沟通这一工具实现的[18]。

二、沟通的作用与意义

沟通的主要作用是传递信息,交流感情。这两方面是相辅相成的,组织中的正式沟通更多体现的是信息交流的作用而忽视感情的交流,非正式沟通则更多地体现感情交流的作用。任何沟通都受到这两个过程交互作用的影响,非正式沟通(小道消息作为一种重要方式)是正式组织的有效补充。也可以把这个原理用于分析一个组织的管理状况:当一个组织中小道消息特别盛行时,说明这个组织的正式沟通一定缺乏感情交流的成分[19]。

(一)沟通是个体生存的基本条件

在觉醒状态下,许多人大约要花费80%~90%的时间与他人进行沟通。人在出生后发出的第一声啼哭,就是在向这个世界宣布自己的存在。一旦人们之间发生联系,沟通活动就发生了,且这一活动一直持续到人们停止呼吸。纵使有些信息没有表达出来,人们也时时刻刻都在有意无意地向外界传递信息。

毋庸置疑,人类的祖先能够战胜恶劣的自然灾害和凶猛动物的袭击而生存下来,一个重要的原因就是群体成员之间的协作。沟通也因此作为人类生存的基本技能之一,成为人类文化基因中的一个重要表现。作为信息加工和能量转化系统的生命有机体,必须与外部环境保持相互作用,必须接受外界的各种刺激,并对各种刺激做出适当反应,才能够维持正常的生命活动。

(二)沟通是组织系统健康运行的润滑剂

谈到影响组织健康发展的因素时,人们往往会想起正确的战略方向、合理的管理制度与运行制度,以及优秀的员工等。但是,即使这些条件都具备了,很多组织的运营还是遇到了巨大障碍,有的甚至陷入困境,其关键是在具体的执行过程中出了问题。一个企业无论多么正确的战略方向,多么合理的管理和运行制度,多么优秀的员工,这些都只能说是成功的必要条件,或者说是成功的基础。真正的成功,还需要通过人与人之间的相互作用(包括领导者与被领导者、上司与下属、部门之间、合作伙伴之间等的竞争或合作行为)才有可能实现。而人与人之间相互作用的一个重要方式就是沟通。组织的所有目的、任务、活动等都是通过沟通实现的,没有沟通,任何组织目标都无法达成。因此,如果把组织看作一台复杂的机器,战略、管理制度和人才是这台机器的关键部件,而沟通则是保持这台机器正常运行的润滑剂。

在管理活动中,沟通无处不在。首先,沟通是占用管理者时间最多的工作,没有人与人之间的沟通就不可能实行领导。事实上,企业高级经理每天所做的大部分决策事务都是围绕沟通这一核心问题展开的,与上司、下属、社会公众的交流成为高层管理者的主要任务。其次,管理沟通的作用还表现在对变革的支持。管理者要处理的重要工作之一是变革,而变革过程必然会遇到各种阻力和障碍,管理沟通的目的就在于消除这些障碍,或中立阻碍力量,甚至把不利因素转化为有利因素,有效地实现组织变革。

著名管理学家彼得·德鲁克(Peter F. Drucker)提出了管理沟通的四个基本原则:(1)受众能感知到沟通的信息内涵。(2)沟通是一种受众期望的满足。人们习惯于听取他们想听的,而对不熟悉的或有威胁性的内容具有排斥情绪,因此,要有一个循序渐进的过程。(3)沟通能够激发受众的需要。管理者要分析自己的信息是否值得受众花费时间来获取——如果我是受众,我自己是否愿意花费时间来获取这些信息?(4)所提供的信息必须是有价值的。沟通和信息是两个不同的概念,由于信息量非常大,受众没有必要获取所有的信息,因此沟通所提供的信息应该是有用的、重要的信息。

从个人角度来讲,有效沟通的能力往往是决定一个人能否得到提升的一个最关键的个人特征。沟通能力是一个内涵非常丰富的概念,它包括一系列广泛的活动技能:从写到说,到体态语言。尽管每项活动技能都很重要,但对大多数管理者来说,面对面、一对一的沟通在成功管理中起着决定性的作用。从组织角度看,金·卡梅隆(King Cameron)在对一个正在进行大规模调整的大型制造企业进行调研时,问了这样两个问题:

(1) 在组织调整实施过程中遇到的最大问题是什么?
(2) 在你过去进行组织调整的成功经验中,最关键的因素是什么?

结果得到的答案均是沟通。在被访人员中,所有的人都赞同多沟通总是优于少沟通,并认为与员工过多的沟通也还是利大于弊。因此,管理沟通技能的学习既是个体自我提升的重要途径,同时也是组织效率和绩效提升的有效途径[20]。

5.2 沟通的过程

整个沟通过程由七个要素组成,包括信息源、信息、通道、信息接收者、反馈、障碍或噪声、背景等。这七个要素之间的相互关系如图 5-1 所示。

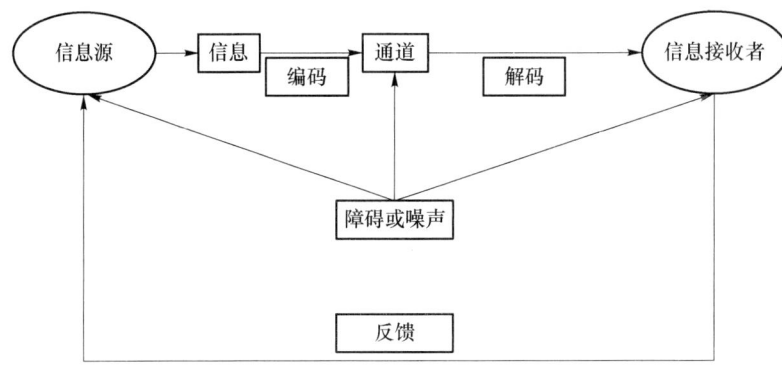

图 5-1 沟通过程

一、信息源

信息源是指拥有信息并试图传播信息的人。他们启动沟通过程,确定沟通对象与沟通目的。沟通目的可以是传达信息,影响他人,改变他们的态度,与某人建立关系,或纯粹为了娱乐。作为信息源的沟通者,必须首先在自己的记忆中选择自己想要传达的信息,并进行适当的组织,然后才能将其付诸行动。在此过程中,信息源的态度、技能、情绪状态等都可能影响沟通的效果。

二、信息

信息是沟通者试图传达给别人的观念和情感。但个人的感受不能直接为信息接收者所接受,因而它们必须转化为各种不同的、可为别人所觉察的信号。也就是把意义转化为信息接收者可以接受的形式,如文字、口头语言或表情等,这个过程叫作编码。所谓编码,是指选择某种符号来代表信息表达者试图表达的内容,而这种符号是能被信息接收者理解的,即前文所说的"符号象征"。而编码的过程在很大程度上会决定沟通的有效性。在各种符号系统中,最为重要的是语词。一方面,语词沟通是以共同的语言经验为基础的。没有相应的语言经验,语词的声音符号就成了无意义的音节,形象符号也成了无意义的图画。如果你对不懂中文的人讲中文,那对方就不能从你声音符号里面获得意义,沟通也就不能实现。另一方面,即使是使用同一种语言的人,对于同一个语词,不同的人在理解上也常常是有区别的。因为对于任何一个语词的意义,不同的人都有不同的经验背景。

三、通道

通道指信息传递的渠道。沟通渠道很多,如面对面谈话、电话、电子邮件、小会、大会、现场直播、录像、信件、小道消息等。

通道所指的是沟通信息所传达的方式。人们的五种感觉器官都可以接收信息,但最大量的信息是通过视听途径获得的。日常生活中所发生的沟通也主要是视听沟通。

通常的沟通方式不仅有面对面的沟通,还有以不同媒体为中介的沟通。电视、广播、报纸、电话等都可被用作沟通的媒体。但是,心理学家的研究发现,在各种方式的沟通中,影响力最大的仍是面对面的沟通。面对面沟通时,除了语词本身的信息外,还有沟通者整体心理状态的信息,这些信息使得沟通者与信息接收者可以发生情绪的相互感染。此外,在面对面沟通的过程中,沟通者还可以根据信息接收者的反馈,及时调整自己的沟通过程,使其变得更加适合于信息接收者。正是由于面对面的沟通能够更有效地对信息接收者产生影响,因此,即使是在通信技术高度发达的美国,每当总统大选时,候选人也总是不辞劳苦地奔波各地去演讲,目的在于通过面对面的沟通,提高沟通的有效性。

四、信息接收者

信息接收者指信息源发出的信息的接收人。信息接收者在接收携带信息的各种特定音形符号之后,必须根据自己的已有经验,将其转译成信息源试图传达的知觉、观念或情感。这是一个复杂的过程,包括一系列注意、知觉、转译和储存心理动作,这个过程叫作解码(decoding)。所谓解码,就是给符号赋予某种意义。由于信息源和信息接收者是两个不同但又具有相当共同经验的心理世界,因此,信息接收者转译后的沟通内容与信息源原有内容之间的对应性是有限的。但在通常情况下,这种有限的对应足以使沟通的目的实现。

信息接收者个人的知识、经验、心态、倾听技巧、身份等,对于所接收的信息具有筛选、过滤和加工的作用。

在面对面的沟通过程中,信息源与信息接收者的角色是不断转换的。上一个时限的信息接收者可能成为下一个时限的信息源。在日常生活中,每一个人都必须很好地了解如何才能有效地理解别人和让别人理解,了解沟通过程中信息的转译和传递机制,只有这样,才能提高沟通的有效性和准确性。

五、障碍或噪声

人类的沟通经常发生障碍,因此,分析沟通过程不能不分析障碍问题。人类的沟通系统好比电话回路,任何一个环节出现问题,都可能对沟通造成障碍,从而影响沟通的效果。信息源的信息不充分或不明确(如得相思病而整日坐立不安的人,会认为自己病了而不会认为自己爱上了某一个人),信息没有被有效或正确地转换成可以沟通的信号(如爱的感受没有被转换成让被爱者可以理解的语词表达),误用沟通方式(如以不适当的讨好来表达爱慕),信息接收者误解信息(如将爱慕者表达的关怀和帮助,解释成他希望通过这种方式得到自己的帮助)等,都会对沟通造成障碍。

此外,沟通者之间缺乏共同的经验,彼此也难以建立沟通。来自两个完全不同的文化背景的沟通者,是很难有效地交流信息的。有一个故事,讲一个外国旅游者在一家乡村小店想喝牛奶,他在纸上画了一头牛,结果店主真的牵来一头大水牛。其实,即使在同一个国家,由于不同地区、不同民族有其独特的文化背景,类似的事情也是经常发生的。由此不难得出结论:足够的共同经验是沟通得以实现的必要前提。

噪声是指在沟通过程中干扰信息源和信息接收者之间交流的因素。

噪声的主要来源:情绪状态与环境情景、双方个性特点、价值标准与认知水平的不同、地位级别所造成的心理落差和沟通距离、编码和译码时所采用的信息符号系统的差异、信息通道本身的物理干扰(如增大音量可以克服这一干扰)。

六、背景

背景是指沟通发生的情境。它影响沟通的每一个因素,同时也是影响整个沟通过程的关键因素。在沟通过程中,许多意义是由背景提供的,甚至语词的意义也会随背景而改变。同样的一句"你真够坏的!",如果是亲密朋友在家里亲切交谈的背景,那么这句话并不是谴责的意思,而意味着欣赏、赞美。可以设想,如果将这句话用于其他情景,其意义会是什么,其所指的对象会做出怎样的反应。

心理背景是指沟通双方的情绪和态度,包括两个方面的内涵:沟通者的心情、情绪(兴奋、悲伤、焦虑等),沟通者对对方的态度(是敌视还是冷漠,会出现偏差)。

物理背景即沟通发生的场所。

社会背景一方面指沟通双方的社会角色关系,如上下级、朋友。上级可以拍下级的肩交代工作:要以厂为家。下级不可以拍上级,告诫他要公而忘私,要保持距离。人们都有一定的沟通方式预期,只有符合预期,才能被接纳,但这种社会关系也往往会成为沟通障碍:如下级对上级投其所好,报喜不报忧,上级就要主动改变,消除这种角色预期的负面影响。另一方面,社会背景还包括沟通情境中对沟通产生影响但不直接参与沟通的其他人。如配偶在场与否,人们与异性沟通的方式是不一样的。

文化背景指沟通者长期的文化积淀,也是沟通者较稳定的价值取向、思维模式、心理结构的总和。当文化碰撞时,这种背景才明显。

七、反馈

反馈的作用是使沟通成为一个交互过程。在沟通过程中,沟通的每一方都在不断地将信息回馈另一方,这种回馈过程就称作反馈。反馈可以告诉信息发送者,信息接收者接收和理解每一信息的状态。如果反馈显示信息接收者接收并理解了信息,这种反馈称为正反馈。如果反馈显示信息源的信息没有被接收和理解,则称为负反馈。若显示信息接收者对于信息源的信息反应为不确定状态的信息,则叫作模糊反馈。模糊反馈往往意味着来自信息源的信息尚不够充分。成功的沟通者对于反馈都十分敏感,并会根据反馈不断调整自己的信息发送。

反馈不一定来自对方,人们也可以从自己发送信息的过程或已发出的信息中获得反馈。

当人们发现所说的话不够明确,或写出的句子难以理解时,自己就可以做出调整。与外来反馈相对应,这种反馈称为自我反馈。

5.3 沟通的类型

一、言语沟通与非言语沟通

按照信息载体划分,沟通可以分为言语沟通与非言语沟通。

(一) 言语沟通

言语沟通是指以语词符号实现的沟通,可以分为口头言语沟通与书面言语沟通。口头言语沟通是指借助于口头语言实现的沟通,是日常生活中最为常见的沟通形式,同时也是保持整体信息最好的沟通方式。平时的交谈、讨论、开会等都离不开口头言语沟通。口头言语沟通的优点是具有亲切感、快速传递、反馈及时且作用明显。口头言语沟通的缺点是口说无凭,沟通的内容有时会失真。

书面言语沟通是指借助于书面文字材料实现的信息交流。书面言语沟通可以修正内容,因而是一种准确性较高的沟通方式,但这并不是说书面语言就不会出现信息传递失真的情况。例如,1930 年 5 月,蒋介石与冯玉祥、阎锡山大战中原时,冯、阎曾商定会师河南北部的沁阳,以集中兵力歼灭驻守在那里的蒋军。可是,冯玉祥手下的作战参谋在拟订作战命令时,却把"沁(QIN,4)阳"写成了"泌(BI,4)阳"(注:该地在河南南部,与沁阳相距近千里)。一字之差,使冯军误入泌阳,失去了歼灭蒋军的有利战机,反而使蒋军坐得了战争的主动权。书面言语沟通的另外一个优点是具有持久性,它使沟通过程超越了时间和空间的限制,人们不仅可以通过文字记载来研究古人的思想,也可以将当代人的成就传给后代。但是,书面言语沟通缺乏信息源背景信息的支持,信息接收者感受不到信息源自身的人格和情感因素的影响,因而对信息接收者的影响力有限。

研究结果发现,有效的组织沟通最好同时使用书面言语沟通和口头言语沟通两种方式。

(二) 非言语沟通

在沟通过程中,非言语沟通传递了大约 55% 的信息。然而,相对于言语沟通,人们往往会忽视非言语沟通的重要性,因而在不知不觉中使沟通的效果大打折扣。非言语沟通的实现一般有以下三种方式。

第一种方式为身体语言沟通,包括动态的身体语言和静态的身体语言两种。动态的身体语言是通过动态无声性的目光、表情、动作、手势语言和身体运动等实现沟通;静态身体语言是通过无声性的身体姿势、空间距离及衣着打扮等实现沟通。

第二种方式为副语言沟通,它是通过非语词的声音,如重音、声调的变化、哭、笑、停顿等来实现的。心理学家称非语词的声音信号为副语言(paralanguage)。一句话的含义常常不是决定于其字面的意义,而是决定于它的弦外之音,俗话说的"听话听声,锣鼓听音"就是这个意思。语言表达方式的变化,尤其是语调的变化,可以使字面相同的一句话具有完全不同的含义。如一句简单的口头语"真棒",当音调较低、语气肯定时,表示由衷的赞赏,而当音调升高、语气抑扬时,则有可能表示刻薄的讥讽和幸灾乐祸。

心理学研究发现,低音频是与愉快、烦恼、悲伤的情绪相联系的,而高音频则表示恐惧、惊奇或气愤。副语言研究者迪保罗(B. M. DePaulo)1982年的研究还发现,鉴别别人说谎的最可靠线索就是声调。一般的说谎者说谎时会低头或躲避别人的视线。老练的说谎者则可以有意识控制这些慌乱行为,说谎时不仅不脸红、不低头,还能有意识地以安详的表情迎接别人的目光。但是,说谎时声调的提高却是不自觉的,它可以有效地透露说谎者言不由衷的心态。

第三种方式为物体操纵,包括环境的布置、辅助仪器与设备的使用等。例如,教师在日常的讲课过程中,很少会使用教鞭或者电子教鞭,但如果是公开课,或者是参加教学比赛等重要场合,教师就会经常使用这些设备。这种设备的使用除了方便教学之外,还传递了另外一种信息:这是一个非常重要的场合,大家都非常重视这次活动。在日常生活中,有很多现象都可以从这个角度来解释。例如,人们在不同场合会穿不同款式或颜色的衣服,因为着装能表现一个人的某些特点,所以,人们经常会根据一个人的衣着来判断其职业甚至人品。在正式的宴会上,座位的安排也是表达某种信息的重要手段。在组织环境中,不同职业的人的办公室布置风格是不同的,专业人士和管理人员的办公室一般是庄重和严肃的,而秘书的办公桌则可能布置得比较活泼一些。另外,办公室的位置和地点是表明一个人地位和身份的重要信息源。

沟通的分类如图5-2所示。

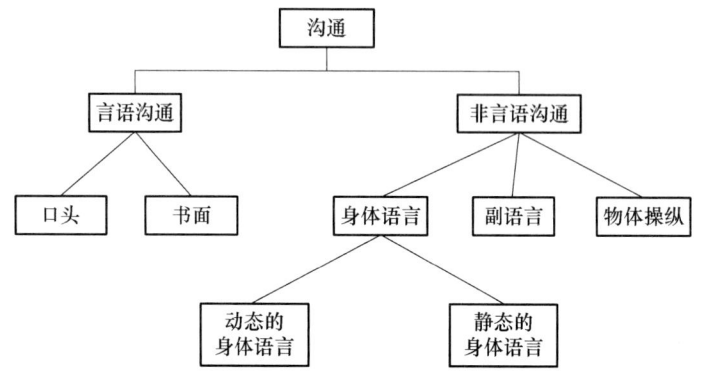

图 5-2 沟通的分类

二、正式沟通与非正式沟通

根据途径的异同,沟通可分为正式沟通和非正式沟通。

(一) 正式沟通

正式沟通是在组织系统内部,根据组织原则与组织管理制度进行的信息传递与交流,包括组织对内对外的公文来往、会议、命令等。正式沟通一般以书面沟通为主,是受到管理人员重视的传统方式。组织中的正式沟通一般体现的是信息交流的功能。

正式沟通对内建立在组织内部管理制度之上,对外则依据社会主流的交往规则(如道德、法律),其优点是比较严肃,约束力强,易于保密,可以使公共关系保持权威性。重要的信息和文件的传达、组织的决策一般都采用正式沟通的渠道。其缺点是各层次层层传递,显得呆板而缺乏灵活性,沟通的速度比较缓慢,也存在着信息失真或扭曲的可能。另外,正式沟通很难做到双向沟通,因此沟通效果也比较差。

(二) 非正式沟通

在群体内部和群体之间,除了正式沟通之外,非正式沟通也是一条非常重要的沟通渠道。所谓非正式沟通,是指组织成员私下的交谈、传闻和"小道消息"等。非正式组织是由于组织成员的感情和动机上的需要而形成的。其沟通途径是通过组织内的各种社会关系,这种社会关系超越了部门、单位以及层次。非正式沟通一般体现的是感情交流的功能。非正式沟通与正式沟通的区别有三点:首先,它不受社会层级的控制;其次,大多数人相信通过非正式沟通获得的信息更可靠;最后,非正式沟通在很大程度上与人们的切身利益休戚相关。

行为科学家认为,非正式沟通的目的不总是有关人员故意搬弄是非,或者为了满足传播"小道消息"者的好奇心。非正式沟通至少可以达到以下四个目的:(1)缓解情绪,建构个体的安全感,信息不对称是滋生"小道消息"的土壤,当人们处于不确定的信息环境时,往往会通过传播和获取"小道消息"而保持心态的平衡;(2)使支离破碎的信息能够自圆其说;(3)将群体成员(甚至包括局外人)组织成一个整体;(4)满足信息发送者地位和权力的需要。

同正式沟通相比,非正式沟通的优点是:沟通形式灵活,直接明了,速度快,省略许多烦琐的程序,容易及时了解到正式沟通难以提供的信息,真实地反映员工的思想、态度和动机。非正式沟通能够发挥基础的作用,建立团体中良好的人际关系,能够对管理决策起重要作用。

非正式沟通的缺点主要表现在:非正式沟通难以控制,传递的信息不确切,容易失真、被曲解,并且,它可能促进小集团、小圈子的建立,影响员工关系的稳定和团体的凝聚力。如果能够对企业内部非正式的沟通渠道加以合理利用和引导,就可以帮助企业管理者获得许多无法从正式渠道取得的信息,在达成理解的同时解决潜在的问题,从而最大限度地提升企业内部的凝聚力,发挥整体效应。

三、下向沟通、上向沟通、横向沟通、斜向沟通和外向沟通

按信息流向的不同,沟通又可细分为下向沟通、上向沟通、横向沟通、斜向沟通、外向沟通等。

(一) 下向沟通

下向沟通提供指导、控制,对业绩进行反馈,解释政策和程序。这是在传统组织内最主要的沟通流向。下向沟通一般以命令方式传达上级组织或其上级所决定的政策、计划、规定之类的信息,有时颁发某些资料供下属使用。如果公司的结构包括多个层次,则通过层层转达,其结果往往使下向信息发生歪曲,甚至遗失,而且过程迟缓,这些都是在下向沟通中经常出现的问题。

(二) 上向沟通

上向沟通向高层管理者提供反馈或建议,主要是下属依照规定向上级所提出的正式书面或口头报告。除此以外,许多机构还采取某些措施鼓励上向沟通,如意见箱、建议制度以

及由公司组织举办的征求意见的座谈会或态度调查等。有时某些上层主管采取所谓的"门户开放"政策，使下属人员可以不经层次向上报告。但这种沟通由于人事利害关系，往往会使沟通信息发生与事实不符合或被压缩的情形。

（三）横向沟通

横向沟通是与完成工作有关的交流，主要是同层次、不同业务部门之间的沟通。在正式沟通系统内，一般机会并不多，若采用委员会和举行会议方式，往往所费时间、人力甚多，而达到的沟通效果并不是很好。因此，公司为顺利进行其工作，必须依赖非正式沟通，以弥补正式沟通的不足。

（四）斜向沟通

斜向沟通是一种特殊形式的沟通，包括群体内部非同一组织层次上的单位或个人之间的信息沟通和不同群体的非同一组织层次之间的沟通。

（五）外向沟通

外向沟通是指组织成员旨在向公司外部收集信息和表现形象的沟通活动。

四、单向沟通与双向沟通

（一）单向沟通

单向沟通是指没有反馈的沟通，如电话通知、书面指示、电视、电话会议等。对于当面沟通，有人认为属于双向沟通，也有人认为属于单向沟通，如下达指示、做报告等。严格来说，当面沟通信息，总是双向沟通。因为，虽然沟通者有时没有听到接收者的语言反馈，但从接收者的面部表情、倾听态度等方面就可以获得部分反馈信息。

优点：传达信息速度快、容易控制，发送信息的人不会受到攻击（发送信息不会受到另一方的挑战，能保持发送信息者的威严）。

缺点：有一方是完全被动的，有时难辨是非，准确性差，信息接收者易产生挫折与抗拒心理。

（二）双向沟通

双向沟通是指有反馈的沟通，如讨论、面谈等。在双向沟通中，沟通者可以检验接收者是如何理解信息的，也可以使接收者明白其所理解的信息是否正确，并且接收者可要求沟通者进一步传递信息。

优点：准确性高、接收信息的人更有信心（有反馈的机会，对自己的判断更有信心，并有参与感和光荣感）。

缺点：费时费力，信息接收者有心理压力，传递信息速度慢，易受干扰，并缺乏条理性。

单向与双向沟通在企业管理中有不同的作用。一般情况下，在要求接收者接收的信息准确无误时，或处理重大问题时，或做出重要决策时，宜用双向沟通。而在强调工作速度和工作秩序，或者执行例行公务时，宜用单向沟通。

二者相比，双向沟通在处理人际关系和加强双方紧密合作方面有着更为重要的作用。因而现代企业的沟通，也越来越多地从单向沟通转变为双向沟通，因为双向沟通更能激发员工参与管理的热情,有利于企业的发展。

管理者在促进双向沟通时,要注意以下两点。

1. 平衡心理差异

上下级之间由于权力的差异导致的心理上的差异有可能严重影响双向沟通的效果,部属不敢在主管面前畅所欲言,担心自己的语言可能会损害自己在领导心目中的形象。作为管理者应努力地消除部属的心理不适,创造一种民主、和谐、轻松、随便的沟通气氛,这样才能得到部属的真实看法和意见。

2. 增加容忍度

双向沟通时,不同意见、观点、建议的出现是正常现象。作为管理者不应该因反对意见的猛烈而大发雷霆、恼羞成怒,而应该心平气和地与员工交换自己的思想和看法,以求达成共识,共同做好工作。

五、自我沟通、人际沟通与群体沟通

根据沟通者的数目,沟通可以分为自我沟通、人际沟通与群体沟通。在自我沟通中,信息的发送者和接收者是由一个人来完成的;人际沟通是指两个人之间的信息交流过程;群体沟通是指三个及以上的个体之间进行的沟通。

(一) 自我沟通

沟通不仅可以在个人与他人之间发生,也可以在个人自身内部发生。这种在个人自身内部发生的沟通过程就是自我沟通。个人内部神经系统就是由信息传入和传出两个系统构成的。自言自语是最明显的、自觉的个人内部沟通过程。一个人在做事时常常自己对自己不断发出命令,自己再接受或拒绝命令。例如,小孩搭积木时,口中常念念有词:"这一块应该放这。不对,应该放这。对,就是放这。"这是典型的自我沟通过程。当成年人完成比较困难的任务,如开发出新的产品或编写完新的软件时,也会出现自言自语式的自我沟通。

自我沟通过程是人际沟通与群体沟通的基础。当人们在对别人说出一句话或做出一个举动前,就已经经历了复杂的自我沟通过程。不过,只有在必须对一句话进行反复斟酌,或对一个举动进行反复考虑时,人们才能清楚地意识到这种过程的存在。自我沟通过程是其他形式的人与人之间成功沟通的基础。

(二) 人际沟通

广义的人际沟通包括一切人与人之间发生的各种形式的沟通。而狭义的人际沟通则特指两个人之间的信息交流过程,这是一种与人们的日常生活关系最为密切的沟通。每个人与家人、朋友、上级、下属和同事之间关系的建立和维持,都必须通过这种沟通来实现。

(三) 群体沟通

群体沟通可以分为以下 4 种不同情况。

1. 小群体沟通

小群体通常指具有某种特殊职能,3 个人以上、13 个人以下的群体,如班组、家庭、最高决策集团等。以小群体为背景的沟通就是小群体沟通(group communication)。与人际沟通不同,小群体沟通有许多新的特点,即出现了沟通网络结构、沟通的群体效益、沟通对群体

士气的影响等新问题。心理学研究发现,小群体潜在的沟通网络结构有以下5种,如图5-3所示。

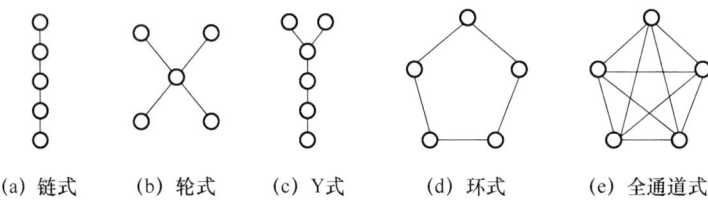

图 5-3 小群体的沟通网络结构

按沟通形态的不同,正式沟通一般可以分为5种:链式、轮式、Y式、环式与全通道式沟通。

(1) 链式沟通。这是一个平行网络,其中居于两端的人只能与内侧的一个成员联系,居中的人则可分别与两人沟通信息。在一个公司系统中,它相当于一个纵向沟通系统,代表一个等级层次,逐级传递,信息可自上而下或自下而上进行传递。在这个网络中,信息经层层传递,容易失真,各个信息传递者所接收的信息差异很大,平均满意程度有较大差距。此外,这种网络还可表示组织中主管人员和下级部属之间中间管理者的组织系统,属控制结构。

在管理中,如果某一组织系统过于庞大,需要实行分权授权管理,那么,链式沟通是一种行之有效的方法。

(2) 环式沟通。此形态可以看成是链式形态的一个封闭控制结构,表示5个人之间依次联络和沟通。其中,每个人都可以同时与两个人沟通信息。在这个网络中,组织的集中化程度和领导人员的预测程度都较低,畅通渠道不多,组织中的成员具有比较一致的满意度,组织士气高昂。如果在组织中需要创造出一种高昂的士气来实现组织目标,环式沟通是一种行之有效的措施。

(3) Y式沟通。这是一个纵向沟通网络,其中只有一个成员位于沟通的中心,成为沟通的媒介。在组织中,这一网络大体相当于组织领导、秘书班子再到下级主管人员或一般成员之间的纵向关系。这种网络集中化程度高,解决问题的速度快,组织中领导人员的预测程度高。除中心人员外,组织成员的平均满意程度较低。此网络适用于主管人员的工作任务十分繁重,需要有人选择信息,提供决策依据,节省时间,而又要对组织实行有效的控制的情况。但此网络易于导致信息曲解或失真,影响组织中成员的士气,阻碍组织提高工作效率。

(4) 轮式沟通。轮式沟通属于控制型网络,其中只有一个成员是各种信息的汇集点与传递中心。在组织中,这一网络大体相当于一个主管领导直接管理几个部门的权威控制系统。此网络集中化程度高,解决问题的速度快,但沟通的渠道很少,组织成员的满意程度低,士气低落。轮式沟通是加强组织控制、争时间、抢速度的一个有效方法。如果组织接受紧急任务,要求进行严密控制,则可采取这种网络。

(5) 全通道式沟通。这是一个开放式的网络系统,特别是在互联网应用日益广泛的今天。其中每个成员之间都有一定的联系,彼此了解。此网络中组织的集中化程度很低。由于沟通渠道很多,组织成员的平均满意程度高且差异小,所以士气高昂,合作气氛浓厚。这对于解决复杂问题、增强组织合作精神、提高士气均有很大作用。但是,由于这种网络沟通渠道太多,易造成混乱,且又费时,影响工作效率。

上述5种沟通网络结构都有其优缺点。作为一名主管人员,在管理实践中,要进行有效的人际沟通,就需发挥其优点,克服其缺点,使组织的管理工作水平提高。

一般认为,轮式沟通是最有利于群体问题解决的沟通网络,但其形成了一个信息控制中心,不利于群体成员之间的人际沟通,因而群体成员的满意程度较低。全通道式沟通保证了群体成员的人际交往,有利于彼此之间关系的建立和维持,但这种网络模式解决问题的速度慢,也不容易领导。相对地,这两种典型的网络结构在实际生活中较为少见。其他网络的特性居于轮式与环式中间。心理学家发现,不同网络模式的沟通适合于不同性质的群体。生产型群体,即需要尽快决策并保持有效领导的群体,采取轮式沟通为佳;娱乐群体,即旨在促进群体成员沟通和情感联系的群体,则以环式和全通道式沟通为佳。

2. 公众沟通

公众沟通(public communication)是一种重要的群体沟通方式。公众沟通是指一个演讲者与许多听众的沟通。在公众沟通过程中,听众并不是简单地、被动地充当信息接收者,而是积极参与沟通过程,产生反馈。不过,演讲者对于沟通过程具有更大的控制力量。典型的公众沟通包括记者招待会、公开演说、培训等。

3. 大众沟通

大众沟通(mass communication)也称大众传播,即通过广播、互联网、电视、报纸、杂志等大众媒介实现的信息交流。大众沟通的一个特点是沟通以信息的传播为主导,对于信息接收者的反馈,则是通过预测将其考虑到信息传播过程之中。有时则是依据信息接收者对前一沟通过程的各种途径的反馈,而修正后一信息传播过程。大众沟通还有另外一个显著特点,那就是其影响广泛而深远。生活于当代社会的每一个人,几乎都要受到大众沟通的影响。人们的政治态度、商品选择、文化娱乐,都首先受大众沟通的影响。心理学家发现,电视、互联网的兴起,已经在世界范围内深刻地改变了人们的生活方式。

4. 组织沟通

组织沟通(organizational communication)是另外一种群体沟通的方式,是在社会组织内发生的沟通。发生在公司、学校、政府机构及自发组织内的沟通,都属于组织沟通。组织管理中典型的组织沟通包括集体谈判、商务谈判等。一般情况下,组织沟通是多层次的。组织的最高领导者之间,如公司总裁和副总裁之间,常常保持密切的正式和非正式的人际沟通;而组织的各级决策群体中间则常常保持着小群体沟通性质的联系;领导者与组织的普通成员之间则往往以公众沟通的形式保持联系。较大的组织机构,以大众沟通的形式,通过各种本组织的大众媒介保持自身机构的一体化。

5.4 有效沟通

一、有效沟通的特征

要想了解如何进行有效的沟通,我们必须对什么是有效的沟通有个明确的认识[21]。有效沟通主要有以下三个方面的特征。

(一) 信息的准确性

有效沟通必须保证信息在传递过程中的准确性,使其能够准确地反映发送者的意图,同时也要保证接收者准确地理解信息。只有按照准确的、不失真的信息采取行动才能达到预期的结果,这是有效沟通的最基本要求。

(二) 信息的完整性

信息的发送者必须发送完整的信息,避免根据自己的意愿进行取舍,以偏概全。信息的接收者也不能断章取义,根据自己的兴趣进行选择性的接受。

(三) 信息沟通的及时性

有效的信息沟通必须是有时效性的。信息应该是被及时地、以尽量少的中间环节传递到接收者处的。及时性还表现在接收者及时地对信息进行反馈。另外,信息还应该及时地被利用,以免过期失效。

二、有效沟通的障碍

(一) 来自发送者的沟通障碍

发送者对信息进行编码和发送的过程其实就是表达信息。发送者表达信息的时候往往需要把一种形式的信息转化成另外一种形式的信息再发送出来,如将某种思想观念转化成具体的口头或书面语言。发送者在表达的时候不够清楚、有歧义或者使用了难以理解的术语、行话等,都会给沟通造成障碍。

(二) 来自接收者的沟通障碍

这是指接收者对信息的解码与发送者发送信息的原意不一致。由于信息在传递的过程中先经过发送者的编码,再经过接收者的解码,因此在这个转换的过程中会出现一些沟通障碍,也就是说,接收者所理解的信息含义并不是发送者所要表达的含义。很多人都遇到过这样的情况:甲和乙两个人相约一起去开会,甲对乙说:"我去复印一份材料,你先走,一会儿我们在电梯门口见。"两人都等了好一阵子也不见对方,只好互相打电话,才知道原来甲在楼上的电梯门口等,乙在楼下的电梯门口等。

(三) 沟通双方的不同背景特征所导致的沟通障碍

沟通双方的社会/政治/经济地位、价值观、宗教信仰、种族、道德标准、职业、年龄等不同,都会导致其对同一件事情的看法有差异。文化背景的差异是一种典型的沟通双方差异。处在不同文化背景下的人们,不仅是语言符号系统本身有一些不同的地方,更重要的是一些风俗习惯、规范甚至禁忌方面有很大差异,如不加注意,就很容易引起误解。

沟通双方的个性特征、沟通风格、情绪等方面的特点也是影响沟通有效性的重要因素。有的人具有较强的人际敏感性,在沟通中善于理解他人的意图,并对他人的情感给予较多的关注。而有的人则人际敏感性较差,对他人的潜在意图反应较为迟钝。有的人在沟通中习惯使用较为直接的方式,而有的人则习惯使用比较含蓄的方式。有的人情绪稳定,在沟通中表现得较为理智,而有的人则容易感情用事。

(四) 信息传递过程中的障碍

当信息在传递过程中经过多个环节时,常常会被曲解,删减某些细节或者增加某些细节,造成信息失真。一般来说,信息在传递过程中所经过的环节越多,就越容易失真;口头沟通比书面沟通更容易失真;单向沟通比双向沟通更容易失真。

另外,在信息传递的过程中,人们在发送与接收信息时具有选择性。人的知觉具有选择性,在接收信息时往往会对有些信息给予较多的注意,而将另外一些信息忽视或屏蔽掉。有的时候,人们会有意识地选择接收信息。例如,在讨论会上,那些地位高、年长、有声望的人的意见往往会得到较多的重视,而地位低、年轻、影响力弱的人的意见就容易被忽视。人们在发送信息的时候,也会根据自己特有的发送目的或者根据发送对象的特点对信息进行选择。例如,下级向上级传递信息时,往往会考虑上级喜欢接收什么样的信息而对信息进行改编或删减。我们常说的"报喜不报忧"指的就是下级向上级传递信息时有意将坏消息过滤掉。

(五) 沟通中的物理障碍

信息沟通的过程还有可能遇到很多物理障碍的干扰。例如,在直接面对面的沟通中,人与人之间的距离过大,或听不清楚对方的声音,或看不清楚对方的表情、手势,会影响沟通的效果。另外,若环境中存在较大的噪声干扰或者传递信息的载体本身存在问题,如通信信号受到干扰、通信设备本身存在问题等,都会影响信息沟通的质量。

5.5 人工智能与恐怖谷效应

恐怖谷效应(the uncanny valley)指的是当一个事物与自然的、活生生的人或动物非常相似,但不完全相似的时候,它会在一些人中产生反感厌恶的情绪反应。恐怖谷效应常用于解释我们在仿真机器人和电脑特效 CGI 中常见的,非常像真人但又总觉得哪里不对劲、使人感到反感不适的现象[22]。

恐怖谷效应最早是在 1970 年被 Masahiro Mori 发现的。Mori 认为,当一个机器人的外表变得更像人时,观察者对于机器人的情感反应会变得更积极、更有同理心;但当外表相似到某个点时,观察者的情感反应会迅速向相反的方向转化,变为强烈的反感。

当机器人的外表继续向像人的方向偏移,甚至与真人无法轻易区分的时候,观察者的反应又会正向回归,接近于真人对真人的情感反应。这里说的外表,不仅仅指静态的身体特征,还包括肢体动作、语言、表情等其他表征人类及其他动物的动态特征。恐怖谷曲线如图 5-4 所示。

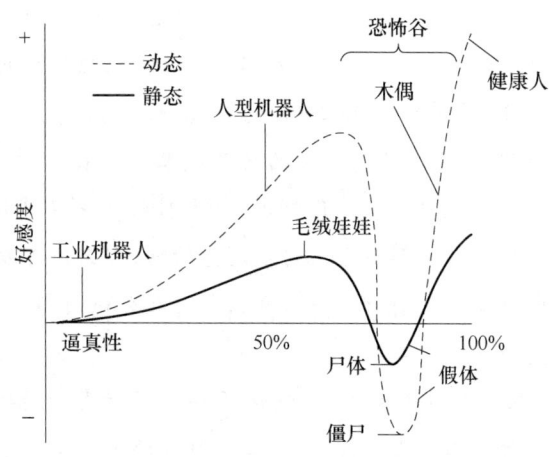

图 5-4 恐怖谷曲线

目前人们对于恐怖谷效应都有基本的认识,但恐怖谷的确切定义其实仍然十分模糊。这个"谷"到底在什么位置出现呢?标志它的特征是什么?它跌落前的最高点和反弹前的最低点又如何定义?这些问题无法轻易回答,这也许是因为作用于我们感觉和认知的从来不是单一元素,而是多种元素的交叉混合。空洞的眼神也许让某个仿真机器人看上去很"假",但在另一个机器人身上,配合稍微卡通化的五官,恐怖谷效应可能就此消失。这些左右我们认知的特征如此微妙,以至于去定义到底是什么特征引发了恐怖谷效应几乎不可能。但幸运的是,我们每个人都是一个灵敏的感知机器,当我们看到有点不对劲的"类人"时,我们本能地知道,这是恐怖谷效应在起作用了。

案 例

IBM 的双向沟通渠道

IBM 的企业文化强调双向沟通,为了保证企业内双向沟通的畅通,IBM 建立了四条制度化的通道,为员工提供了向上沟通和申诉的机会。

第一条通道是高层管理人员面谈制度,员工可以借助于该制度与高层经理进行正式的谈话,高层经理的级别要高于员工的直接上级,并且面谈是保密的。员工可以自行选择沟通自己关心的问题、相关意见,高层经理也会认真记录,并将相关问题反映给有关部门进行解决。

第二条通道是员工意见调查。IBM 会通过定期的员工意见调查来了解员工对企业的工作条件、规章制度、企业文化、薪酬待遇等方面的综合意见,来协助公司进行管理改进,从而创造一个更好的工作和学习环境。

第三条通道是"直言不讳"。调查通道允许员工的意见直达高层领导,甚至是 CEO,来帮助企业的高层管理者了解员工真正关心的问题。人力资源部会从指定意见箱中收集员工的意见,并整理后交由相关部门处理,并在 10 个工作日后取回调查结果,并将结果反馈给投诉者。如果 10 个工作日不能处理完,人力资源部也会做出相应的说明。

第四条通道是"门户开放"政策。员工可以对未能解决的问题,对公司管理者或个人工作的相关问题,向申诉受理人,即人力资源部的经理或总经理提出申诉。首先,当员工遇到问题时,员工应首先向自己的直接上级进行申诉,如果对解决方法不满意,那么员工可以向更高一级的经理汇报,如果员工对解决方法仍不满意的话,那么他可以向申诉受理人进行申诉。在必要的情况下,申诉受理人会指定一名资深人员在公司内部进行保密的内部调查,并尽量在 30 日内完成调查。

IBM 的四条制度化双向沟通的渠道,能够使高层管理者真正地了解员工的想法,使企业的制度更加人性化,帮助员工贴近企业,给员工一种心理上的安全感。

资料来源:彭剑锋,蔡菁.IBM:变革之舞[M].北京:机械工业出版社,2013.

思 考 题

1. 如何提高组织沟通效果,实现有效沟通?
2. 组织中有效沟通的障碍有哪些?
3. 沟通有哪些基本的类型?各有什么特点?
4. 虚拟沟通与线下沟通有何区别?
5. 随着人工智能在组织中的渗透,如何避免恐怖谷效应的发生?

第6章 组织设计与组织结构

6.1 组织设计的概念和意义

组织设计就是对组织活动和组织结构的设计过程,是把任务、责任、权力和利益进行有效组合与协调的活动。组织设计具体应包括以下要点:

(1) 组织设计是管理者在一定组织中建立最有效相互关系的一种合理化的、有意识的过程;

(2) 这个过程既包括对组织外部要素的协调,又包括对组织内部要素的协调;

(3) 组织设计的结果是形成组织结构;

(4) 组织结构的内容包括工作职务的专门化、部门的划分,以及直线指挥系统与职能参谋系统的相互关系等方面的工作任务组合,建立职权、指挥系统、控制幅度和集权分权等人与人相互影响的机制,开发最有效的协商手段等。

组织设计对提高组织活动绩效、取得最大的经济效益起着重大的作用。有效的组织设计能够为组织活动提供明确的指令,有助于组织内部人员之间的合作,使组织活动更具有秩序性和预见性;有助于及时总结组织活动的成功经验和失败教训,从而形成合理的组织结构,有助于保持组织活动的连续性;也有助于正确确定组织活动的范围及劳动的合理分工与协作,全面提高工作与生产绩效。

6.2 组织设计的程序

组织设计一般常遇到三种不同的情况:其一是新建的组织需要设计管理组织系统;其二是当原有组织结构出现较大的问题或整个组织的目标发生变化时,需对组织系统进行重新估价与设计;其三是对组织系统的局部进行增减或完善。虽然情况不尽相同,但组织设计的基本程序是一致的[23]。组织设计一般经过以下步骤:

(1) 围绕目标的完成进行管理业务流程的总体设计,也就是在既定目标的引导下,使总体业务流程达到最优化,这是组织设计的出发点;

(2) 按照优化原则对管理业务流程中的管理岗位进行设计,岗位的划分要适度,既要考虑流程的需要,又要考虑管理的方便;

(3) 要对每一个岗位进行工作分析,规定其输入与输出的业务名称、时间、数量、实物、

信息等,并寻找该岗位最优的管理操作程序,用工作规范将其固定下来;

(4)给各个岗位定员定编,制定各种工作规范及奖惩标准,设置能够优化控制管理流程的组织结构。

6.3 组织设计的基本原则

要建立一个开放体系的组织,必须遵守以下基本原则。

(1)目标明确、功能齐全。任何组织都必须适应经济和社会发展的要求,促进生产力的发展,这也是检验一个组织机构设置是否合理和科学的一个标准。一个组织机构除了要有明确的目标外,还必须具有决策、执行、咨询、沟通和监督等功能。

(2)组织内部必须实行统一领导,分级管理。

(3)有利于实现组织目标,力求精干、高效、节约。任何组织一定要因事调职、因职设人,这样才有可能达到上述要求。

(4)有利于转换经营机制和提高经济效益与社会效益。

(5)既要有合理的分工,又要注意相互协作和配合。

(6)明确和落实各个岗位的责、权、利,建立组织内部的各种规章制度。

如果我们认真执行这些原则,就可以改变目前机构臃肿、层次重叠、人浮于事、效率低下、脱离群众甚至阻碍生产力发展的不良现象。

6.4 组织结构演变

组织结构经过了直线型组织结构、职能型组织结构、直线职能型组织结构、事业部制组织结构、矩阵型组织结构、多维立体组织结构和委员会组织结构等形式的演变,为了应对环境的不确定性,近年来理论界和实际部门又发展了一些新的结构形式,如项目组织设计、团队结构、虚拟公司结构和自由型组织结构等,并给组织结构赋予了扁平化、柔性化、分立化和网络化等一些新的特点[24]。

一、直线职能型组织结构

直线职能型组织结构模式既吸收了直线型和职能型的优点,又克服了二者的缺点。它设置了两套系统:一套是按命令统一原则设立的直线指挥系统,另一套是按专业化原则设立的职能管理系统。职能管理系统中的职能人员是直线指挥人员的参谋和助手,只能对下级机构进行业务指导,而不能对其进行直线指挥和下达命令。

这种组织结构模式的优点是:集中领导,便于调配人力、财力和物力;职责清楚,有利于提高办事效率;秩序井然,使整个组织有较高的稳定性。其缺点是:下级部门的主动性和积极性的发挥受到限制;部门之间互通的信息较少,不能集思广益地作出决策;各职能参谋部门与直线指挥部门之间目标不一致,容易产生矛盾,使最高领导者的协调工作量加大;难以从组织内部培养熟悉全面的管理人才;信息传递路线长,使整个系统的适应性降低,对复杂情况不能及时作出反应;权力集中于最高领导层,是典型的"集权式"管理组织结构。直线职能型组织结构示意图如图 6-1 所示。

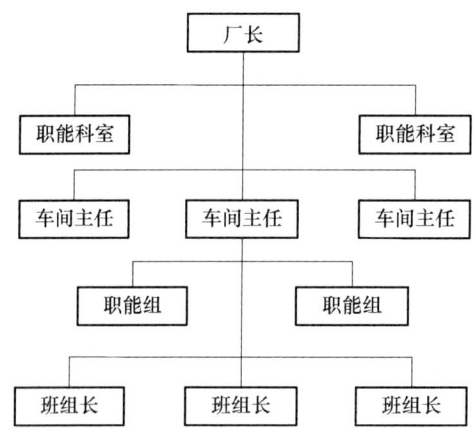

图 6-1　直线职能型组织结构示意图

二、事业部制组织结构

20 世纪 20 年代初,美国企业管理专家艾尔弗雷德·普理查德·斯隆(Alfred Pritchard Sloan Jr.)在担任美国通用汽车公司副总经理时,研究设计出了事业部制组织结构,人称"斯隆模型"。主张分权的事业部制,其基本管理原则是"集中决策,分散经营"。这种组织结构模式就是在总公司的领导下,按照产品或地区划分为许多事业部。这些事业部一般都是独立核算单位,又称利润中心。这种组织结构的最大特点是总公司只保留预算、重要人事任免和重大问题的决策等权力,其他权力则尽量下放给事业部。各事业部对总公司负有完成利润计划的责任,但对本事业部内部的经营管理则具有较强的独立性。事业部制组织结构示意图如图 6-2 所示。

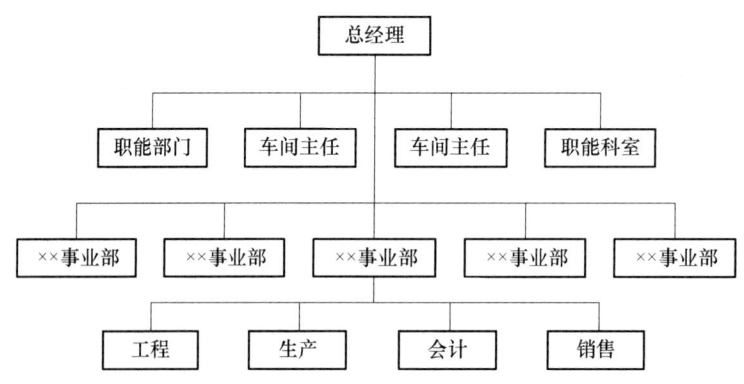

图 6-2　事业部制组织结构示意图

事业部制组织结构模式的优点是:便于组织专业化和实现组织内部的协作;最高管理部门可以摆脱日常行政事务,成为坚强有力的决策机构,同时各事业部自成系统、独立经营、独立核算,可以发挥灵活性和主动性;各事业部之间有比较、有竞争,可以促进事业的发展;生产与销售可以直接联系,供求关系可以很快得到反馈;公司把各个事业部作为自治单位,使各个事业部的经理能从整体观点来组织这一部门的各项业务,受到全面的考验,从而有条件提升到最高部门,这是培养和训练管理人才较好的组织模式。其缺点是:机构重复,容易造成管理人员浪费;由于各个事业部独立经营,各事业部之间人员互换困难,相互支援差;各事业部经理考虑问题容易从本部门出发,忽视整个企业的整体利益。

目前发达国家又出现了超事业部制。这是由于企业规模已发展到超大型化,总公司领导的事业部过多,显得管理跨度过大,不能进行有效管理,所以是在事业部制组织结构的基础上,在组织最高管理层和各个事业部之间增加了一级管理机构,负责管辖和协调所属各个事业部的活动,使领导方式在分权的基础上又适当地集中,由超事业部领导各事业部,而总公司只领导各个超事业部。

三、矩阵型组织结构

矩阵型组织结构是适应多边组织需要的又一种发展方向。这种矩阵型结构是一种类型的组织结构叠加在另一种类型的组织结构之上,从而构成了对员工个人的两套指挥系统。它特别适用于各类技术人员密集的大规模的特殊工程项目,有利于把组织的各项活动分隔成在人才与资源分配上彼此竞争的项目。矩阵型组织结构示意图如图 6-3 所示。

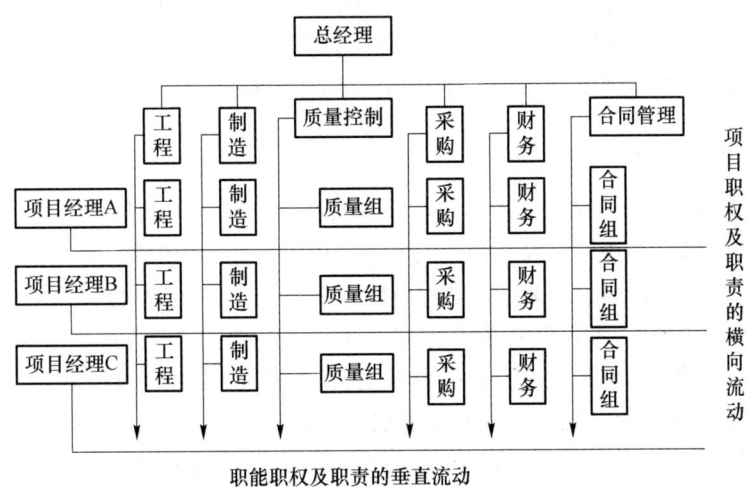

图 6-3　矩阵型组织结构示意图

在这个组织中,参加各项目小组的成员接受双重领导,具有双重责任:一方面,他们仍同原属职能部门保持组织和业务上的联系,对原属职能部门负责;另一方面,他们又参加项目小组的工作,对项目经理负责。项目经理没有完全的职权,存在"职权差距"。一般来讲,矩阵型组织结构具有以下优点:打破了传统的一个管理人员只受一个部门领导的原则,使纵向联系和横向联系很好地结合,加强各部门之间的配合,各项目组可以集中有限资源于单一的工程项目,灵活地执行任务,提高工作效率;权力与地位的分布更符合工程技术人员的民主规范,有利于共同决策、集中决策;对专业人员的使用富有弹性,不同部门的专业人员组织在一起,有助于激发员工的积极性、创造性,发挥和提高其工作能力;组织结构具有较好的适应性与稳定性,项目作业中具有内在的控制和平衡;项目组织和职能组织有沟通渠道,在时间、成本与绩效方面均能获得较好的平衡。尽管矩阵型组织结构头绪繁多、运行复杂,在领导关系上具有双重性,往往会发生一些矛盾,但在目前的企业管理中仍相当流行。

四、团队结构

团队是对工作活动进行组织的一种非常普遍的手段,过去它在基层管理的工作设计中得以广泛使用。当管理层把团队这一组织形式运用到一个组织的中上层,成为该组织的中心协调手段时,这个组织就实行了团队结构模式。

团队结构把横亘在一个组织的上层和基层之间的各个职能部门进行分解和弱化,把决策权分散到工作小组的层次上,从而形成一个中间层细小的组织结构。团队结构的组织成员既是专家,又是通才。

在团队结构模式中,由于中高层管理人员队伍的缩小,一线工作人员的纵向提升机会减少了,而横向流动却变得更加频繁。通过横向流动,一线工作人员可以从事报酬更高的工作,减少长期从事一项工作的单调感和枯燥感,从而对失去纵向提升机会提供一种补偿。频繁的横向流动使一线工作人员的技能多样化,变专才为通才。对中高层管理人员来讲,要处理各种各样来自基层的问题,也需要他们具有多方面的知识结构,不仅是一个领域的专家,还需是多个领域的通家。在一些小公司里,团队结构可以覆盖整个组织。而在一些大型的组织里,团队结构成为整个组织的组织模式时,团队结构的构成要件往往是按照官僚制组织起来,这样,既可实现官僚制的标准化所产生的效率,又可获得团队组织形式所提供的灵活性。

五、自由型组织结构

这是国外新近发展的不拘一格的组织结构,其实质就是要帮助组织的领导者对一切"变化"做出有效的管理。这种结构没有单一的模式,而是在特定的时间、特定的要求下采用适宜的组织结构。它要求尽量减少等级制度、硬性的规章制度、定型的上下级关系和指挥系统,应用计算机信息系统,考评经营绩效;重视使用年轻有为、敢于开拓的管理人员。其一般是采用强调经营效果的利润中心的形式,分权运营。高层管理部门对经理人员的控制权,限于利润指标和稀有资源的分配。经理对下属也采用类似的方式,通过参与协作、自我控制与独立自主、个体的积极性、共同的信赖、双向沟通等因素而获得效能。每个利润中心可采用不同的结构形式,但设计要符合行为科学的管理原则。传统理论所强调的生产效率在这种设计策略中仍然起关键作用。因此,这种结构具有高度的灵活性和适应性,管理人员也要具有相应灵活性和创造性。

当前,自由型组织结构对需要适应不断变化的市场需求的企业、大型的多种经营的联合企业、处于社会消费需求前列的企业、满足军事方面需求的企业特别具有吸引力。这说明,管理要求有一个更具弹性的组织,以适应形势的变化和挑战。但自由型组织结构并非完美无缺,目前已发现它有三个方面的不足:一是经理人员会普遍感到无所适从;二是这种结构主要用于处在迅速变化的环境中的高技术性公司,并不是对所有企业都有实用价值;三是经理为了达成目标,可以自行选择自以为最佳的方案,但在失败时难以追究责任。不过这种组织的自主权究竟有多大,还有待进一步研究。

六、虚拟公司结构

这是一种企业之间的暂时的组织结构,是不同的企业通过合作所组建的一定形式的"战略联盟",因此,又叫战略联盟组织结构。由于加盟的各个企业之间没有一个稳定的中心,彼此之间形成一种紧密的合作关系,在组织结构的形态上呈现出一种团状结构,因而还可以把它叫作团族型组织结构。加盟的各个企业可以充分发挥自己的竞争优势,共同开发一种或几种产品,并迅速地把共同开发的产品推向市场。加盟的各个企业共同分担所有的成本费用,共同享有开发产品所研制的高新技术。一旦联盟的目标实现,先前所组建的虚拟公司即宣布解散,而为了新的战略目标,又可经过重新组合,创建新的虚拟公司。可以预料,为适应市场竞争日益激烈的需要,虚拟公司将会普遍地在世界范围内推行。虚拟公司结构与传统的企业组织结构相比,具有如下特点。

(1) 组织结构上的松散性。虚拟公司打破了传统公司组织结构的层次和界限,是由一些独立的企业在自愿的基础上,为了一定的战略目标而组建的松散企业联盟形式。因此,它没有总部办公室,也没有固定的组织机构和众多的管理层次。虚拟公司只关心成员企业与联盟战略目标有关的经营问题,对成员企业的其他经营问题则不直接介入。因此,虚拟公司在管理上具有很大的松散性,这便于节约资源,重点发展中心活动。

(2) 技术联盟是整个公司战略联盟的基础。虚拟公司的联盟是以一定的高新技术的开发和应用为基本内容的,实质上是一种技术联盟。为了使这种技术联盟具有较强的市场竞争力,各个加盟的企业要具有在所联盟的中心技术上的巨大合作潜力和优势的互补性。所联盟的中心技术常常是那些对企业的未来发展至关重要,而其研究开发又耗资巨大,且风险程度很高的技术。各个加盟的企业在所联盟的中心技术上或者是具有将以所研制的新技术为基础的新产品推广到国内外市场的优势,或者是具有相关的零部件生产优势,或者是具有在该中心技术上的科学技术研究优势。

(3) 增强了企业的市场竞争力。虚拟公司是由一些独立的企业组织起来的临时性公司,易于抓住转瞬即逝的市场机会,具有灵活经营的优势。虚拟公司能够动员众多的成员企业加盟,能够迅速融通巨额资金,综合成员企业各具优势的设计技术和制造技术,组建阵容强大的技术和产品开发力量,具有整体经营的优势。虚拟公司通过若干的企业联盟而达到适宜的经营规模,从而能够取得单个企业无法实现的规模经济效益,具有规模经营的优势。

七、网络制组织结构

实际上,这一组织结构是由若干相互独立的组织构成的一个成员不断变动的组织系统。在传统组织结构下通常由一些部门完成的工作任务,如产品设计、制造、人力资源管理、培训、会计、数据处理、包装、仓储和交货等,在网络制组织结构下将通过承包给其他公司的方式来完成。网络制组织结构的主体由两个部分构成:一个部分是中心层,另一个部分是外围层。中心层由单个企业家或企业家群体组成,直接管理一个规模较小、支付报酬较低的办事人员队伍,而这个办事人员队伍保持着高度的流动性和最大限度的精干性。外围层由若干独立的公司组成,这些独立的公司与中心层是一种合同关系,而合同关系又经常变更,呈现出极大的不稳定性。而构成一个网络的若干公司与网络中心之间的关系在紧密程度和优惠待遇上也呈现较大的差异。中心层与外围层之间通过电话、传真机、计算机网络、律师等手段进行联系。

网络制组织结构与传统的层级制组织结构相比,具有如下特点。

(1) 网络制组织的中心不像传统的层级制组织类型中的公司总部,它几乎没有直属的职能部门,通常只是一个小规模的经理人员集团。这些经理人员的职责不是直接进行一些生产经营活动,而是对那些从事制造、销售和其他一些主要职能的组织之间的关系进行协调,他们的大部分时间往往用在通过计算机网络系统对外部关系进行协调和控制上。网络中心作为网络制组织的固定存在形态,它在进行各项业务时主要是依靠网络外层的公司提供的职能。例如,美国的达尔计算机公司没有工厂,只是把外协零部件组装成计算机。

(2)组织结构上的柔性化。网络制组织把重点放在自己能够干得最好的职能工作上,可以把除此之外的任何职能工作,不论是制造、营销,还是运输和其他职能工作,都让目前还不属于该组织的其他经营单位去干,只要这些经营单位所提供的产品或服务质量高、价格便宜,这样就保持了组织结构上的灵活性。组织结构上的柔性化可以最大限度地提高网络制组织的经济效益。

(3)由组织结构的柔性化可知,网络制组织可以把许多并不一定隶属于网络中心的独立经营的公司或者经营单位纳入自己的组织网络,具有组织结构虚拟化的特点。网络制组织在组织结构上的虚拟化功能,使得有人又把网络制组织模式称为虚拟组织模式。我们认为,网络制组织尽管能够通过其虚拟功能,把组织的规模和作用扩大若干倍,但它有一个并不是虚拟存在的网络中心,将这种组织模式称为网络制组织更为全面,而且,这样做可将网络制组织模式与战略联盟组织模式区别开来,将全部虚拟与局部虚拟区别开来。

6.5 人工智能对组织设计与组织结构的影响

一、人工智能信息化系统能促进工作分解

工作分解结构(work breakdown structure,WBS)以可交付成果为导向对项目要素进行分组,对项目的整个工作范围进行定义。WBS总是处于计划过程的中心,也是制订进度计划、资源需求、成本预算、风险管理计划和采购计划等的重要基础。WBS同时也是控制项目变更的重要基础。项目范围是由WBS定义的,所以WBS也是一个项目的综合工具。人工智能技术能对任务进行描述和分解,并通过人工智能的信息化系统将工作任务更加细化,从而大幅提升员工的工作效率,避免员工在重复的工作上花费更多的时间,让员工从重复的工作中解脱出来,并专注于更有价值的工作,从而为整个组织创造更大的价值。

二、人工智能促进组织结构变化

随着人工智能的出现及其与企业管理的结合应用,传统的组织结构不再适配于现代高科技发展迅速的管理环境,越来越多的组织出现了新型扁平化的特征。传统管理幅度理论强调繁多的信息量、数量多且背景复杂的职员影响和制约着管理的幅度,但在人工智能技术的帮助下,可以顺利解决制约管理幅度的此类问题并使组织结构不断趋于扁平化。扁平化的组织结构适应了市场行业变化的需要,弥补了传统组织结构的缺陷。扁平化的组织结构可以促进信息传递,加快信息传递速率,提高管理者决策的效率,降低企业运行成本。扁平化组织结构示意图如图6-4所示。

扁平化的组织结构可以使企业的战略和投资管理得到相应的强化,并使组织的各部分工作得到正确分配,使组织更好地发展。

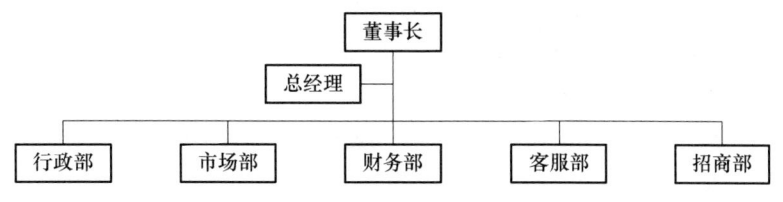

图 6-4 扁平化组织结构示意图

三、有利于增进组织协调

组织协调是指对资源进行分配,同时控制、激励和协调群体活动,使之相互融合,从而实现组织目标的过程。往往组织在完成任务的过程中会碰到诸多困难和挑战,这时需要进行组织协调以解决问题,例如组织会议进行讨论等。在新冠疫情期间,越来越多的企业将组织协调的形式转为线上,线上会议、线上办公等平台凭借其方便、快捷、高效等优势得到了大力发展,其中离不开人工智能技术的支持。

人工智能为组织协调作出了巨大贡献,人工智能的发展将组织协调推向了一个新的高度。人工智能增强了人们获取信息和传递信息的能力,使得组织协调突破地理限制和时间限制,组织协调交流不再只是线下面对面的交流,员工之间可以身处不同位置进行组织内部的交流沟通。组织定期的会议也可以在线上进行,将条件扩大,提高组织协调的效率,同时,组织间的信息沟通和协调是实时的、动态的,组织可以随时通过人工智能达到信息获取和传递的目的。所以,人工智能对促进组织协调起到了很好的作用。

案 例

东软股份

东软股份作为国内最领先的定制软件解决方案企业,中国首家上市的专业化软件公司,是一家以软件技术为核心,提供解决方案、数字化产品和服务的公司,在软件与行业应用的结合、软件与数字化产品的结合、软件人才的培养和咨询服务方面形成了东软独特的经营模式。

东软集团有几个大的产业板块,分别是:

(1) 软件和解决方案板块,也就是人们最为熟悉的、国内最大也是最早在上海上市的软件/解决方案公司——东软股份;

(2) 软件外包业务板块,东软从跟阿尔派合资合作开始,就一直是国内进入最早、规模最大、管理成熟度最高的 IT 外包供应商之一;

(3) 信息化教育产业板块,就是东软信息学院,已经有大连、成都、广东南海、上海四个学院;

(4) 资产管理板块,即软件园产业;

(5) 数字医疗产业板块,现在东软数字医疗已经独立上市。

东软股份的组织形式采用了典型的矩阵式管理架构,这是由公司的业务特点决定的,东软股份是一家定位于提供行业性的软件和解决方案的公司。

(1) 在组织架构上,公司设立了电力、电信、金融、社会保险、教育、网络安全、第三方产品等事业部,分布在大连、沈阳、南京、上海、青岛等地,负责产品和解决方案的研发和项目顾问、交付;公司也在全国各地设立了八个大区,包括东北、华北、山东、华东、华南、华中、西北、西南,负责客户营销和项目交付。

(2) 在内部管理上,大区和事业部的组织形式就形成了典型的矩阵式管理架构,在业务管理上,是以项目管理为核心的,一个项目从实施到服务,从项目签约到收款,是有完整的项目流程管控的,其中有来自事业部的软件开发工程师,有来自大区和第三方的系统集成工程师,以及项目经理,项目经理负责项目交付全过程管理,以及对项目参与人员的考核评估、核发项目奖金……这个项目管理的组织架构则是明茨伯格笔下的灵活型组织形式。

(3) 矩阵式管理架构和项目的灵活型组织形式给组织管理带来了复杂性,因此东软特别注重流程型组织建设:在大区和事业部推行严格的 ISO9000 流程和软件开发成熟度 CMM 认证,其也是国内最早通过 CMM3、CMM4 和 CMM5 认证的软件企业,并且在各个大区进行 ISO 的独立贯标,销售管理、项目管理、内部资源和财务管理都使用了信息化支撑,保证项目和产品管理的数字化管控,保证经营管理的有效性和内部管理的效率。

(4) 在战略和目标管理上,东软推行每年度的大区/事业部商业计划和预算管理,每年度的 10 月中旬,大区和事业部会就每一条产品线、每一个区域、每一个竞争对手进行分析,对经营管理过程进行数据分析,形成下一年度的目标和过程要求标准,形成财务和人力、市场推广等预算,并在每年度 12 月下旬用正式文件的形式下发全员。

(5) 在运营管控上,大区和事业部会对每月、每季度、每半年的经营数据、过程指标进行分析总结和复盘,用经营分析会议的方式进行管控,根据市场变化进行优化和完善,提升战略执行的能力。

(6) 在公司的经营管理干部队伍建设上,集团层面会有营销、财务、技术、人力资源、质量、经营管理等职能的副总裁,负责在集团层面的统筹规划;大区和事业部会设立营销(办事处主任)、技术、经营管理、财务、人力等职能组成的二级经营管理班子团队,负责区域和产品线的经营目标达成。

以上就是东软股份的组织管理模式,这套机制有效解决了目标责任和权利的分配、产品和项目管理的流程管控,也用制度解决了员工的激励和分配问题。这套管理机制支持了东软面对外部环境的适应性,解决了东软内部管理的有效性,也有效支持了东软在定位的产品解决方案/软件行业的持续领先性。

资料来源:组织发展|组织设计标杆案例[EB/OL].(2022-01-19)[2023-02-13].https://www.sohu.com/a/517550844_121124289.

思 考 题

1. 组织设计的概念是什么?基本要素包括哪些?
2. 组织设计的基本原则有哪些?
3. 组织设计需要哪些步骤?
4. 什么样的组织适合直线职能型组织结构?
5. 人工智能背景下组织设计的发展趋势如何?

第7章 组织文化

7.1 组织文化的内涵

组织文化是指组织在长期的生存和发展中所形成的,为组织多数成员所共同遵循的最高目标、基本信念、价值标准和行为规范。它是观念形态文化、制度-行为形态文化和符号形态文化的复合体[25]。

组织文化是一种客观存在,无论它属于优良文化还是劣性文化,它的存在是客观的。从一个组织诞生那一天开始,组织成员在长期的共同活动中,必然会形成一些独特的行为方式和风俗习惯,以及蕴藏其中的独特的价值观念。这一切构成了组织传统,这个传统在组织成员之间传播并得到加强,这就是该组织的微观文化,或称"小气候"。

组织文化一般可分为三个层次,如图7-1所示。

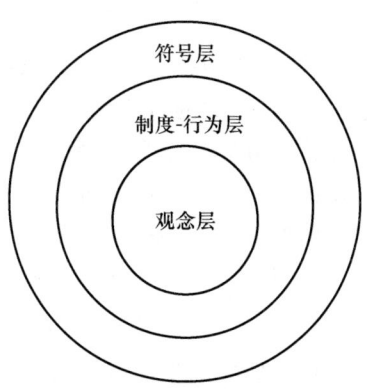

图7-1 组织文化结构示意图

一、观念层(内隐层次)

观念层是组织文化的核心和主体,是形成符号层和制度-行为层的基础和原因。观念层主要是指组织的领导和员工共同信守的基本信念、价值标准、职业道德及精神风貌。组织文化中有无明确表述的观念层,是衡量该组织是否形成了自己的文化的标志和标准。

组织文化的观念层包括组织最高目标、组织核心价值观、组织哲学、组织精神、组织风气、组织道德、组织宗旨。在这七项内容中,组织最高目标和组织核心价值观最为重要,是群体价值观的主要部分。

(一) 组织最高目标(组织愿景)

组织最高目标是组织全体员工的共同追求,是组织共同价值观的集中表现。组织最高目标反映了组织领导者和员工的追求层次和理想抱负,是组织文化建设的出发点和归宿。凡是优秀的组织无一不是把对国家、对民族、对社会的责任放在组织目标的首位,清楚地定位本组织存在和发展的社会价值。明确的最高目标是组织全体员工凝聚力的焦点。组织领导者可以以此充分发动各级组织和员工,从而调动他们的积极性、主动性和创造性。组织最高目标的设置是防止短期行为、促使组织健康发展的有效保证。

(二) 组织核心价值观

组织核心价值观是组织最重要的、指导全局的、长期不变的价值标准和基本信念。它是组织存在和发展的基本动力,也是这一组织区别于其他组织的主要特征。组织的管理理念、经营理念以及各职能观念可以随时间的推移而改变,但组织核心价值观是长期不变的。

(三) 组织哲学

组织哲学是组织领导者对组织长远发展目标、发展思路、发展战略和策略的哲学思考,是处理组织发展过程中遇到的一切问题的基本思维模式和方法。其形成由组织所处的社会环境决定,并受组织主要领导者思想方法、政策水平、实践经验、个人素质等因素的影响。

(四) 组织精神

组织精神是组织有意识地提倡、培养的员工群体的精神风貌,是对组织现有的观念意识、传统习惯、行为方式中的积极因素进行总结、提炼及倡导的结果。20世纪60年代的"大庆精神""大寨精神"是最具时代特点的组织精神。

(五) 组织风气

组织风气是指组织在长期的发展过程中逐步形成的一种带有普遍性、重复出现且相对稳定的行为心理状态。组织风气是约定俗成的行为规范,是组织核心价值观在员工的思想作风、传统习惯、工作方式、生活方式等方面的综合反映。组织风气是组织价值观的直观表现,组织价值观是组织风气的本质内涵。人们总是通过组织全体员工的言行举止感受到组织风气的存在,体会出该组织的价值取向,并感受到该组织独特的文化氛围。具体而言,一个政党有党风,一所学校有校风,一家公司有司风,一家商店有店风,一个村庄有村风等。

(六) 组织道德

组织道德是指在特定的组织内,人们共同生活及其行为的伦理准则和道德规范。组织道德就其内容来看,主要包含调节职工与职工、职工与组织、组织与社会三方面关系的行为准则和规范。例如,一家商店贴出"童叟无欺,诚信为本",这就是它的企业道德。

(七) 组织宗旨

组织宗旨是指组织处理与利益相关者关系的根本指导思想及其相应的社会承诺。例如,有些金融企业在营业部墙上挂着"顾客至上,服务至上,信誉至上",这就是它的企业宗旨。

这七个方面是一个组织的主体理念,观念层还包括一些分支理念,即组织在各职能活动领域的基本信念,如经营理念、管理理念、生产理念、营销理念、质量理念、安全理念、人事理念、财务理念等,以及在某些特定领域的基本信念,如学习观、创新观、人才观、服务观、廉洁观、诚信观、和谐观、竞争观、公平观等。

二、制度-行为层(中间层次)

制度是组织规定的行为规范,它约束组织成员的行为,维持组织活动的正常秩序。除制度外,组织长期形成的"风俗""习惯""潜规则"对组织成员也有显著影响。

制度-行为层包括以下几方面。

(一)一般制度

一般制度是指各组织存在的一些带有普遍意义的工作制度和管理制度以及各种责任制度。这些普遍采用的成文的制度,对员工的行为起着约束作用,保证组织有序运转,如董事会制度、监事会制度、经理负责制、岗位责任制、职代会制度等,以及生产管理制度、人事管理制度、劳动管理制度、财务管理制度等。

(二)特殊制度

特殊制度是指本组织特有的一些非程序化的制度,例如,一些企业实行员工评议干部制度、一家公司实行一年一度的"奥林匹克大会"这样的总结表彰制度、海尔公司实行"日清日高"的考核制度以及管理人员受控制度等。与一般制度相比,特殊制度更能反映一个组织的管理特点和文化特色。有良好文化的组织,必然有多种多样的特殊制度。

(三)组织风俗

组织内部长期积淀、约定俗成的一些特殊典礼、仪式、节日、活动等属于组织风俗范畴,如生日活动、星期五啤酒聚会、内部运动会、春节联欢晚会、集体婚礼、厂庆日活动、卡拉OK大赛等。

组织风俗与一般制度及特殊制度不同,不是表现为准确的文字条目形式,也不需要强制执行,而是完全依靠习惯、偏好的势力维持。组织风俗由观念层主导,又反作用于观念层。

三、符号层(外显层次)

符号层又可以称为器物层,是组织文化在物质层次上的体现,属于组织文化的表层部分,是群体价值观的物质载体。

符号层包括组织名称、标志、标准字、标准色,厂旗、厂服、厂标、厂容厂貌,产品样式和包装、设备特色、建筑风格,纪念物、纪念建筑等,它们看得见、摸得着。

组织文化的传播工具——组织内部的报纸、刊物、广播、闭路电视、网络媒体、人手一册的"组织文化手册",以及广告牌、电视广告、网络广告等,是符号层的重要组成部分。

组织的业余文化活动及其成品——摄影作品、电影、录像、美术作品、文学作品、歌舞作品等,也属于符号层范畴。

7.2 组织文化的作用

文化因素对组织的生存和发展具有重要的影响和巨大的意义。文化环境是人力资源开发和成长的重要外部条件,它在一定程度上决定了人力资源在质上的规定性。文化因素还是组织形象和品牌的重要内涵,是组织与社会交往的名片,是组织与对手竞争的软实力。具体而言，组织文化主要有以下作用。

一、导向作用

导向作用即把组织成员的行为动机引导到组织目标上来。为此，在制定组织目标时，应该融进组织成员的事业心和成就欲，包含较多的个人目标，同时要高屋建瓴、振奋人心。

"不怕众人心不齐，只怕没人打大旗"，组织目标就是引导成员统一行动的旗帜，一种集结众人才智的精神动力，组织使广大成员了解组织追求的崇高目标，也就使其深刻地认识到自身工作的伟大意义，从而使其不仅愿意为此而不懈努力，而且愿意为此做出个人牺牲。

二、规范作用

规章制度构成组织成员的硬约束，而组织道德、组织风气则构成组织成员的软约束。无论是硬约束还是软约束，都以群体价值观作为基础。一旦共同信念在组织成员心理深层形成一种定式，构造出一种响应机制，只要外部诱导信号发生，即可得到积极的响应，并迅速转化为预期的行为。这种软约束可以减弱硬约束对职工心理的冲击，缓解自治心理与被治现实之间的冲突，削弱由此引起的心理逆反，从而使组织成员的行为趋于和谐、一致，并符合组织目标的需要。

三、凝聚作用

文化是一种极强的凝聚力量。组织文化是组织成员的黏合剂，也是组织成员认同组织的向心力，它把各个方面、各个层次的人都团结在组织目标的旗帜下，并使个人的思想感情和命运与组织的命运紧密联系起来，在价值理念层次上形成高度的一致，从而使组织成员产生深刻的认同感，以至于心甘情愿地与组织同甘苦共命运，形成"众志成城"的局面。

四、激励作用

组织文化的核心是共同价值观念，在这种群体价值观指导下发生的一切行为，又都是组织所期望的行为，这就带来了组织利益与个人行为的一致，组织目标与个人目标的结合。在满足物质需要的同时，崇高的群体价值观带来的满足感、成就感和使命感，良好的组织氛围带来的归属感、尊重感和荣誉感，使组织成员的精神需要获得满足，从而产生深刻而持久的激励作用。

优秀的组织文化都会产生一种尊重人、关心人、培养人的良好氛围，产生一种精神振奋、朝气蓬勃、开拓进取的良好风气，激发组织成员的创造热情，从而形成一种激励环境和激励机制。这种环境和机制胜过任何行政指挥和命令，它可以使组织行政指挥及命令成为一个组织过程，从而将被动行为转化为自觉行为，化外部压力为内部动力，其力量是无穷的，对人力资源的开发意义十分深远。

五、整合作用

任何组织都具有许多资源，如人力资源、物力资源、财力资源、知识资源、社会资源等。但要形成竞争优势，就必须将这些资源进行有效的整合，形成强大的合力。那么用什么去整合资源呢？用文化。用共同的核心价值、经营理念、管理理念去整合组织的有限资源，往往可以获得最大的综合效果。美国通用电气公司运用"数一数二"原则,通过一系列的资产重组,不断优化企业的资产,成功地由制造业转型为服务业,就是很好的例证。

六、辐射作用

文化具有辐射作用。人们通过组织的标志、广告、建筑物、产品、服务,以及组织领导者、员工(特别是营销人员)的行为,就会了解组织与众不同的特色,以及在其后面深层次的价值观。对社会公众来说,这是对组织的识别过程。对组织来说,这就是文化的辐射过程。持续辐射的结果就是组织品牌和形象的塑造。

总之,优秀的组织文化可以使组织管理深刻化、自动化。组织文化像一只无形的手,引导组织发挥出巨大的潜在能量,内聚人心,外塑形象。

7.3 组织文化的影响因素

前面从整体上对组织文化的构造进行了分析,是对既成组织文化的静态分析。那么,追根溯源,组织文化又是如何形成、发展与演变的?受哪些因素影响?我们将在下面进行分析,这能为我们了解并改造旧的组织文化、塑造新的组织文化提供线索。

一、民族文化因素

现代组织管理的核心是对人的管理。作为文化主体的组织全体员工,同时又是作为社会成员而存在,长期受到民族文化的重要熏陶,并在这种文化氛围中成长。员工在进入组织后,不仅会把自身所受的民族文化影响带进来,而且由于其作为社会人的性质并未改变,他们将继续受到民族文化的影响。因此要把组织管理好,就不能忽视民族文化对组织文化的影响。

处于亚文化地位的组织文化植根于民族文化的土壤中,这使得组织的价值观念、行为准则、道德规范等无不打上民族文化的深深烙印,民族文化对组织的管理理念、经营思想、经营方针、发展战略及策略等也会产生深刻的影响。从另一方面来看,组织文化作为民族文化的微观组成部分,在组织生产经营发展的过程中,也在不断地发展变化,优良的组织文化也会对民族文化的发展起到积极的推动作用。

二、制度文化因素

组织文化的另一个重要外部影响因素是社会的制度文化,包括政治制度和经济制度。组织文化的核心问题是要形成具有强大内聚力的群体意识和群体行为规范,以及对外树立具有强大感召力的组织品牌和组织形象。由于社会制度不同,在不同国家生存的组织所形成的组织文化也有所差异。例如,欧美国家的公司法律意识极强,而中国公司的人治色彩较重;欧美国家的公司往往求助于立法与竞争对手抗衡,而中国公司则把大量的时间和精力消耗在营造各类人际关系的活动中。

三、外来文化因素

严格地说,从其他国家、其他民族、其他地区、其他行业、其他组织引进的文化,对于特定组织而言都是外来文化,这些外来文化都会对该组织文化产生一定的影响。改革开放以来,中国的政府、学校、企业及各类组织都从西方发达国家学到了许多东西,从先进的科学技术到市场体制下的管理规律、管理经验,以及先进的大学文化、企业文化,都逐渐变成了自身文化的组成部分。可以说,在当今的中国,各级各类组织都不同程度地接受了外来文化的影响。当然,在经受外来文化影响的过程中,必须根据本组织的具体环境条件,有选择地加以吸收、消化,融合其中有利于本组织的文化因素,而坚决地警惕和拒绝那些不良文化的影响。

四、科学技术因素

科学技术的发展影响着人们的生产方式和生活方式,从而影响着组织文化。一个作坊式的企业与一个自动化的企业,其文化有天壤之别。近 20 年信息技术的革命,特别是互联网的迅速普及和广泛应用,不仅推动着生产方式的智能化,也显著改变着人们的社交方式、沟通方式,突破着各类组织的边界,冲击着固有的组织价值观、信念和行为规范,从而成为影响组织文化的重要因素。

五、组织传统因素

应该说,组织文化的形成过程也就是组织传统的发育过程。众所周知,组织文化具有路径依赖性,它需要长期的积累和沉淀,形成独具特色的遗传基因。组织文化的发展过程在很大程度上就是组织传统去粗取精、扬善抑恶的过程。因此,组织传统是形成组织文化的重要因素,谁无视或割断传统,都会受到无情的惩罚。

六、个人文化因素

个人文化因素是指组织领导者和员工的思想素质、文化素质和技术素质对组织文化的影响。由于组织文化是组织全体员工在长期的生产经营活动中培育形成并共同遵守的最高目标、价值标准、基本信念及行为习惯,因此员工队伍的思想素质、文化素质和技术素质直接影响和制约着该组织文化的层次和水平。在个人文化因素中,领导者的思想素质、政策水平、思想方法、价值观念、科学知识、实际经验、工作作风等因素对组织文化的影响是非常显著的,甚至其人格特征也会有一定的影响,这是因为组织的最高目标和宗旨、价值观、作风和行为规范在某种意义上说都是组织领导者价值观的反映。组织领导者的表率作用十分重要。

另一些先进个人,即组织内的英雄模范人物,如技术标兵、十佳员工、销售大王、先进工作者、劳动奖章获得者,他们的示范作用在组织文化建设中发挥着不可替代的重要作用。

7.4 人工智能对组织文化的影响

一、有助于组织文化的进一步完善

组织文化作为一种观念形态文化、制度-行为形态文化和符号形态文化的复合体,能够凝聚组织力量,培养组织责任感,推动组织创新和发展。随着人工智能的发展,组织文化被进一步地形成与完善,使其与企业精神更加契合[26]。组织文化中的开拓、探索和冒险精神有助于提高企业的欲望风险和不确定性,从而推进研发活动和创新产出。人工智能的发展能够促进组织文化的形成和完善,使组织的原有文化得到加强,推动组织吸收其他优秀的组织文化,从而对自身的组织文化进行完善和补充。

二、有助于组织文化的交流和传播

随着互联网的发展,企业间组织文化交流的渠道拓宽了,各企业间可以通过社交媒体等渠道,实现组织文化的交流和传播,各企业之间可以通过人工智能相互学习,从而实现跨组织、跨地域的文化交流,企业内部也可以通过人工智能相互交流。人工智能的发展使企业更加专注于个性化服务,为企业创造更多的价值,为企业组织文化带来新变化和新活力。

案例

特斯拉的组织文化

在特斯拉的官网上,特斯拉发布了其"创新的解决问题的组织文化"及组织文化的六个主要特征,表述如下。

1. Move fast(唯快为尊)

有句话说得好,"天下武功,唯快不破",速度影响特斯拉的竞争优势。"唯快为尊"要求员工具有快速应对市场趋势和变化的能力。通过这种方式,特斯拉可以快速响应汽车行业当前的问题和挑战,从而增强企业的灵活应对市场变化的能力。

2. Do the impossible(为人所不能)

由于其从事的是尖端科技产品的研发,特斯拉必须鼓励员工大胆思考,甚至是"异想天开"。这种文化特征不但认识到新思想和解决方案的重要性,同时强调了考虑非常规方式的必要性。例如,在培训中,特斯拉会激励员工在汽车设计中超越传统的生产力和创造力的限制。

3. Constantly innovate(不断创新)

创新是特斯拉的核心竞争力。创新有助于特斯拉在开发尖端电动汽车及相关产品中保持领先地位。只有不断创新,特斯拉才能保持其竞争优势。

4. Reason from the "first principles"(溯本清源)

特斯拉首席执行官马斯克强调,无论做任何事,都要先遵照其最重要、最根本的要素,然后根据这个来理解和解决问题。同时,特斯拉也要求员工在执行工作时,坚持从"第一原则"出发,思考和解决问题。

5. Think like owners(老板思维)

特斯拉希望员工把自己想象成公司的老板,从老板的角度去思考,从而使得员工对公司产生一种归属感,激励员工在自己的工作和整体业绩方面承担起责任。

6. We are all in(全力以赴)

特斯拉强调员工必须团结起来,形成一个团队、一个整体,一起为提升业绩而努力。这种文化特征有助于增加团队合作,同时减少员工之间不必要的冲突。这样的团队合作也在公司的人力资源管理中发挥了协同作用,从而使公司可以有效地、最大限度地发挥员工的才能和技能,形成了特斯拉在汽车市场上独一无二的竞争力。

　　以上六大特征就是特斯拉现有的组织文化,它为特斯拉电动汽车的创新业务提供了必不可少的文化土壤,有利于维持企业的创新力。这种组织文化鼓励着特斯拉的员工创造新的想法和解决方案,在鼓励快速反应和解决问题方面也是有利的。

资料来源:特斯拉的六大价值观[EB/OL].(2022-11-11)[2023-02-23].http://www.photoint.net/article/2004026.html.

思 考 题

1. 试阐述组织文化的内涵及其在现代管理中的地位与作用。
2. 有哪些因素影响组织文化？
3. 组织文化与员工需要结构有什么关系？
4. 如何构建适合人工智能时代的组织文化？

第8章 组织变革

8.1 组织变革的含义与内容

组织变革是关于组织结构、组织文化、组织行为的深层次转变,需要从工作任务、行为习惯、规章制度、价值观念等角度入手进行变革。

8.1.1 组织变革的含义

在组织行为学、组织社会学和管理学中,组织变革都是非常重要的概念。

组织社会学研究组织变革,是从组织是一个不断与外在环境发生相互作用的开放系统这一概念出发,认为组织为了适应环境,必须对现有状态进行修正和改变,以更好地适应内外环境的变化,顺利地实现组织目标。

管理学把组织变革视为"运用行为科学和相关管理方法,对组织的权力结构、组织规模、沟通渠道、角色设定、组织与其他组织之间的关系,以及对组织成员的观念、态度和行为,成员之间的合作精神等进行有目的的、系统的调整和革新,以适应组织所处的内外环境、技术特征和组织任务等方面的变化,提高组织效能"[27]。

组织行为学重在研究人们的行为选择方式,从这个角度出发,本书认为,组织变革(organizational change)是通过组织成员的努力,使组织不断适应环境变化的一种典型的组织行为。组织中的个体是具有主观能动性的,对于组织中制度、文化等因素对自身行为动机的影响会产生能动的反作用,这就推动了组织变革。从这个意义上而言,组织变革是指组织成员如何通过组织状况的调整,为自己的行为选择建立更好的组织平台。

8.1.2 组织变革的内容

按照组织变革的对象,组织变革的内容可以概括为技术、人员、制度和文化上的变革[28]。

一、技术变革

早期对管理和组织行为的研究大多着眼于技术变革。例如,在20世纪初,科学管理在时间和动作研究的基础上实施变革以提高生产效率。如今,大多数技术变革通常包括引进新设备、新工具或新方法,以及实现自动化或计算机化。

由于行业内部的革新或竞争压力,组织常常需要推动变革,引进新的设备、工具或操作方法。例如,许多铝业公司为了更有效地参与竞争而进行重大改进,它们装配了更有效的操作设备、锅炉和压制机,从而降低每吨铝的生产成本。

自动化是以机器代替人力的技术变革。它开始于工业革命时期,从那时起直至今日一直是一种变革方案。美国联合包裹公司对自动化邮件分类器的引进以及汽车生产线上机器人的采用都是实行自动化的实例。

我们在前面的章节中指出,近年来最明显的技术变革是计算机的普及。现在许多组织都有复杂的管理信息系统。大型超级市场已用输入终端代替了收款台,并把终端和计算机相连,以便提供快捷的存货信息。由于计算机的广泛使用,今日的办公室与30年前的大不相同了。这些差异典型地体现在桌面微机上,它可以运行成百上千个商业软件包和网络系统,而网络系统又使各计算机之间实现了相互沟通。

二、人员变革

人员变革能帮助组织中的个体和群体更有效地工作。通常,这类变革主要通过沟通、决策和问题解决过程来改变组织成员的态度和行为。

一项研究提到了组织的智力资源的重要作用,在缺乏有创造力的人才时,组织创新是不可能实现的。管理人员还必须结合情境因素使智力资源得到有效的开发利用,从而激发富有创造性的解决办法和推动组织的创新发展。

从实质上看,人员变革是通过人际沟通、制度安排、文化影响等方式作用于人们的行为选择过程的;从形式上看,人员变革可以通过人员招聘、培训开发等人力资源管理的方式实现。

三、制度变革

组织的结构并不是一成不变的。环境的变化要求组织结构也发生相应的变化。所以,变革推动者可能需要对组织结构进行调整。

组织结构可定义为如何正式划分、归类和协调工作任务。变革推动者可以对组织设计中的一个或多个关键因素加以改变。例如,合并部门职责,精简纵向层次,拓宽控制跨度,从而使组织结构更为扁平,更少官僚性。此外,为了提高标准化的程度,组织可以实施更多的规则和程序。分权程度的提高可以加快决策速度。

变革推动者还可以在现有的结构设计上做出重大变动,如从一个简单的结构转变为以工作团队为基础的结构或一个矩阵结构。变革推动者也可以考虑重新设计工作安排,如修订工作说明书、丰富工作内容、实行弹性工作制、改变组织的报酬制度(例如通过引进绩效奖金或利润分成提高激励水平)。

四、文化变革

在第7章中已经提到,组织文化会对组织成员的行为方式施加影响,因而,在进行组织变革的过程中,需要对组织文化做出改变来适应这种变化。如果组织文化没有改变,则大多数变革的效果将远远低于预期。

通常来说,文化变革应当遵循"诊断—确诊—执行"的过程。在诊断过程中,需要评估组织现有的状况,选择适合的组织文化类型作为组织文化变革的目标;确诊是明确组织需要什么样的文化变革,明确组织需要进行变革的地方;执行是指明确现在就可以开始的关键步骤,选择那些可以启动的组织文化变革以及能带来明显效果的行动策略,明确行动时间表、标准和目标[29]。

8.2 组织变革的计划与措施

8.2.1 组织变革的计划

为了使组织变革的过程合理有序,需要将之视为一种有意图的、目标取向的活动,需要按照一定的计划,明确一定的层次后进行。

一、有计划变革

有计划变革的目标是什么?主要有两个:第一,提高组织适应环境变化的能力;第二,改变员工的行为。一个组织要想生存,就必须对环境的变化作出反应。组织需要适应各种各样的情况,例如:竞争者引进新的产品或服务,政府部门颁布新法律,企业失去重要供给来源或其他类似的环境变化。

由于组织成败的关键在于员工是否合作,所以有计划的变革还应重视组织中个人和群体行为的改变。

二、变革的类型

按照变革的程度,组织变革可以分为渐进性变革和激进性变革。

(一)渐进性变革

这种变革方式是通过对企业组织结构的系统研究,制订出理想的改革方案,然后结合各个时期的工作重点,有步骤、有计划地加以实施。这种方式的优点是:有战略规划,适合企业组织长期发展的要求;组织结构的变革可以与人员培训及管理方法的改进同步进行;员工有较长时间的思想准备,阻力较小。为了有计划地进行组织变革,应该做到以下几点:专家诊断、制订长期规划、员工参与。

这种方式的特点是在对组织现状和内外条件的全面论证及综合分析的基础上,有计划、有步骤地逐个实现变革的目标。

(二)激进性变革

激进性变革又称为爆破式的变革。这种变革方式往往是在短时间内进行的一次性变革,这种方式雷厉风行、一次到位,解决问题迅速,涉及企业组织结构重大的以至根本性质的改变,且变革期限较短。一般来说,爆破式的变革适用于比较极端的情况,除非是非常时期(如企业经营状况严重恶化),否则一定要慎用这种变革方式,因为爆破式的变革会给企业带来非常大的冲击,必须在成员的社会心理承受能力和组织内外部条件都充分允许并做了认真准备和周密计划的基础上进行。

三、变革的层次

从程度等级方面来考虑有计划的变革,第一层次的变革(first-order change)是线性连续的。这一层次的变革并不意味着组织成员在世界观方面的改变或在组织如何提高功能方面会有根本性的改变。相反,第二层次的变革(second-order change)是多维度、多层次、不连续、激进的变革。它涉及重新建构组织以及对组织所处环境的认识。

在组织中谁负责实施变革活动?答案是变革推动者(change agents)。变革推动者可以是管理者也可以是非管理者,可以是组织内的员工也可以是组织外的顾问。

通常我们把高层管理者视为变革推动者。但对于多数变革来说,高层管理者都会求助于临时的外部顾问,他们具有变革的理论与方法上的专业知识。作为外部顾问的变革推动者比内部的变革推动者能提出更客观的观点。但是,他们也有不足之处,因为他们对组织的历史、文化、人员、操作程序缺乏充分了解。外部顾问更愿意推行第二层次的变革,这可能有利也可能不利,因为他们不受变革后果的影响。相反,组织内部的专业人员或管理者,尤其是那些在组织中工作了多年的人,常常更为谨慎,因为他们担心会冒犯多年的朋友和同事。

8.2.2 组织变革的要求与措施

组织变革是一个矛盾运动过程,存在着变革动力与阻力之间的冲突,通过个体、群体、组织之间的利益摩擦体现出来。为此,变革推动者必须有步骤地采取措施,使变革目标得以逐步实现,而不至于使变革失序和混乱。

当前组织怎样变革是学者们研究最广泛、最深入的课题,这里主要介绍组织变革的要求以及可以采取的措施。

一、组织变革的要求

关于这方面的研究可概括为一句话,那就是"层级扁平化,运作柔性化,内部关系网络化"。

(一)层级扁平化

卡拉克(Karake,1992)[30]认为层级的减少是现代企业组织变革最显著的特征,这样做的结果是使企业的组织效率得到大幅提高。Hong(1999)[31]的研究对此提供了有力的支持,他在关于美国500强企业组织变革的调查中发现,所有企业都减少了层级,其中有90%的企业的利润比以往提升了5%。那么为什么目前能对企业层级进行大幅压缩呢?顾卫东[32]认为,这是由于目前组织成员的独立工作能力大大提高,并且组织成员获得了充分授权,承担了较大的责任,上下级关系由传统的发号施令者和被动执行者的关系转变为一种团队成员的关系,使管理层次减少。而皮克林和金(Pickering and King,1995)[33]则从信息技术在企业中的广泛应用使管理幅度加大的角度对此进行了解释。他们认为,企业之所以采用金字塔式的层级结构,是因为受到了管理幅度的限制;应用信息技术之后,上级交给下级的工作和任务趋于标准化和程式化,下级对工作的完成情况也能通过网络系统快速、及时、准确地反馈给上级,增强了上级对下级的有效控制力度,拓宽了上级的管理幅度,使原来需要两个层级才能完成的管理任务现在只需一个层级就可完成,减少了企业的层级。德维特和琼斯（Dewette and Jones，2001）[34]又从信息技术在企业中的广泛应用加强了成员之间的有效沟通的角度做了说明：信息技术的应用使组织成员可以进行"一对一"的交流，减少了信息传递的失真，在很大程度上取代了层级制的决策功能；不仅能处理更多的问题，还能做出更准确的决策。层级扁平化的重点对象是中间管理层。德鲁克指出，一个成功的新型大企业最好根本没有中间管理层。孙健、林则夫等（2001）[35]认为，中间管理层的存在一方面是因为在信息处理能力有限的情况下他们要负责信息的收集与传递，另一方面则是因为管理幅度有限，他们要负责对操作层的监督与控制；而信息技术的应用使中间管理层失去了存在的基础，企业将成为没有中间层的扁平化组织[36]。

（二）运作柔性化

灵活性和适应性是现代企业适应新环境的关键（Douglas，1999；Lauetal，2001）[37]。斯特宾斯等认为，现代企业组织应是客户利益导向的，集产品开发、项目管理和客户服务于一体的功能交叉的团队，为适应这种跨部门职能的问题及加强和外界的联系，企业必须采取柔性运作的方式。戴斯等（Dess，1995）[38]认为，在当前企业组织重新设计的浪潮中，"精益"和"灵活性"成了两个最主要的追求目标，因此减少非核心部门和进行柔性运作成了必不可少的手段。但如何进行柔性运作以及它能给企业带来什么呢？王瑞旭（1995）[39]解释说，柔性运作包括产品柔性化、创新柔性化、修改柔性化、批量柔性化、流程柔性化和物料柔性化等；柔性运作的关键是采用柔性技术，包括计算机数控（CNC）、成组技术（GT）、计算机辅助设计（CAD）、计算机辅助制造（CAM）、柔性制造系统（FMS）和计算机集成制造系统（CIMS）等；运作柔性化能使资源得到合理利用，提高企业的应变能力和竞争能力。

（三）内部关系网络化

企业组织内部部门之间、员工之间的网络化关系有助于信息的有效传递和对日常问题的处理（Feldman，1987）[40]。不同部门、员工之间通过先进的通信技术进行信息沟通和及时有效的交流，可增进员工之间的了解，提高其学习能力，并增强部门之间的协同能力，有利于企业处理复杂的项目，形成竞争优势（Demarie and Hitt，2000）[41]。斯科特认为，网络式的组织关系能使企业适应研发新产品的复杂性，提高成功的概率。王瑞旭[39]从柔性运作的角度对网络化关系的重要性进行了研究，他认为：企业采用柔性技术后，各部门之间的工作联系变得紧密，各部门之间的协调就十分重要；各部门的任务都会与其他部门相互影响，带来很多瓶颈问题。这样，及时有效的沟通就是关键，而关系网络化则可起到良好作用。斯波尔和基斯勒（Sproull and Kiesler，1986）[42]建议说，要形成网络化的关系必须进行有效分权，使员工和部门的地位及角色不影响沟通的有效性。

二、组织变革的措施

（一）确立组织价值观

组织在发展中要重视人员和组织的成长、合作与参与过程以及质询精神。变革推动者在组织发展中具有指导作用，但同时组织也要非常重视合作。发展中的组织并不太重视权力、权威、控制以及强制这样的概念。下面简要概括一下大多数组织发展活动的基本价值观念。

（1）尊重人。认为个人是负责的、明智的、关心他人的，他们应该受到尊重。

(2) 信任和支持。有效和健康的组织拥有信任、真诚、开放和支持的气氛。

(3) 权力均等。有效的组织不强调等级权威和控制。

(4) 正视问题。不应该把问题掩盖起来，要正视问题。

(5) 参与。受变革影响的人参与变革决策的机会越多，实施这些决策遇到的阻力就越小。

(二) 敏感性训练

敏感性训练（sensitivity training）指的都是通过无结构小组的相互作用改变行为的方法。在敏感性训练中，成员处于一个自由开放的环境中，讨论他们自己以及他们的相互交往过程，并且有专业的行为科学家稍加引导。这种小组是过程导向的，也就是说，个人通过观察和参与来学习，而不是别人告诉他学什么，他就学什么，专业人员为参与者创造机会，让他们表达自己的观点、信仰和态度，专业人员自己并不具有（实际上是明确抵制）任何领导角色的作用。

敏感性训练的目标是使主体更明确地意识到自己的行为以及别人如何看待自己，并使主体对他人的行为更敏感，更理解小组的活动过程。它追求的具体目标包括：提高对他人的移情能力，提高倾听技能，更为真诚坦率，增强对个体差异的承受力，改进冲突处理技巧。

如果个人对别人如何看待自己缺乏了解，那么成功的敏感性训练会使他的自我知觉更为现实，群体凝聚力更强，功能失调的人际冲突减少。进一步而言，敏感性训练的理想结果将是：个人和组织更为一体化。

(三) 调查反馈

调查反馈（survey feedback）是评估组织成员所持有的态度，识别成员之间的认知差异以及清除这些差异的一种工具。组织中的每一个人都可以参加调查反馈，但其中最重要的是"组织家庭"（任何一个部门中的管理者及向他直接汇报工作的下属）的参与。调查问卷通常由组织或部门中的所有成员填写。问卷主要询问员工对以下这些方面的认识、理解和态度：决策实践，沟通效果，部门间的合作，以及对组织、工作、同事和直接主管的满意度。调查者通过提问或面谈的方式来确定哪些问题是重要的。

调查者根据个体所在的"组织家庭"及整个组织来统计问卷的信息，并分发给员工。这些资料就是确定问题、澄清问题的出发点。有时，外部的变革推动者会告诉管理者问卷回答的意义，并对"组织家庭"的小组讨论提供指导。在这里尤其要注意的是，调查反馈法鼓励小组讨论，并强调讨论要针对问题和观点，而不是进行人身攻击。

最后，调查反馈法的小组讨论要使成员认识到问卷结果的意义。人们会不会听这些信息？会不会由此产生新观点？决策、人际关系、任务分配能否得到改进？对这些问题的回答将导致人们做出承诺，解决已发现的问题。

(四) 过程咨询

没有组织能够尽善尽美地运作，管理者常常会发现自己部门的工作绩效还可以改进，但不知道要改进哪些方面以及如何改进。过程咨询（process consultation）的目的就是让外部顾问帮助客户（常常是管理者）认识、理解他们必须处理的事务，并采取行动。这些事务可能包括运作流程、各部门成员间的非正式关系、正式的沟通渠道等。

过程咨询与敏感性训练很相似，即通过协调人际关系和重视参与，可以提高组织的有效性。但过程咨询比敏感性训练更为任务导向。

过程咨询中的顾问让管理者了解在他的周围以及他和其他人之间正在发生什么事,他们不解决组织中的具体问题,而是作为向导和教练在过程中提出建议,帮助管理者解决自己的问题。

顾问和管理者共同工作,诊断哪些过程需要改进。在这里之所以强调"共同工作",是因为管理者在对自己所在部门的分析过程中还能够培养一种技能,这种技能即使在顾问离开以后仍然能持续存在。另外,管理者积极参与诊断和方案开发过程,使他能对过程和解决方法有更好的理解,减少对所选择的活动方案的阻力。

重要的一点是,过程咨询顾问不必是解决具体问题的专家,他的专业技能在于诊断和提供帮助。如果管理者和顾问均不具备解决某一问题所需要的技术知识,则顾问会帮助管理者找到一位这方面的专家,然后指导管理者如何从专家那里尽可能多地获得资源。

8.3 组织变革的阻力

在认清了组织变革的原因和方式以后,变革推动者还必须进一步认识到阻碍变革的种种因素,包括个体和组织两个层面的阻力。只有这样,变革推动者才能克服这些阻力,实施有计划的变革措施。

一、个体阻力的产生

变革中个体的阻力来自基本的人类特征,如知觉、个性和需要。下面概括一下个体抵制变革的六个原因,如图 8-1 所示。

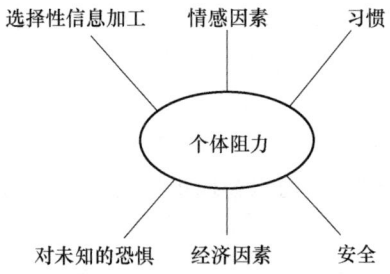

图 8-1 个体抵制变革的六个原因

(一)习惯

人类是有习惯的动物。生活很复杂,我们每天必须做出数百种决策,但不必对这些决策的所有备选方案一一进行考察。为了应对这种复杂性,我们往往依赖于习惯化或模式化的反应。但是当你面对变革时,以惯常方式做出反应的趋向会成为阻力源。

(二)安全

安全需要较高的人可能会抵制变革,因为变革会给他们带来不安全感。当西尔斯公司宣布要解雇 50 000 名员工以及福特公司要引进新的机器人设备时,这些公司的许多员工感觉自己的工作受到了威胁。

(三)经济因素

第三个个体阻力源是变革会降低收入。如果人们担心自己不能适应新的工作或新的工作规范,尤其是当报酬和生产率息息相关时,工作任务或工作规范的改变会引起经济恐慌。

(四) 对未知的恐惧

变革用模糊和不确定性代替已知的东西。组织中的员工不喜欢不确定性。如果全面质量管理的引进意味着生产工人不得不学习过程控制技术的话,一些人会担心他们不能胜任。因此,如果要求他们使用控制技术,他们会对全面质量管理产生消极态度或者产生功能失调的冲突。

(五) 选择性信息加工

个体通过知觉塑造自己的认知世界。这个世界一旦形成就很难改变。为了保持知觉的完整性,个体有意地对信息进行选择性加工,他们只听自己想听的,而忽视那些对自己已建构起来的世界形成挑战的信息。

(六) 情感因素

即使是最真诚的变革接受者也是矛盾的,这源于周围因各种动机而不愿接受变革的人所制造的紧张气氛。情感的痛苦如果没有被及时发现和处理会很有害。变革的抵制者或许能提出更合理的原因来阻碍变革。一旦抵制是有效的,它就将不可控制,一般情况是阻碍变革的进程。

情感的作用过程表明被变革影响的诚实感、公正感、尊重感的作用。组织可以建立焦虑减弱机制。而且不良情绪可通过一些办法得到释放,例如开玩笑、用物品释放生气情绪等。如果这些做法可以被广泛地应用,那么情绪的紧张感将不会那么强烈。

情感经历也可理解为对变革行为的时间、进程、结果的敏感程度。组织成员更可能敞开自己的胸怀,倾听更有建设性的变革计划。一项研究表明:情感投入的程度越高,对一个变革计划的接受度就越高[20]。

二、组织阻力的产生

组织就其本质来说是保守的,它们积极地抵制变革。抵制变革的组织阻力主要有六个方面,如图8-2所示。

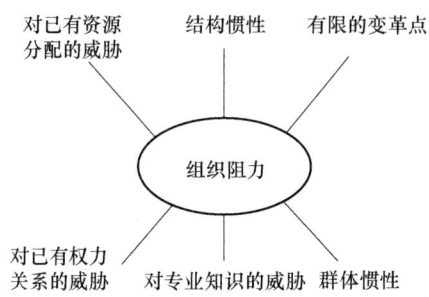

图8-2 抵制变革的组织阻力

(一) 结构惯性

组织以其固有的机制保持其稳定性。例如,甄选过程系统地选择一定的员工流入,选择一定的员工流出。培训和其他社会化技术强化了具体角色的要求和技能。而组织的规范化提供了工作说明书、规章制度和员工遵从的程序。

经过挑选,符合要求的员工才会进入组织,此后,组织又会以某种方式塑造和引导他们的行为。当组织面临变革时,结构惯性就充当起维持稳定的反作用力。

(二) 有限的变革点

组织由一系列相互依赖的子系统组成。组织不可能只对一个子系统实施变革而不影响到其他子系统。例如,如果只改变技术工艺而不同时改变组织结构与之配套,技术变革就不大可能被接受。所以,子系统中的有限变革很可能因为更大系统的问题而变得无效。

(三) 群体惯性

即使个体想改变他们的行为,群体规范也会成为约束力。例如,单个的工会成员可能乐于接受资方提出的对其工作的变革要求,但如果工会条例要求抵制资方做出的任何单方面变革,他就可能会抵制。

(四) 对专业知识的威胁

组织中的变革可能会威胁到专业群体的专业技术知识。20世纪80年代初,分散化个人计算机的引进就是一个例子。这种计算机可以使管理者直接从公司的某些部门中获得信息,但它遭到了许多信息系统部门的反对。为什么?因为分散化的计算机终端的使用对集中化的信息系统部门所掌握的专门技术构成了威胁。

(五) 对已有权力关系的威胁

任何决策权力的重新分配都会威胁到组织长期以来已有的权力关系。在组织中引入参与决策或自我管理的工作团队的变革,就常常被基层主管和中层管理人员视为一种威胁。

(六) 对已有资源分配的威胁

组织中控制一定数量资源的群体常常视变革为威胁。他们往往对事情的原本状态感到满意。变革是否意味着他们的预算减少或人员减少呢?那些最能从现有资源分配中获利的群体常常会对可能影响未来资源分配的变革感到忧虑。

三、变革阻力的克服

组织的变革是大势所趋,但还是要注意组织变革中的艺术性[43]。变革推动者要积极地创造条件,采取措施,消除阻力,保证组织变革的顺利进行。

(一) 保持公开性,增加参与度

心理学研究表明,人们对某项事件参与的程度越大,就越勇于承担责任,并把它作为自己的事情来做。对于组织目前所处的运行环境、所面临的困难与机遇等,变革推动者要开诚布公,使组织上下形成共识,增强变革的紧迫感,扩大对变革的支持力量,使组织变革有广泛而牢固的群众基础,这是保证组织变革顺利进行的首要条件。变革推动者也要让人们能够参与变革的讨论和设计,发表自己的意见和建议,表达自己的担心和信心,了解组织面临的机遇与挑战,认识变革的意义和重要性,从而消除他们对组织变革的心理抵制,推动变革的顺利进行。

(二) 加强培训教育,提高变革适应性

组织变革是一件关系组织发展的大事,应加强培训和教育,使大家学习新知识,接受新

观念,掌握新技术,学会用新的观点与方法来看待和处理新形势下的各种新问题,增进他们对组织变革的理性认识,增强他们对组织变革的适应力和心理承受能力;也要使人们认识到,虽然每一种变革都会影响到某些人的特权、地位或职权,但如果不实施变革,停滞下来,那将会威胁到整个组织的生存和发展,更影响自己的利益和发展;另外,要使他们有一种非改不可的压力和紧迫感,自觉成为改革的生力军。

(三) 增进了解,相互尊敬,相互信任

变革不仅仅是组织管理者的事情,每一位成员都有责任、有义务关心、支持组织的变革。管理者在变革中应努力创造一种与其成员之间相互尊重、相互理解的良好氛围,发挥成员的积极性和主动性。有的变革者总认为人们都会抗拒变革,个个都因循守旧,因此,他们总想通过强制手段或利益诱导或巧妙的设计安排来把人们引入其所无法了解的变革内,这反映了变革者对组织成员的一种不尊敬、不信任,这在无形中会增加许多阻力。实际上,几乎每个人都急切地希望生活和环境中发生某种类型的变革。只要管理者对变革的力量合理地加以因势利导,及时增进与组织成员相互的沟通与尊重,变革的阻力就会减小。

(四) 大胆起用人才,努力排除阻力

组织变革成功与否既取决于员工的所作所为,也取决于变革的倡导者和管理者,因此,要大胆起用那些富有开拓创新精神、锐意进取、目光远大且年富力强的优秀人才,把他们充实到组织的重要领导岗位,为顺利地实施变革提供组织保障。人事变革既是组织变革的重要内容,又是确保组织变革成功的重要条件。组织变革首先是人的思想观念的变革,如果某些人不能换脑筋,那就得换人。

(五) 抢抓机遇,注意策略

组织的变革常常会打破一些旧的东西,树立一些新的东西。即使人们对变革持支持的态度,也要合理安排变革的时间和进程,要选好时机,把握分寸,循序渐进,配套进行,让人们有适应的时间,也要及时地进行意见沟通。变革推动者要把变革的理由、措施及步骤公开地告诉组织成员,并让他们进行充分讨论,畅所欲言,要认真听取下级管理人员和员工的意见和建议,及时修正、完善变革方案和规划。变革是革命,但不等于蛮干,要特别注意策略和艺术。成功的变革不仅在于提高组织的效率,维持组织的成长,也在于提高成员的工作士气,满足成员的合理需要。因此,在变革前,变革推动者应详细分析可能发生的各种问题,预先采取防范措施,从而为组织创造最佳的变革环境与变革氛围。当组织变革的大政方针决定以后,策略和艺术就成为保证组织变革成功的关键所在。

(六) 促进与支持

变革推动者可以通过提供一系列支持性措施来减少阻力。当员工十分恐惧和忧虑时,应给员工提供心理咨询和治疗、新技术培训或短期的带薪休假,这样有利于他们心态的调整。这个策略的不足之处是费时,另外,实施起来花费较大,并且没有成功的把握。

(七) 谈判

变革推动者处理变革的潜在阻力的另一个方法是,以某些有价值的东西换取阻力的减小。例如,如果阻力集中于少数有影响力的个人身上,就可以商定一个特定的报酬方案以满足他们的个人需要。当变革的阻力非常强大时,谈判可能是一种必要的策略,但其潜在的高

成本是不应忽视的。另外,这种方式也有一定的风险,一旦变革推动者为了减小阻力而对一方做出让步时,他就可能面临着其他权威个体的勒索。

(八) 操纵和收买

操纵是指隐含的影响力。这方面的例子有:歪曲事实使变革显得更有吸引力,封锁不受欢迎的信息,制造谣言使员工接受变革。如果工厂的管理者威胁说,员工要是不接受全面的工资削减方案,工厂就要关门,而实际上并无这种打算的话,管理者使用的就是操纵手段。收买是一种包括了操纵和参与的形式,它通过让某个变革阻力群体的领导者在变革决策中承担重要角色来收买他们。之所以征求这些领导者的意见,并不是为了寻求更完善的决策,而是为了取得他们的允诺。相对而言,操纵和收买的成本都较低,并且易于获得反对派的支持。但如果对方意识到自己被欺骗和被利用,这种策略会产生适得其反的效果,一旦被识破,变革推动者会因此而信誉扫地。

(九) 强制

最后一项策略是强制,即直接对抵制者实施威胁和压力。如果员工不同意削减工资,而企业管理者真的下决心要关闭工厂,那么这种变革策略就会具有强制色彩。其他例子还有威胁调职、不予提拔、消极的绩效评估和提供不友善的推荐信等。强制的优缺点与操纵和收买相似。

8.4 组织变革的过程与趋势

8.4.1 组织变革的过程

组织变革是一个复杂、动态的过程,需要有系统的理论指导[44]。管理心理学对此提出了行之有效的理论模型,适合于不同类型的变革任务。其中,影响最大的有勒温变革模型、系统变革模型和科特变革模型等。

一、勒温变革模型

组织变革模型中最具影响力的也许是勒温变革模型。勒温(Lewin,1951)[45]提出了一个包含解冻、变革、再冻结等三个步骤的有计划组织变革模型,用以解释和指导如何发动、管理和稳定变革过程。

(一) 解冻

解冻(unfreezing)步骤的焦点在于创设变革的动机,鼓励管理人员和员工改变原有的行为模式和工作态度,采取新的适应组织战略发展的行为与态度。为了做到这一点,一方面,需要对旧的行为与态度加以否定,另一方面,要使管理人员和员工认识到变革的紧迫性。可以采用比较评估的办法,把本单位的总体情况、经营指标和业绩水平与其他优秀单位或竞争对手加以一一比较,找出差距和解冻的依据,帮助管理人员和员工"解冻"现有态度和行为,迫切要求变革,愿意接受新的工作模式。此外,应注意创造一种开放的氛围和心理上的安全感,减少变革的心理障碍,提高变革成功的信心。

（二）变革

变革（movement）是一个学习过程，需要给管理人员和员工提供新信息、新行为模式和新的视角，指明变革方向，实施变革，进而形成新的行为和态度。在这一步骤中，应该注意为新的工作态度和行为树立榜样，采用角色模范、导师指导、专家演讲、群体培训等多种途径。勒温认为，变革是个认知的过程，它通过获得新的概念和信息来完成。

（三）再冻结

在再冻结（refreezing）阶段，利用必要的强化手段使新的态度与行为固定下来，使组织变革处于稳定状态。为了确保组织变革的稳定性，需要注意使管理人员和员工有机会尝试和检验新的态度与行为，并及时给予正面的强化；同时，要加强群体变革行为的稳定性，促使形成稳定持久的群体行为规范。

二、系统变革模型

系统变革模型在更大的范围内解释了组织变革过程中各种变量之间的相互联系和相互影响关系。这个模型包括输入、变革元素和输出三个部分。

（一）输入

输入包括内部的强项和弱项、外部的机会和威胁。其基本构架则是组织的使命、愿景和相应的战略规划。企业组织用使命来表示其存在的理由，愿景描述组织所追求的长远目标，战略规划则是为实现长远目标而制订的有计划变革的行动方案。

（二）变革元素

变革元素包括目标、人员、社会因素、方法和组织体制等元素。这些元素相互制约和相互影响，组织需要根据战略规划，组合相应的变革元素，实现变革的目标。

（三）输出

输出包括变革的结果。根据组织战略规划，从组织、部门群体、个体等三个层面，增强组织整体效能。

三、科特变革模型

领导研究与变革管理专家约翰·科特（John P. Kotter）认为，组织变革失败往往是由于高层管理部门犯了以下错误：未能建立起变革需求的急迫感；没有创设负责变革过程管理的有力指导小组；没有确立指导变革过程的愿景，并开展有效的沟通；没能系统计划，获取短期利益；未能对组织文化变革加以明确定位；等等。为此，科特提出了指导组织变革规范发展的八个步骤：建立急迫感；创设指导联盟；开发愿景与战略；沟通变革愿景；实施授权行动；巩固短期得益；推动组织变革；定位文化途径。科特的研究表明，成功的组织变革有70%～90%是由于变革领导有成效，还有10%～30%是由于管理部门的努力。

四、巴斯的观点和本尼斯的模型

管理心理学家弗兰克·巴斯（Frank M. Bass）认为，按传统方式以生产率或利润等指标来评价组织是不够的，组织效能必须反映组织对于成员的价值和组织对于社会的价值。他

认为评价一个组织应该有三个方面的要求:
(1) 生产效益、所获利润和自我维持的程度;
(2) 对于组织成员有价值的程度;
(3) 组织及其成员对社会有价值的程度。

沃伦·本尼斯(Warren G.Bennis)则提出,有关组织效能判断标准,应该是组织对变革的适应能力。当今组织面临的主要挑战是能否对变化中的环境条件做出迅速反应和积极适应外界的竞争压力。组织成功的关键是能在变革环境中生存和适应,而要做到这一点,必须有一种科学的精神和态度。这样,适应能力、问题分析能力和实践检验能力就是组织效能的主要内容。在此基础上,本尼斯提出了有效与健康组织的标准,如下所述。

(1) 环境适应能力:组织解决问题和灵活应对环境变化的能力。
(2) 自我识别能力:组织真正了解自身的能力,包括组织性质、组织目标、组织成员对目标理解和拥护的程度、目标程序等。
(3) 现实检验能力:组织准确觉察和解释现实环境的能力,尤其是敏锐而正确地掌握与组织功能密切相关的因素的能力。
(4) 协调整合能力:组织协调组织内各部门工作和解决部门冲突的能力,以及整合组织目标与个人需求的能力。

五、卡斯特的组织变革过程模型

弗里蒙特·卡斯特(Fremont E.Kast)提出了组织变革过程的六个步骤,如下所述。
(1) 审视状态:对组织内外环境现状进行回顾、反省、评价、研究。
(2) 觉察问题:识别组织中存在的问题,确定组织变革需要。
(3) 辨明差距:找出现状与所希望状态之间的差距,分析所存在的问题。
(4) 设计方法:提出和评定多种备选方法,经过讨论和绩效测量,做出选择。
(5) 实行变革:根据所选方法及行动方案,实施变革行动。
(6) 反馈效果:评价效果,实行反馈。若有问题,再次重复此过程。

六、沙因的适应循环模型

沙因认为组织变革是一个适应循环的过程,一般分为以下六个步骤。
(1) 洞察内部环境及外部环境中产生的变化。
(2) 向组织中的有关部门提供有关变革的确切信息。
(3) 根据输入的情报资料改变组织内部的生产过程。
(4) 减少或控制因变革而产生的负面作用。
(5) 输出变革形成的新产品及新成果等。
(6) 经过反馈,进一步观察外部环境状态与内部环境的一致程度,评定变革的结果。

上述步骤与方法和卡斯特主张的步骤与方法比较相似,所不同的是,沙因[46]比较重视管理信息的传递过程,并指出了解决每个过程出现的困难的方法。

8.4.2 组织变革的趋势

在信息化和多元化的影响下,在组织发展的趋势中,鼓励组织成员学习和创新是普遍性要求。与此相应,学习型组织与创新型组织受到了重视。

一、学习型组织

美国学者彼得·圣吉(Peter M. Senge)在《第五项修炼》(*The Fifth Discipline*)一书中提出了学习型组织(learning organization)的管理观念,他认为,企业应建立学习型组织。面对变化剧烈的外在环境,组织应力求精简、扁平化、弹性因应、终生学习、不断自我组织再造,以维持竞争力。以下将对学习型组织的定义和建设方式作一些简要的介绍。

(一) 学习型组织的定义

(1) 圣吉认为,学习型组织是:"在这种组织里,你不可能不学习,因为学习已经完全成了生活的不可分割的一部分。"同时,他认为学习型组织是"一群能不断增强自身的创造力的人组成的集合或团队"。他还强调:"组织的学习水平、能力的高低可能是组织保持竞争优势的关键因素。"

(2) 学习型组织是一个有自己的哲学的组织,它在预期、对变化的应对和反应、复杂性和不确定性等方面都有自己的一套哲学。

(3) 迈克·麦吉尔(Michael E. McGill)认为,学习型组织是能够通过改变信息处理和评估的规划、方式来适应新的信息要求的一个团队。

(4) 学习型组织是指以信息和知识为基础的组织,这种组织实行目标管理,成员能够自我学习、自我发展和自我控制。由于组织中的信息流是自下而上的,因此要想使以信息为基础的系统发挥作用,必须要求每个人和每个部门都为他们的目标、任务和沟通承担起责任。每个人都必须自问:我能为组织贡献什么?我必须依靠谁来获取信息、知识和专门技能?反过来,谁又依靠我获取信息、知识和专门技能?这样的组织能促进成员的自我学习和自我发展。

(二) 学习型组织的建设

通常认为,学习型组织的建设过程需要关注下列环节。

1. 愿景

一个组织必须有一个向何处发展的愿景,这样员工才能知道应该学习什么。为此组织应制定详细的战略,以便使员工的学习能推动组织向愿景靠近,同时组织的愿景和战略也必将支持和促进组织学习。

如何能够让一个组织从对愿景的期望中产生持续的学习能力呢?许多公司的经验证明,这个组织要学会把有目的地学习和适应变化作为一种生活方式,组织中的成员要认可组织更大的目标,并且学会把组织作为一个系统来理解。在组织中,如果员工对目标愿景充满信心,感到为实现这一目标应该贡献自己的一份力量,他们将会全力以赴地学习和工作。

2. 决策行为

从愿景向外推移,下一个因素是决策行为。对此我们必须审视的是:组织领导者说的和做的能支持组织学习的愿景吗?他们对员工的持续学习和技术改进负责吗?他们能激励组织中其他人跟随他们一起实现愿景吗?

学习型组织也有各种各样的方法来实现有效的组织学习。在一些公司中,从薪水最低的员工到决策层只有很少的几个等级,任何等级的员工都被鼓励与最高决策层直接对话。

还有一些公司的做法是把员工放到他们不能完全胜任的职位上,使得他们必须学习和掌握新的技能,然后员工再被派到新的岗位上。如果一个员工能完全胜任某个职位,那么这样的工作往往是令人乏味的[29]。

3. 组织氛围

组织氛围是组织每一位员工的态度、价值观的总和。这些态度和价值观决定了他们如何看待自己在组织中的地位、怎样与其他员工相处以及对组织文化的认同。一个学习型组织的氛围应该是开放、信任。员工不会因说出他们内心的想法而担心日后受到惩罚,经理和员工之间的戒心完全消除了,大家在为共同的福利并肩作战。营造开放、信任的氛围对组织的各个方面都能产生良好的影响。在严格作业的化工行业,工厂的管理者对事故倾向于闭口不谈,担心安全事故的记录会给自己带来麻烦。但在杜邦的 Belle 化工厂,他们把每星期的会议作为论坛,来讨论哪怕是最轻微的化学药品泄漏或其他安全隐患。所有的事故,即使发生在工厂外,如员工在交通事故中受伤,都会在周例会上讨论,以引起全体员工的重视,从中汲取教训。

4. 组织结构

合理的组织结构有助于持续学习,其益处在于能提供流动的职位。职位的流动是为了适应外界环境的变化和组织自身的需要,如职位轮换、自我控制和多职能的工作小组。这些做法都将增强组织的灵活性,而使那些阻碍了信息流动的官僚体制的影响压缩到最低限度。合理的组织结构对 Johnsonville Foods 公司的成功是至关重要的。在这个公司中,管理者鼓励成员(在该公司中只有成员,不存在雇员)学习公司的每一个层面,甚至包括那些传统上只为高级管理人员所特有的层面。实际上,公司所有的工作都由自我控制的小组完成,甚至连对业绩的评定和对失误的补救都由小组成员自己完成。零售业巨人沃尔玛也利用工作结构重组来创造更多的学习机会。

5. 信息系统

以学习为中心的组织必须使用先进的通信技术来获取、传递信息。它们的计算机系统使得员工之间的交流非常方便,每个人都能够获取与其工作有关的信息。沃尔玛是这一领域的领头羊,公司拥有自己的卫星信息传递系统,它连接着沃尔玛的每一家分店和每一家供应商,每一家分店都能及时获得进货所需的价格数据,供应商也能得到相关的销售数据,以便于供货和控制库存。但是,获取与传递信息需要慎重对待,传递出来的信息质量远远比数量重要得多。AT&T 利用一种名为 AAA(Access to AT&T Analysts)的计算机在线服务系统来存储信息。它能帮助任何一位公司成员迅速地找到工作所需要的专门知识或竞争对手的资料。如当一个小组在设计一种家用报警器时需要有关纠错循环码的信息,AAA 就把他们和纠错循环码专家连在一起,以便为其提供专业知识。

二、创新型组织

组织创新研究植根、发源于约瑟夫·熊彼特(Joseph A. Schumpeter)的创新理论。根据熊彼特的经典定义,创新是指将一种从来没有过的、关于生产要素的"新组合"引入生产体系。这种新组合包括以下内容:(1)引进新产品;(2)引入新技术;(3)开辟新的市场;(4)控制原材料新的供应来源;(5)实现工业的新的组织。显然,熊彼特创新概念的含义相当广泛,它是指各种可提高资源配置效率的新活动。

(一) 创新型组织的定义

关于创新型组织,国内外学者已经进行了相关的研究,主要涉及构成要素以及结构方面。代表性的观点有:熊彼特认为当现有的市场结构随着新产品和服务的引入而被打破的时候,就会创造出新的社会财富,他把这种过程叫作"创造性破坏";哈格(Hage)认为组织的技术人员和专家的比例越高,该组织的创新水平越高;英国苏赛克斯大学的费里曼(Freeman)教授在1982年出版的《工业创新经济学》中,对成功创新的组织进行了分析,他认为创新型组织内部的研发能力很强,愿意冒高风险去关注潜在市场。

对其做一个概述,我们认为,创新型组织(innovative organization)是指这样一些组织:它们的创新能力和创新意识较强,组织成员能够比较协调地进行技术创新、组织创新和管理创新等活动。在这些组织中,无论是组织的领导者还是普通员工都有变革的渴望,并逐步把"变革"转化为组织的例行规范,就是"把创新精神制度化而创造出一种创新的习惯"。

(二) 创新型组织的特征

1. 创新是从高层开始的

我们发现,组织创新都是从高层指明创新的愿景和方向开始的,即组织的高层需要明确指出,什么是组织需要创新的领域,它与组织战略有什么关系。

2. 文化和领导

卓越的创新型组织培育了有利于创新的文化和领导者,这些组织的各级领导者具有独特的创新型领导风格和素质,创造了有利于创新的组织氛围。

3. 高度执行力

卓越的创新型组织具有将创新的想法实施到底的高度执行力。大部分组织其实不乏创新的想法,但往往缺乏的是把这些新想法贯彻落实、最后创造新财富的决心和机制。

(三) 创新型组织的建立

1. 培养有创新精神的成员

(1) 加强培训

创新型组织积极地对员工进行培训,时刻让员工保持知识的更新和与时俱进是组织建设的重要内容。在现今社会中,信息更新的速度极快,稍微放松就会跟不上步伐,培训可以让员工们充实自己,时刻保持最新状态,意识到技术和组织创新的必要性,用更新颖的方法实现组织的跨越式发展。

(2) 积极引进具有创新精神的员工

具有鲜明创新精神的员工可以感染其他成员坚定不移地将创新想法付诸实施,努力克服阻力,争取创新任务的成功完成。比如,海尔公司内部对人才的观念是"赛马"而非传统意义上的"相马"。"赛马不相马"的机制给每一个员工创造一个开放的环境,带给企业的好处就是可以用新鲜的方法解决许多疑难问题。

(3) 确定正确的失败观和竞争观

成功的路上难免会有失败和挫折。传统组织都希望在竞争中获得根本的胜利,这就有可能暗示员工拒绝失败。现代组织对失败的宽容态度可以让员工积极思考,坚持不懈。随着创新活动的进行,组织绩效也许会经历短暂的低谷,但是这些现象可以让员工明白竞争的本质,使其认识到短期内的失败虽然不可避免,但是会在长期内让组织把竞争对手甩在后面。全体成员要坦然面对失败,勇于承担风险,用新的方式方法解决创新问题。

2. 设计、孕育创新的组织结构和文化

(1) 减少组织的集权化

传统组织中的控制层与被控制层是以命令的形式进行沟通的,根据道格拉斯·麦格雷戈(Douglas McGregor)的 X 理论,命令式的控制方法可以让不喜欢工作的员工被迫承担责任,从而实现组织目标,但是也正是这种方式抑制了员工的创新精神和自我管理的精神,阻碍了个体之间、个体与组织之间的交流,不能激发出创造力和创新精神。如果组织给员工足够的空间,使其在一定范围内自主地支配自己的活动,那么就可以使员工的创新精神得到鼓励,从而激发员工的创造力和组织的活力。

(2) 保证充足的资源供给

组织要确保有足够的资源来支持创新建设,这些资源包括资金、物资、人员、时间等。"巧妇难为无米之炊",员工一旦产生有创意的想法,首先考虑的就是组织是否有足够的资源,保证这些想法被转换成现实的产品、服务或工作方式。如果某一阶段的成果不尽如人意或者由于采用新想法而遭遇失败,足够的资源也可以让组织有能力接纳失败造成的损失。

(3) 创建合适的反馈方式

传统组织中的反馈渠道主要是自下而上型的,领导者根据下级提供的信息做出决策。但是,某些时候,员工们为了个人利益或者其他原因会歪曲或夸大工作成果,如果采用合适的反馈方式就可以避免因偏听偏信造成的与事实不符,这些反馈方式有 360 度反馈法、目标管理法、走动式管理等。每种反馈方式都有自身的优点和缺点,组织可以把多种方式综合起来运用,以达到最佳效果。

8.5 塑造组织人格

所谓组织人格,是指组织成员所特有的一种行为模式,这种行为模式的特点在于即使不在组织环境的影响下,成员仍然能够在行动中体现组织的要求。

要把握这个概念,首先需要介绍一个比较相近的概念,即组织公民行为。接着,我们将结合组织人格的塑造,简要地回顾本书的主要内容,总结组织行为学的研究目的。

一、组织公民行为

组织公民行为(organizational citizenship behavior,OCB)是一种由员工自由决定的行为,它不包括在对员工的正式工作要求当中,但这种行为无疑会促进组织的有效运作。欧根(D. W. Organ)将 OCB 定义为"个体行为是自主的,并非直接地或外显地由正式的奖惩体系引发,这种行为的不断积累能够增强组织的有效性"[47]。

组织希望并且需要员工主动从事那些工作说明书中没有规定的内容。证据表明拥有这种员工的组织比没有这种员工的组织工作绩效水平更高。

除了担任额外角色或超出责任要求之外,OCB 在本质上是自由的或自愿的,而不是由正式奖惩体系引发的。OCB 能够以多种形式出现,包括利他主义、责任心、公民道德、谦逊等。

二、塑造组织人格

研究组织行为的目的,是把握组织成员的行为规律,通过科学合理的组织措施,建立恰当的行为习惯,从而提高整个组织的工作效率。也就是说,研究组织行为,是为了把分散的个体转化为有组织的分工协作成员,通过对个体需要、能力、个性的塑造,培养合格的组织成员。

(一) 了解组织成员的行为规律

组织行为学的研究是以组织成员的行为规律为主线,本书按照"社会人-群体人-组织人"的逻辑顺序,在个体的一般行为规律的基础上,逐一加入情境变量,得出组织成员的行为规律。

在个体层面,人们的动机主要受到了需要、能力和个性的影响,其中需要是人们行为的原动力,能力决定了人们行为的选择空间,个性是人们在环境中形成的惯有的行为方式。形成了特定的行为动机后,个体会按照特定的评选标准,在其能够知觉到的备选行为中挑选出行动方案,并采取相应的行为。

交往的出现使得个体形成了群体。在群体中,通过成员的角色意识发挥行为规范的作用;群体成员共同目标的形成,使得群体向团队发展。在团队中,有的成员交往地位更高,这就是领导者,领导者有着支配团队成员行为的能力,这就是权力。权力一旦被人们自觉服从,就会形成权威。权威集中体现了群体行为的特点,具有群体凝聚力,群体成员在权威的指导下表现出行为的一致性。

权力的出现使得组织的产生成为可能。权力维护下的行为规范就是制度,制度是组织情境中影响成员行为选择的重要因素,主要通过对于职位活动的设计表现出来。此外,在长期的组织生活中,成员们会形成共同的价值取向和默认的行为规范,这就是组织文化。制度是一种约束行为的强制因素,而文化则是潜移默化的影响因素。

(二) 采取科学合理的组织措施

了解组织成员的行为规律,为组织管理者有目的地调整人们的行为动机、影响他们的行为选择提供了依据。

组织管理者会出于实现组织共同目标的目的,有意识地采取相应的激励措施,从行为主体的需要、评价和选择出发,有效地调整组织成员的行为动机;同时,组织管理者可以通过改变行为主体备选行为的范围、影响他们的评价标准来作用于组织成员的行为选择过程,使得员工的行为有利于组织共同目标的实现。

此外,组织管理者还能够通过文化氛围,潜移默化地影响员工的动机形成和行为选择的过程。前已述及,组织管理者可以通过组织文化的创建、维护及管理,在组织中培育一种有利于组织目标实现的文化环境,从另一个角度影响员工的行为。

(三) 塑造成员的组织人格

组织通过激励等手段,利用制度、文化等因素影响着组织成员的需要、能力和人格,努力形成组织人格。而组织中的个体是具有主观能动性的,对于组织中制度、文化等因素对自身行为动机的影响会产生能动的反作用,也会影响组织,这就推动了组织变革。

从组织人格的塑造这个角度来看组织变革,实质上是组织成员对于组织人格的再塑造,这种再塑造一方面使得组织成员能够能动地适应组织环境,另一方面也会促使其努力成为一名合格的组织成员。

所谓合格的组织成员,不是仅仅把一般个体放在组织环境中,接受组织的约束和利用,而是即使他离开组织环境单独行动,也能够体现出组织的要求,自然而然地按组织要求行动,也就是说,组织的要求已经成为组织成员的本性,融入血液之中。这就是组织人格的再塑造,也是组织理性赖以形成的基础。

8.6 人工智能对组织变革的影响

企业组织变革是为适应外部环境变化而进行的,以改善和提高组织效能为根本目的的管理活动,其中外部环境的变化是企业组织变革的最大诱因。

一、人工智能容易忽视行业的特殊性

在未来十年,基础的事务性的组织发展工作在很大程度上将被人工智能替代(Jarrahi and Hossein,2018)。人工智能和机器学习的能力正在逐渐提高,但是总会有一些任务所要求的质量是技术难以复制的,例如创造力、同情心和情感意识等(Jason and Geng,2013)。人工智能在完成这些需要具有情感意识的工作时是存在缺陷的[27]。人工智能应用到不同行业中的组织变革时,应该考虑行业的特殊性和情感需求。

(一)工匠工艺的情感需求

工匠工艺类工作很难被有情感意识缺陷的人工智能取代。人工智能自动化被应用于很多人类不喜欢做的工作的同时,也逐渐替代了一些人类喜欢做、想要做的工作。那些人类喜爱、不容易被替代的工作,如工匠型的工作,将会相对增加,因为这类工作更看重人的因素,其意义不能被缺失情感意识的人工智能真正感受,其价值也不能完全被人工智能取代。有工艺专长的技术人员专注于某一领域,针对这一领域的产品研发或加工过程全身心投入,精益求精、一丝不苟地完成整个工序的每一个环节。这种工匠型工作除了传统手工艺外,在其他行业也可以看出消费者对手工制作的喜爱,如在餐饮业、家具制造业、时尚界中,人们情愿为手工制作而不是机器制造的产品花更多的钱。

(二)航空飞行的判断需求

复杂而有战略意义的航空飞行类工作很难被有情感意识缺陷的人工智能取代。航空飞行是一种特殊的人类活动,飞行员是飞机或其他航空器的驾驶员。多座飞机的飞行员通常只负责驾驶,单座飞机的飞行员除了负责驾驶之外,还要担负领航、通信、射击等任务。在正常情况下,飞机没有人类飞行员可能是没问题的,但是当出现问题的时候,人类的直觉是不可替代的。人工智能被设计成遵循协议,但哈德森事件的奇迹,正是Sally决定跳过协议并立即打开飞机的辅助动力,才能够让飞机安全降落。

(三)网络安全的突发需求

与网络安全相关的工作很难被有情感意识缺陷的人工智能取代。网络安全是指网络系统的硬件、软件及其系统中的数据受保护,不因偶然的或者恶意的原因而遭受破坏、更改、泄露,系统连续、可靠、正常地运行,网络服务不中断,具有保密、完整、可用、可控、可审查的特性。网络安全是一个应对人类攻击者试图绕过自动化静态防御的行业。一个有动力的人总会打败技术。因此,我们永远不会看到网络安全行业的完全自动化,因为网络安全需要一个拥有技术的人类防御者,要使用自动防御措施来为防御者提供智能武装。

(四)法律保障的同理需求

与严肃的法律保障相关的工作很难被有情感意识缺陷的人工智能取代。法律是由国家制定或认可并以国家强制力保证实施的,反映由特定物质生活条件所决定的统治阶级意志的规范体系。法律是统治阶级意志的体现,是国家的统治工具。那些需要常识的工作都不应该用人工智能来代替。我们可以在与法律相关的工作中清楚地看到这一点,在警务工作中,算法和可靠的规则无法轻易地适用于特定的环境和情况。对于律师而言,法律研究和战略可以得到人工智能的支持辅助,但其对口才技巧等都是无用的。在这方面,人类加上人工智能能产生"一加一大于二"的效果。

二、人工智能容易降低组织变革的应变性

(一)创新型的行动

人工智能在企业创新型行动中机动性与应变性呈现不足状态。人工智能可以通过计算历史数据和现在的大量数据来判断员工的行为特性,因此它在企业处于相对平稳的时期会有较大的作用。但是如果企业发生了与以往完全不同的突发状况或者企业在面临转型的关键阶段时,人工智能的高计算精准性、大数据搜索能力等所起的作用就很小,对行为的预判性也大不如前。当企业转型时,比如从日用品市场转到电商,这种跨度较大的转变让人工智能的作用变得具有局限性。企业的创新型行动(如企业战略、方向的调整等活动)必须依靠人们的主观能动性来进行价值转变,人工智能本身的有限性使其在这些问题面前只能起辅助作用。

(二)新的人事策略

人工智能在企业新的人事策略的调整中机动性与应变性呈现不足状态。在组织的发展中,人事策略的适当调整是企业必不可少的活动。人事策略是否有同理心,员工的人际关系能力、创新与沟通等综合能力是否能在人事策略实施中得到完美的锻炼是一个复杂的、非固定性的问题。人事策略的制定还需要更多地了解业务本身,懂得运营过程中的各项工作流程,此类操作有利于提升工作效率。宏观组织行为的这些复杂特征,使其注定无法被人工智能完全取代。当企业跨地域地扩大市场时,会出现很多人工智能无法根据过去的情形进行判断从而进行决策的情况。

案例

华为"不变"和海尔"之变"

华为公司取得的成绩似乎超越了任何一家中国企业,相比之下,2014年利润增幅是收入增幅3倍的海尔公司,在2015年完成海外收购后,2016年第一季度营收同比下降8.4%

的背景下,也能有"利润 16 亿元,同比增长达 48.1%"的报表,这一成绩也颇为可喜。与任正非坚守"我的老师是 IBM"不同,海尔公司一直"求变":从当初学德国制造、学日本精益化管理、学美国 GE 六西格玛管理,到现在学稻盛和夫的"阿米巴管理",张瑞敏甚至提出了"人人是创客,人人都是 CEO"。

而华为真的不变吗?如果说华为不变,任正非当初确实要求"削华为之足适 IBM 履",而且把人事任免权交给 IBM 公司的顾问,导致直接由 IBM 顾问免掉的华为配合不积极的高级干部就有十数人之多。

一、"摸着石头过河",不如"空杯心态"

其实,任正非非但没有强化学习 IBM 的"不变"决心,而且在漫长的创业初期,尝试"摸着石头过河"。但是随着实践的变化,任正非改变了思路:与其"摸着石头过河"进行变革,不如以"空杯心态"。

如何充分汲取 IBM 作为 20 世纪 80 年代的"巨无霸"在短短十多年内几近解体的教训,如何在汲取 IBM 经验的基础上,再根据自身和企业外部环境进行变革?这成为华为"跨越门槛"的学习圣经。

二、华为支付的高昂"咨询顾问费"

华为高成本、高风险、高收益的变革,同所在行业的"高门槛"有直接关系。任正非说:"我以为电信市场那么大,做一点点能养活我就行了。进来才知道电信不是小公司能干的,标准太高了,进步太快了。要活下来只有硬着头皮干到底,不然就干不下来了。"虽然,这句话有任正非自谦的成分,但电信行业"标准高,进步快"的特点以及高安全性、高稳定性的要求,在一定程度上也决定了华为公司的变革要"高起点""高投资""高可靠性",由此导致任正非一度需要借外债来支付高昂的"咨询顾问费"。

三、海尔的"折腾"与华为的"不变"

相比于华为的"不变",以及专注学习 IBM 的管理模式,海尔似乎一直在"折腾"管理之道。用"砸冰箱"来确立管理制度的权威性,这是"老皇历"了,还包括不断推进的"日事日毕,日清日高"、"市场链"管理、"人单合一"发展模式、六西格玛管理和"人人是创客"。

笔者反对一些学者从"发展速度、盈利能力"这两项指标来对比华为和海尔的观点,毕竟两者所处的行业截然不同,更难苟同有人说"张瑞敏把管理当成了艺术,做给别人去看;而任正非却将自己的管理思想融入企业的各个角落,指引企业前进"。如果说张瑞敏只是把管理当艺术,那么又有多少"一把手"能够在销售额大幅下降的情况下,使利润大幅攀升?而有人认为华为的成功在于"聚焦",试问同样"聚焦"空调业务的格力反而陷入更加困难的境地,是否"打脸"了?

四、华为和海尔看似不同,却有着相同的本质

其实,任正非的"不变"并不是一味僵化的不变。正如任正非提出的口号:"先僵化后固化再优化。""优化"是压轴也是点睛,这正说明了华为一直在变。当初"削华为之足适 IBM 履",主要是为了避免企业膨胀陷入官僚,窒息公司的活力。后来任正非的"让一线直接呼唤炮火",以及"华为可以试试人才众筹,实现优秀人才快进、快出,不扣住人家一生",说明华为的"不变"和"变"都是围绕激活一线员工的力量。

而海尔当初学德国制造、学日本精益化管理,更多地也是汲取成功合作伙伴和顾问的经验,而后来学美国六西格玛管理、学稻盛和夫的"阿米巴管理",再到现在的"人人是创客、人

人都是CEO",同样是为了激活一线员工的强大动力。其实,华为和海尔表面不同,却有着相同的本质。

华为"优化"的目标就是不断解放各个层级员工的生产力;海尔从创业开始不断"对标"学习,同样也是根据企业内外部环境,在不断继承先前变革的基础和成果上,保持、强化各层级员工的积极性。

当然,从媒体信息来看,华为公司在"基础理论研究"方面似乎先行一步,这是华为在特定行业发展到目前世界前列的特定阶段所催生的,这同样是"高风险、高回报"的事情。但是,只要一线员工能够"直接呼唤炮火","人人是创客、人人都是CEO",哪怕企业在某个阶段陷入方向战略的错误,"纠错"的能力和成本都是相对可控的。尽管华为和海尔所走过的路截然不同,但二者的成功却有着相似之处。

案例来源:巢莹莹.组织行为学[M].上海:同济大学出版社,2016.

思 考 题

1. 试述组织变革的因素分析。
2. 排除组织变革阻力的方法有哪些?
3. 试述量变式与质变式变革的适用环境,并举例说明。
4. 你认为在组织变革中,领导者扮演了怎样的角色?
5. 结合实际分析人工智能对组织变革的影响。

参 考 文 献

[1] 罗宾斯.组织行为学[M].孙健敏,李原,译.10版.北京:中国人民大学出版社,2005.
[2] 夏锋.社会主义核心价值观引领人民精神生活共同富裕的意义、机制与路径探赜[J].山东师范大学学报(社会科学版),2022,67(4):14-24.
[3] 段万春.组织行为学[M].3版.重庆:重庆大学出版社,2020.
[4] 伯格.人格心理学[M].陈会昌,等译.北京:中国轻工业出版社,2010.
[5] 马新建.组织行为学:中国情景与管理[M].北京:北京大学出版社,2015.
[6] 鲁森斯.组织行为学[M].王垒,等译校.9版.北京:人民邮电出版社,2004.
[7] 李剑锋.组织行为管理[M].4版.北京:中国人民大学出版社,2010.
[8] 陈猛,卞冉,王明娜,等.情绪智力与工作绩效的关系[J].心理科学进展,2012,20(3):412-423.
[9] 王怀明.组织行为学:理论与应用[M].北京:清华大学出版社,2014.
[10] 王明琴,董勋.组织行为学[M].哈尔滨:黑龙江大学出版社,2017.
[11] 李伟.组织行为学[M].2版.武汉:武汉大学出版社,2017.
[12] 赵国祥.组织行为学[M].沈阳:东北财经大学出版社,2016.
[13] 蒋丽,李锐.组织行为学[M].苏州:苏州大学出版社,2018.
[14] 奎克,尼尔森.组织行为学:现实与挑战[M].刘新智,闫一晨,邱光华,译.7版.北京:清华大学出版社,2013.
[15] 程国萍,秦志华.组织行为学[M].2版.大连:东北财经大学出版社,2018.
[16] 袁秋菊,高慧.组织行为学[M].重庆:重庆大学出版社,2018.
[17] 索柏民,王天崇.组织行为学[M].北京:北京理工大学出版社,2017.
[18] 李亚民,杨辉.组织行为学[M].北京:科学出版社,2017.
[19] 崔佳颖.组织的管理沟通[M].北京:中国发展出版社,2007.
[20] 卡梅隆,奎因.组织文化诊断与变革[M].谢晓龙,译.北京:中国人民大学出版社,2006.
[21] 苏勇,何智美.现代组织行为学[M].北京:清华大学出版社,2007.
[22] Khanna V, Mishra S K. The dark side of emotional intelligence[M]//Corporate social irresponsibility: individual behaviors and organizational practices. Charlotte, NC: Information Age Publishing, 2017:11-27.
[23] 韩平.组织行为学[M].西安:西安交通大学出版社,2017.
[24] 刘广珠,陈文莉,王美丽.组织行为学[M].北京:清华大学出版社,2014.
[25] 于秀娥.组织行为学[M].北京:中国商业出版社,2015.

[26] 董晓松,万芸,王静.人工智能与工商管理[M].北京:社会科学文献出版社,2021.
[27] 科尔基特,勒平,韦森.组织行为学[M].苏晓艳,译注.3版,双语教学通用版.北京:人民邮电出版社,2016.
[28] 《组织行为学》编写组.组织行为学[M].北京:高等教育出版社,2019.
[29] 杨建锋,王重鸣,李家贵.组织学习对组织绩效的影响机制研究[J].科学学与科学技术管理,2010(7):158-162.
[30] Karake Z A. An empirical investigation of information technology structure, control and corporate governance[J]. The Journal of Strategic Information Systems, 1992, 1(5):258-265.
[31] Hong J. Structuring for organizational learning[J]. The Learning Organization, 1999, 6(4):173-186.
[32] 顾卫东.管理组织结构理论与实践的新发展[J].经济学动态,1999(12):5.
[33] Pickering J M, King J L. Hardwiring weak ties: interorganizational computer-mediated communication, occupational communities, and organizational change[J]. Organization Science, 1995, 6(4):479-486.
[34] Dewett T, Jones G R. The role of information technology in the organization: a review, model, and assessment[J]. Journal of Management, 2001, 27(3):313-346.
[35] 孙健,林则夫,辛然,等.电子商务环境下企业组织结构的发展[J].科研管理,2001,22(5):6.
[36] 曾楚宏,林丹明.国内外关于当前企业组织变革的研究综述[J].经济纵横,2003(5):44-47.
[37] Douglas B P. Doing hard time: developing real-time systems with UML, objects, frameworks, and patterns[M]. NJ:Addison-wesley Professional,1999.
[38] Dess G G, Rasheed A MA, McLaughlin K J, et al. The new corporate architecture[J]. Academy of Management Perspectives, 1995, 9(3):7-18.
[39] 王瑞旭.柔性技术与企业组织结构优化[J].科学管理研究,1995(3):5.
[40] Feldman M S. Electronic mail and weak ties in organizations[J]. Office Technology and People, 1987, 3(2):83-101.
[41] Demarie S M, Hitt M A. Strategic implications of the information age[J]. Journal of Labor Research, 2000:419-429.
[42] Sproull L, Kiesler S. Reducing social context cues: the case of electronic mail[J]. Management Science, 1986, 32(11):1492-1512.
[43] 于显洋.组织社会学[M].2版.北京:中国人民大学出版社,2009.
[44] 周三多.管理学[M].3版.北京:高等教育出版社,2010.
[45] Price D O, Lewin K, Cartwright D. Field theory in social science: selected theoretical papers[J]. American Sociological Review, 1951, 16(3):404.
[46] 沙因.组织文化与领导力[M].章凯,罗文豪,朱超威,等译.北京:中国人民大学出版社,2014.
[47] 管理科学技术名词审定委员会.管理科学技术名词[M].北京:科学出版社,2016.